图书在版编目（CIP）数据

金矿：精益管理 挖掘利润（珍藏版）/（法）伯乐（Ballé, F.），（法）伯乐（Ballé, M.）著；赵克强译 . —北京：机械工业出版社，2015.8（2024.3 重印）
（精益思想丛书）
书名原文：The Gold Mine: A Novel of Lean Turnaround

ISBN 978-7-111-51070-3

I. 金… II.① 伯… ② 伯… ③ 赵… III. 企业管理 – 通俗读物 IV. F270-49

中国版本图书馆 CIP 数据核字（2015）第 182270 号

北京市版权局著作权合同登记 图字：01-2006-1969 号。

Freddy Ballé, Michael Ballé. The Gold Mine: A Novel of Lean Turnaround.
ISBN 978-0-974322-56-8

金矿：精益管理 挖掘利润（珍藏版）

出版发行：机械工业出版社（北京市西城区百万庄大街 22 号 邮政编码：100037）
责任编辑：程 琨 责任校对：殷 虹
印 刷：三河市宏达印刷有限公司 版 次：2024 年 3 月第 1 版第 24 次印刷
开 本：170mm×242mm 1/16 印 张：19
书 号：ISBN 978-7-111-51070-3 定 价：55.00 元

客服电话：（010）88361066 68326294

The Gold Mine

A Novel of Lean Turnaround

金 矿

精益管理 挖掘利润

珍藏版

[法] 弗雷迪·伯乐
（Freddy Ballé）
迈克·伯乐
（Michael Ballé）
著

赵克强博士 译

机械工业出版社

CHINA MACHINE PRESS

持续改善，提升竞争力，建设节约型社会

本书以讲故事的方式，描述一家企业如何从濒临破产的边缘转亏为盈。故事中的企业拥有技术上的优势，也有很好的市场，却陷入了财务困境。经验丰富的精益专家帮助他们走出困境的过程听起来神奇，细看却并不复杂。从精益的视角看，公司里随处可见的各种库存都是黄金，唯有使这些黄金快速地流动起来，顾客的需求才能得到满足，企业及股东才能得到回报。全书共 10 章，精彩地介绍了一个个精益改善的工具。

精益专家帮助企业走出财务困境固然重要，但更具意义的是，他们为企业建立了一套有竞争力的生产系统，经由不断地改善来消除浪费，大幅度提高生产效率和质量，并且很快地把库存转换为流动资金。这与今天国内许多企业一遇到财务困难，只会寻求财务支持的"头痛医头，脚痛医脚"的做法不同；精益从根本上着手，将节约以及持续改善融入系统，逐渐形成企业自身的文化。

本书很坦白地剖析了人性的问题。一个企业的成功与否全靠人，促使成功的是人，阻碍成功的也是人，要扫除障碍还是靠人，一切都与人分不开。一个企业的领导者必须想办法激活员工的斗志，带领大家认识危机、接受改变、持续改善，不断地努力去找回工厂车间里遍地的黄金。

有人说自己早就学过了"精益生产"，这个理念现在已经不流行了。这是外行人说的话，"听过精益"与"理解精益"是两个不同的门槛，"现场执行精益"又是另一个更高的台阶。精益是一次长征，一个永无止境的改善过程，要能脚踏实地地去发现问题，并且解决问题。"只有更好，没有最好"是精益的另一种诠释，唯有切实把握这一点，才算真正理解了精益的精髓。

本书最值得称赞的是它的小说体的写法，让人读来非常轻松有趣，引人入胜，并且讲述了操作的方法，让人读后忍不住要去动手试一试。赵克强博士是位有心人，在最短的时间里，将本书英文版翻译成中文，并在中国发行，成为该书第一个外国语版。他希望中国的企业能够借鉴本书中的企业，很快行动起来，彻底地消除浪费，持续改善，结合精益的理念和方法，发展出一套适用于中国的制造文化。这是赵博士的一个梦，也是中国成为一个制造强国的必经之路。

国内许多制造业龙头企业，包括海尔、一汽大众、上海通用等公司，都已经实施了精益生产，并取得很好的成效。希望本书能为国内企业界注入一股清流，愿大家认真地学习精益的理念，并且付诸行动，共同努力，为建设一个节约型的中国社会奠定坚实的基础。

《金矿》：一本企业家必读的书

本书以小说的方式，用最简单的文字，阐述了实施精益生产所面临的最大挑战。那就是任何生产上的问题都与人有关，从最高领导层对精益理念的认识，到中间管理层不愿意面对现实，并且抵制改革的心态，乃至对工人们专业知识经验的不重视等。因此，要想解决生产的问题，首先要解决人的问题。

作者伯乐父子很具技巧性地将他们父子的感情，以及多年从事精益生产的认知，用故事的形式表达出来，写成了本书。它结合了现实的问题、解决的方法、人际间复杂的关系等，全篇连贯，一气呵成，是本难得的好书。

本书易读好懂，一开卷就不能释手，我抢着在几天内读完。读完后像是对着一面镜子，发现书中所提到的问题、种种工具，都是过去30年里天天面对的。如果本书早点问世，一定可以帮我解决许多工作上的瓶颈，更重要的是，让我知道"吾道不孤"。生产上的种种问题永远存在，对一个领导者的挑战是，怎样能够带领团队突破重围，消除浪费，使企业转型成为一个精益的企业。

我之所以想把本书介绍给国人，是因为中国目前是一个制造大国，但还不是一个制造强国。今天中国的制造业大多采用西方传统的大批量生产制造的模式。由于有低廉的劳动力，我们暂时领先了，但是长久下去，中国能成为一个永续的制造强国吗？这个从丰田汽车生产技术延伸整理出来的生产模式，不仅在日本、欧美被广泛推行，而且在世界其他低成本的制造中心也被积极引入。

中国的企业，无论是国有、合资，还是民营，都应该问问自己是否做到了下列三个精益要点：

- 现场发掘并解决问题；
- 将质量建立在产品设计制造过程中；
- 持续改善。

大家是否还天天忙着开会，在办公桌后面或会议桌上用电脑、电话下达指令？希望本书能带给读者一些新的观念，能使读者对精益生产多一点了解，对企业问题多一点认识，对员工多一点关心。

我对中国制造业未来的发展，抱以乐观的态度与极大的期望。成立"精益企业中国"这个非营利性组织，是希望能为中国企业搭一座通向精益的桥梁，将欧、美、日20年来研究发展累积的精益方法引入中国，与中国的精益专家、同人相互切磋，建立一套符合中国社会的精益制造文化。我期待这一天早日到来！

"精益企业中国"很荣幸能在最短的时间内将本书翻译成中文。感谢上海交通大学工业工程系奚立峰教授及研究生的翻译初稿；感谢美国密歇根大学王少白、许丽及汪小帆，清华大学武萌，同济大学周健教授、彭健同学，以及服务于麦肯锡的精益专家郦宏及他的夫人闵小梅女士的校阅。机械工业出版社以专业的态度，为本书制订了完善的出版计划，使本书得以尽快、顺利出版，特此致上十二万分的感谢。

本书作者迈克·伯乐揶揄自己说他真不好意思，本书的中文版比他的母语法文版出版得还早。我衷心地希望读者们喜欢本书，并将书中内容消化后，广泛地应用在日常的企业生活中。"精益企业中国"愿提供一个平台，协助解决你在实施精益的过程中遇到的困难。

谨以本书献给：

爸爸妈妈，感谢养育之恩。

哥哥姐姐，谢谢你们的提携和爱护。

德芬，谢谢你的支持和容忍，以及孩子明杰、明珊的鼓励。

让我得益良多的师友们（按认识时间先后）：

张继高先生，已故中国台湾音乐与音响杂志发行人，开拓了我的文艺音乐的视野。

宋时选先生，中国台湾朝阳科技大学董事长，教导我做人处世，谦虚为怀。

杨雪兰女士，美国通用汽车公司前副总裁，指引我步入美国的主流社会，增强信心。

万如意先生，美国通用汽车公司前售后部亚太总监，给我机会到中国工作。

吕福源部长，已故中国商务部前部长，中国的汽车界前辈，带领大家为中国的汽车事业奠定基础。

精益的导师和朋友们：Dr. James Womack, John Shook, 董克新, 精益企业中国的同人们。

赵克强　博士　谨识

精益企业中国

董事长兼总裁

在当今世界，精益思想已经被许多不同的行业广泛应用，其成效也已经得到了充分的证实。以丰田汽车为代表的公司，一方面赢得了创纪录的高利润，另一方面也奠定了良好的未来发展基础。在这些成功的领导者表现出激情和自信的同时，很多曾经尝试过精益管理的人却认为执行精益生产是一个令人气馁、知其然而不易得门而入的严峻挑战。虽然市面上有很多关于精益管理模式的图书，也有很多精益咨询顾问公司，但能帮公司实际运行的并不多。许多领导者发现精益的理念和他们所学的及实际中的管理措施大相径庭，这些观念上的不同，常会带来相当多的困惑，从而影响了实施精益的信心。

弗雷迪·伯乐和迈克·伯乐写作本书，就是为了帮助我们消除这些困惑。本书提供了许多实施精益过程中的实例。读者们会发现实施精益管理，所需要的不仅仅是方法及工具，更需要的是专业知识、经验及强有力的领导，唯有如此才能带领同人朝着精益的方向迈进。

过去的20年，我一直致力于实施精益生产，曾任职于GKN汽车公司持续改善顾问小组，目前担任麦肯锡公司的高级顾问。我曾有很多机会与一些非常有工作热情的人在一起工作，发现实施精益必须要与具体实际相结合，如果过于教条化，只按照准则行事，往往事倍功半。

我认识弗雷迪已经十年多了，他是一位集知识、魄力、洞察力和影响力于一身的杰出人物。他是那种勇于任事的人，所以才能够在汽车公司承担高层的领导工作。短期业绩为企业带来了无情的压力，迫使管理层必须不断地改革，而弗雷迪总是乐于接受改革所带来的挑战。虽然他专精财务预算管理，是一位成功的企业家，但是他从来都没有忽视生产现场，这种重视基层的理念是实施精益成功的第一要素。

他曾经勇敢地接受了为丰田供货的挑战。那段日子里，他掌握了丰田生产系统的知识及应用，我相信，这些经验在一般高层管理人员中是少有人知的。弗雷迪与其他管理人员最大的不同在于，他能运用所学到的知识，去教导、激发和带领手下的管理人员逐步向精益管理转变。

弗雷迪的儿子迈克从事精益顾问管理专业也相当成功。他们父子二人决定用小说的形式写一本书来阐述精益的理念，记录下他们多年来实施精益的经验。这就是你现在手上的这本《金矿》。我希望本书的成功将鼓励他们继续执笔，写出更多有关精益的著作。

本书的故事主要是描述人在实施精益生产的过程中所扮演的重要角色，讨论不同的人在不同的情况下，如何接受和适应精益带来的改变。作者用许多实例来介绍精益的理念与方法，并且阐述在实际运作中，可能遇到的种种问题及相应的对策。

本书的结构很像《爱丽丝漫游奇境记》，你可以把它当作一部小说来阅读欣赏。书中有一系列可爱的和古怪的人物，故事的情节曲折，会为你带来快乐，也会引发你不断地思考。通过这个故事，你可以体会到什么是精益，并了解精益的工具及应用。如果再认真一点，你还可以看到行为学及领导力是实施精益过程中重要的一部分。

　　本书最好的一点，就是你可以不用去研究它，只要坐下来静静地阅读和享受，就可以拓展思路。如果有可能，请和你的同事们一起讨论。我相信，书中那些有趣的故事和简洁明白的解释，将会引导你走上精益改革的成功之路。

　　　　　　　　　　　　　　　　　　彼得·维拉特斯（Peter Willats）

目录 The Gold Mine

利润第一，现金为王

　　一通电话打了进来，是沙琳的声音。"喂？是迈克吗？菲尔和你在一起吗？"她的声音有点尖，略带一丝惊慌。"我没看到他，出什么问题了吗？"我回答道。

　　"我希望没有。他打电话说今天晚上会到你家去，从那以后我就再也没有接到他的电话了。"我看了一下手表，现在已经是深夜 11 点多了，是该有足够的理由担心了。我想从她那里多了解一些情况，但沙琳只是说，如果菲尔来我这里，请我给她打个电话。我放下电话，感觉很困惑。菲尔·简根森是我的一位密友，我们高中时就已经认识了，几周之前我们还在一起喝了几杯。他是一位成功的企业家，有名望而且相当富有。我知道他近来工作压力非常大，除此之外他看起来还相当不错。我担心他出了什么意外。

　　前门的门铃响了，一位出租车司机正努力地搀扶着喝醉了的菲尔，显得有些不高兴。此时的菲尔一边摇摇晃晃地走着，一边还在喋喋不休地说着什么。司机嘴里咕哝着问我："你的朋友怎么会这样？"说着帮我一起使劲地把菲尔拉进屋里，放到沙发上。菲尔不仅喝得酩酊大醉，而且可能由于被大雨淋湿的缘故，他的全身还在剧烈地发抖。我把钱和小费付给司机，然后把司机送出了家门。等我再进门的时候，菲尔已经睡着了，开始打呼噜。我拨通了沙琳的电话，感觉就像打菲尔的小报告一样，当然我没有把醉酒的细节讲清楚，只是告诉沙琳不要担心，明天早上，我就会把她的丈夫送回去。在电话里，我还能清楚地听到孩子们吵闹的声音。我很奇怪为什么这么晚了孩子们还没有睡觉，这可不太像第二天要上学的样子。当然我没问，因为这毕竟不关我的事。

我费力地把菲尔的外套和靴子脱了下来，让他更舒服地躺在沙发上。此时的菲尔看起来有点儿像个大孩子，就像他十几岁的时候一样。可能是因为喝醉了，他嘴里还在说着胡话。我很奇怪为什么他到现在还保持着十几岁时那种傻乎乎的发型，戴着那副傻乎乎的眼镜，更奇怪的是，他的衬衫的口袋里面还放着旧式的钢笔。他是一个高大的男人，一头金发，脸上尽管有青春痘留下的痕迹，但看起来依然年轻。他人很好，想起他，我就想起了我自己，这使我有点兴奋起来。尽管没有刻意地去追求，但这么多年来，我们一直都是很好的朋友。他的生活方式一成不变，从不抽烟，也很少喝酒，除了不爱工作和偏爱高档豪华型汽车外，很难再说出他有什么其他的缺点。我很奇怪，是什么让他陷入今天这种不愉快的状态呢？

天亮了，早上的天气不错，温度比前几天高一点。上个星期一直在不停地下雨，我希望春天都像现在这样就好了。我热爱加利福尼亚的北部，但不喜欢这种多雨的季节。我叫醒了菲尔，把一壶黑咖啡、半品脱[⊖]啤酒和一个生鸡蛋放在他面前，这些也是我们年轻时常吃的。菲尔把啤酒和咖啡全部喝光了，但是没有吃鸡蛋，他坐了起来，靠在沙发上。我也坐了下来，认真地喝着咖啡。

"出什么事情了？"我问道。

他摇了摇头，明显很痛苦。

"家庭危机？"

他把头抬了起来，说："不，是工作问题！"

我眨了眨眼，不敢相信。工作问题？怎么会呢？菲尔可是一直很成功的啊！他从加州大学伯克利分校毕业，并获得物理学博士学位。在伯克利期间，他开发了一些高科技产品，同时还申请了专利。在这个基础上，他和他的搭档在美国西海岸成功地创办了一家小公司。那时我正在英国攻读博士学位，

⊖　一品脱大约等于473毫升。

对他的事情知道不多。后来，老天又神奇地把我们送到了这个小镇上。两年前，菲尔和他的合伙人买下了一家公司，打算把他们的新科技整合到这家公司的产品线中。那时，我刚在附近的一所大学找了一份工作，因为没有能够及时找到合适的住处，我和我的前女友莎拉便暂住在菲尔家。他一个月赚的钱比我在大学里一年赚的还要多，而且他经常谈论公司上市和股票价格的问题，这一切让我常常有点嫉妒。

我问菲尔："工作麻烦？究竟是什么样的工作麻烦能让你喝得酩酊大醉，然后跑到我这儿来睡沙发呢？很糟糕吗？"

"简直是糟透了！"此时，他的眼睛通红，而且没有丝毫光泽，在日光的照耀下，脸色显得很苍白。他喝了一口咖啡，然后用手搓了搓脸，接着说："我已经没有办法处理现在的问题了，我不知道该从哪里下手，事情实在太多了。"

"告诉我，我们可以交流一下啊。"

"你不会明白的。"他耸耸肩继续说道，"如果情况不能很快改善，几个月后，我就要破产了。我们所有的财产都已经抵押了，银行不会再借给我们一分钱。我们已经尝试了其他所有能够想到的办法，唉，我们现在真的无路可走了。"

我终于明白了：原来菲尔和他的搭档以低廉的价格购进了一家运营状况不是很好的公司。他们的初衷是试图通过新科技的整合，让这家公司重新运作起来，然后赚取利润。但后来他们不仅用光了他们自己所有的钱，而且还从银行贷了大量的资金。在经历了最初的一段兴奋的日子后，他和他的合伙人才发现整合一家公司其实是非常困难的事。我知道近来很多人都受到了经济不景气的影响，但是从来没有想过他们的问题会有这么严重。

"太严重了！"菲尔绝望地说道。我是一个教授，我很难理解他的问题在哪里，究竟为什么会那么严重。但是，我知道，确实有一些人是把事业看得比家庭、生活甚至比世界上其他的任何事情都重要。我的父亲就是一个这样的人，我是从小就伴随着这些生意上的事情成长大的。

"我已经从各个角度研究了财务数据，如果不能很快拿到现金的话，我们马上就会破产，会丧失所有的一切。"菲尔喝了一口咖啡又接着说，"我知道，你不会明白的。现在，银行已经开始催我们还贷款了，而我们已经抵押了我们的一切。目前，我们只有能力偿还贷款利息，如果银行不放宽信用额度的话，我们就没钱支付给公司员工和供应商。唉，这回我们肯定完蛋了！"

他用手理了理头发："唉，天哪……现在我要回家了。"此时，我唯一所想的就是，在送他回家之前，最好能帮他想出一些解决问题的方案。

我说道："也许我们还有一个办法可以补救！"他看了看我，似乎不太敢相信。"也许我们应该和我父亲谈一谈！"

尽管父亲是我所认识的人中唯一有可能帮助菲尔的人，但是我一边将车驶向海湾，一边也在考虑另外一个问题。父亲已经退休了，现在每天都在帆船俱乐部里面玩他的帆船。在父亲事业的巅峰时期，他曾经是一位非常成功的汽车配件公司的副总裁。高中毕业后，父亲参加了海军，退役后，根据国家退役法案的安排，他回到学校并获得了工业工程的学位。然后，他开始在英国的利兰汽车公司工作。那时刚好是奥斯丁·莫里斯公司和利兰汽车公司合并的时期，那个时期的英国还拥有自己本国的汽车工业。也正是在英国，父亲认识了母亲，我和弟弟相继在英国出生了。我们一直生活在英国，直到父亲在美国底特律的一家汽车配件公司找到了一份更好的工作。

当年移居美国，对我来说是一次相当不愉快的记忆。因为我失去了所有的好朋友，周围都是陌生人，我说话和衣着与他们都不一样。我不喜欢他们，他们也不太喜欢我。而且这次搬家对我的弟弟来说，影响更大。同时，周围那帮冷酷的家伙也不喜欢菲尔，因为菲尔不仅醉心于科学，很少和他们交往，而且还送衣服给我。最后我和菲尔成了好朋友，甚至在我回英国读大学，直到获得了心理学博士学位的这段时间里，我们仍然保持着密切的联系。

在父亲的职业生涯中，他很早就注意到了日本工业的崛起。他对日本的工业技术非常感兴趣，而那时他的同事们大都忽视了日本的制造技术。在我十几岁的时候，父亲每天所谈的东西就是诸如"看板"（kanban）和"改善"

（kaizen）这样的日本工厂管理用语。他不仅非常努力地学习这些技术，而且还多次去日本拜访丰田公司。父亲的这些做法，尤其是他经常谈论西方管理模式的弊病，使得他并不受同事的欢迎。有些人认为父亲性情古怪，所以尽管他能成功地完成公司交给他的任务，但是他在公司里并不愉快。在这种情况下，他跳了几次槽。

最后，父亲担任起了一家大型汽车配件公司的副总裁，专门负责工厂管理。他在这家公司做得很好，但总裁退休之后，董事会并没有把这个位子给他，因为他们想找一位更年轻的继任者。父亲一怒之下就退休了。后来他经常告诉别人，这家公司在他退休之后，业绩开始大幅下滑。事实的确如此，但两者之间是否有因果关系，我并不确定。退休后，父亲决定在离我和弟弟较近的、阳光明媚的加州北部定居，他在离我住的地方很近的一座山上找到了现在的房子。

父亲一直都是工作狂，我想他退休之后也会继续担任顾问什么的，但他又一次令我们很吃惊。他退休后，立刻退出了工业界，再也没有从事相关工作。作为一个精力旺盛的人，他现在把所有的时间都放在自己的最爱，帆船上。过去他曾有一艘小船，但他那时却没有时间全心投入。最近父亲买了一艘非常壮观的40英尺长的木质双桅帆船，并把大量的时间都花在这艘船上，而且经常向别人炫耀当年做海军时的那些经历。我想父亲一定非常失望，因为我和弟弟对帆船都不感兴趣。很快，父亲就成了海湾帆船俱乐部的干事，因此他在俱乐部的时间，可能比在家里的时间还要长，好在我的母亲喜欢享受独自待在家里的那种感觉。

当我开车的时候，我把父亲的情况说给菲尔听，但是他却没认真地听，而是在和他的妻子沙琳通电话。电话中的气氛显然不是很和谐，菲尔的脸色很难看。我想他可能已经厌倦争论了，而且也不想很快就回家。

❱

"不要踩到那里，油漆还没有干！"当我正要跳上帆船的时候，父亲向我喊道。我向父亲点点头，"嗨，爸爸！"父亲的气色很好，脸色红润，手里拿着一个大杯子。旁边是父亲的朋友哈利，他也是一位帆船爱好者，穿了一件海军穿的蓝色衬衫和一条丝光黄斜纹裤。他们舒服地沐浴着早晨的阳光，脸上带着满意的笑容。我的父亲穿着一件破旧的灰色毛衣和一条上面满是斑渍的牛仔裤。他们俩人的形象形成了鲜明的对比。

哈利冲我父亲摆了一个手势，对我们说："跳上来，跳上来，别理他，你们知道他是怎样的一个人！"我们跳上了甲板，我随即坐在甲板上，而菲尔却左顾右盼，看看船上哪里有地方容下他那肥大的身躯。

"哈利，这边的这个小子是我的儿子。来，孩子们，这是哈利。"父亲一边把油漆刷放到桶里，一边朝我们露出可爱的笑容。

菲尔礼貌地点了点头，并打招呼："你好，哈利先生！你好，伯父！"父亲转过身来，盯着菲尔看，他的两只灰白的眼睛和那只鹰钩鼻子使他看起来像老鹰一样凶，这使得每个人一看到我父亲就产生一种肃然起敬的感觉。这么多年来，我终于摆脱了这种感觉，现在看到菲尔非常拘束的样子，我笑了起来。

"嗨，菲尔！"父亲回应道，然后又转向哈利，"这帮家伙总是偷我的威士忌喝，还以为我没有注意到。"接着他又转身去干活了。菲尔听了父亲的话大声笑起来。想想小时候，我们曾经一起在我父亲的办公室里搜索一些令我们好奇的东西。很多年过去了，父亲看起来也老了很多。

哈利眯着眼睛打量了我一眼，问："你就是鲍勃的儿子吗？"然后他喝了一口水，嘻嘻地笑着说，"该死！我应该可以辨别出来，你们的鼻子长得一模一样。"

父亲这时转过了身子，开始认真地油漆甲板上的木头，他边涂边问我："为什么把你的朋友带到这里来？"

"爸爸，菲尔在生意上碰到了一些问题。我想让他和你谈谈，或许你可以帮他摆脱困境。"

"那让菲尔来告诉我他的麻烦吧！"父亲说。

我坐了下来，开始听菲尔讲他遇到的问题。"伯父，你还记得吗？我曾告诉过你，我的高压电产品有一项专利，它可以用在工业电路断路器上。嗯……我还找了一个商业上的合伙人，我们建了一家小工厂，它运行得很好。两年之前，我们又收购了一家竞争对手，这家公司当时正在申请破产。"

"出了什么问题？"哈利打断他问道。

菲尔耸了耸肩，产品买得太贵了，技术过时，运作也缺乏效率，管理层中还有大量的冗余人员。虽然有很多订单，却没有办法按时交货。那时，我们正需要额外的加工能力，这个厂原先有很多素质不错的工人，所以我们希望合并后生意能重新运转起来。"

哈利插话道："因此你就开始进行流程精简，但是它并不像你想得那么简单……"

"让菲尔把话说完！"父亲对哈利喊道。

我很想知道哈利究竟是一个什么样的人，他明显有点喜欢自我欣赏。尽管他的航海服和他的胆识让他给人感觉很像莎士比亚歌剧中的法斯塔夫，但是他那双锐利的眼睛还是彰显出深邃的、智慧的光芒。他爬进船舱，又倒了一杯咖啡，问道："还有人要咖啡吗？"

"我不要，谢谢！"菲尔说道，然后继续谈论他的公司，"是的，我们刚开始还做得不错。我的搭档麦休有法律背景，因此他设法精减了不少管理层人员，这对我们降低成本很有帮助。

"在收购这家公司的时候，大部分资金都是麦休从银行贷来的，因为只有这样我们才能买下这家公司，但这使我们需要定期去付息及偿还贷款。就像我们料想的那样，这家公司有订单，但是却没有能力生产出来。因此我们找了一些有经验的生产专家进行咨询，想找出问题出在哪里。他们说由于管理层很久没有在车间投资购买设备，机器经常停机，致使缺少生产工具，以及受一些其他因素的影响，所以生产率才总是上不去。他们说得没错。因此这一年多来，我们一边引进新科技产品，一边试着把过去的流程理顺。"

菲尔深吸了一口气，然后发出一声叹息："这样运行了一段时间，然后……"他摇摇头，显得很茫然。

哈利从一个银质的酒瓶里倒了点酒在他的咖啡里，然后问道："是流动资金的问题吗？"

"是的。"菲尔回答说，"我们的现金好像总是不够，随时都有可能用完似的。银行已经告诉我们，不会再提高我们的信用额度了。目前按时偿还贷款利息已经成了公司一个最大的问题。我们总是拖欠供应商的款项，很晚才能付清，因此有些供应商已经把我们列入了'货到付款'的名单。当然，支付工人的工资也成了我们的一个问题。"

"究竟出了什么问题呢？难道是你们的产品没有利润吗？"哈利问。

"并不是这样。"菲尔回答道，"只要我们能够按客户要求的时间生产出产品，利润还是很高的。但是由于我们不能有效地生产，原材料又很贵，所以才会有今天的情形，真是太令人失望了。我们有能力把生意做下去，但是这需要更多的投资，来扩大加工能力以及购买更多的原材料。我们计算了一下，如果用标准的成本生产，没有额外的加班、材料和其他的费用，我们是赚钱的。"

"那么你们现在是如何处理这个问题的呢？"

"我们尽可能地削减不必要的开销，但是我们不知道如何降低固定成本。"

"你们又是如何处理流动资金问题呢？"

"我们做了很大的努力。刚一接手这家公司时，我们把重点放在应收账款上面，所以经常催促客户尽快付款。可现在我们却延迟支付供应商的钱，有的供应商已经开始威胁不再供货了。"

父亲转过身，进入船舱，用一块抹布擦了擦他的刷子："一定有库存吧？"

"库存很高。"菲尔肯定地答道，"我们曾尽力去控制库存，但是一控制库存，我们就无法按时交货。在我们收购这家公司的时候，我们并不担心这个问题，因为他们有着非常合理的平均库存……"

菲尔的这句话使得父亲笑起来，但是他什么都没有说。

"然而我们发现这个平均库存并没有太多意义，很多零件的库存过多，而另外一些零件却根本没有。因为不同的产品需要不同的零件，所以由于缺少某些零件，生产就总是出现问题。为了弥补机器的运作时间，我们开始生产其他有零件的产品，这样便出现了大量的在制品库存。对于缺少某些零件这个问题，我们解决了一部分，但现在的麻烦是我们很难减少那些来自于低成本制造地区库存量大的零件。因此，一方面有不缺零件的过量库存，另一方面还必须增加经常缺少的零件的库存，最终导致我们的总库存量一直持续地增加。现在我们真的不知道如何在不影响交货的基础上减少库存。"

哈利点了点头，得出了一个结论："库存导致你们的流动资金出了问题。新订单使得需要更多的现金来购买零件制造产品，这同时，你们还要支付工资和购买设备。这些问题堆积在一起，把你们的启动资金都消耗完了。"

菲尔说完情况便开始沉默，什么都不再说，只是坐在那里，看起来很悲伤。

哈利继续说道："类似的事情总是在不断地发生。过去我在公司的采购部门工作，看到过不止一家供应商经历过这种情况，直至最后破产。这个游戏并不复杂，但是要想拯救它，的确有一定的难度。这基本上是一个规模经济的问题，交易量越大，成本就越低。一般来说销售量扩大一倍，成本便大约降低10%。这也就是为什么每个人都想把公司尽量做大的原因。这个理论就是，如果你能够用财务杠杆实现业务成长，你就会成功。"

我看了父亲一眼，看他是否认可这种观点，但是他转过身去又打开了第二桶油漆。这里的整个场景似乎有点超脱现实，在这样一个阳光灿烂、空气中充满芳香的早上，我们在父亲这艘美丽的帆船上进行着一场经济学讲座。我第一次感受到为何父亲愿意在这里消磨时间。由于昨天晚上下了一夜的雨，现在的空气非常干净清新，水面上非常平静。但是菲尔用手托着下巴，在认真地听着，根本没有注意到这周围的景色。我看到他从上衣口袋里拿出一个笔记本，开始匆匆地记起了笔记，他是一个喜欢随身带着笔记本的家伙。

"但是有一个问题，其实是几个问题。"哈利接着说，"首先，只有在产品相同时，规模经济才会产生前面所提到的效应。一旦产品多样化，成本就会提高。通常，产品的种类扩大一倍，成本会提高10%，甚至更多。现在麻烦的是大部分工业产品多少都不一样，因此，尽管生产的是同一类型的真空芯产品，但实际上还是不尽相同，成本会因为产品种类的增加而增加。这样的话，规模经济效应就无法实现。"哈利顿了顿，摇了摇他杯子里剩下的咖啡。

"第二，你规模做得越大，就越需要更多的员工，这也意味着需要更多的日常管理费用。因此规模经济效应带来的好处，也会被增加的管理费用抵消一部分，这也正是为什么只有20%的合并或者收购案例会成功。或许你可以通过收购一家公司来扩大你的产能，扩大市场占有率，但是如果不能同时精简管理结构，你就无法从收购中获得好处。根据你刚才所说的，你们在市场方面运行得还不错，但是在削减成本上却比想象的要困难很多。总的说来，公司的运作需要一套系统，即使这套系统不是最有效率的，公司还是需要它。"哈利喝了一口咖啡，然后问道，"你认为是这样吗？"

菲尔郁闷地点了点头。

"接下来还有非常关键的一点，你卖得越多，需要的成本也越高。而且根据你所说的，你们的原材料非常昂贵。更麻烦的是，为了保证交货，你们必须维持一个库存量，以便应付供应商和客户方面出现的任何意外情况。"

菲尔深表同意："是的，你说到关键点上面了！我们原来以为，收购这家公司可以发挥我们的技术优势。比如，我们的成本管理得不错，大幅度地降低了日常的管理费用；在厂房设备和生产操作方面，我们投入了大量的资金；我们还非常努力地降低了由于缺少零件所造成的生产损失。通过这些努力，我们取得了一些成果，但是还远远不够，目前流动资金情况非常糟糕。从另一个角度看，这也是因为当初贷款太多而造成的。"

我满怀希望地问哈利："既然你对这一方面了解这么多，那么你看菲尔有办法摆脱当前的困境吗？"

哈利皱了皱眉："这很难说。一般来说，当你碰到现金问题时，有三种方式对公司运作可能有帮助。第一，你必须剔除所有不盈利的项目，不要再把钱投入到不赚钱的项目上。同时应该把所有的资金投入到盈利或者有很大市场潜力的项目上去。第二，压低供应商的价格，这也是我过去做的工作。第三，提升车间的生产效率，不过我对这一领域不很在行，你父亲是这方面的专家。"

哈利喝了一口咖啡，摇摇头继续道："很遗憾，这不是我的专长领域。你们知道为什么每年有那么多公司倒闭吗？我见过很多公司经历过这个过程，所以我知道问题发生的原因，但是却不知道解决的方法。你们的问题是生产运作方面的问题，鲍勃或许会有办法……"哈利把问题抛到了我父亲这一边。

父亲低声说："我不会参与进去！"

我问道："为什么呢？"

在漫长的尴尬的沉默中，父亲用他那双锐利的、鹰一般的眼睛盯着我。最后，他张开双臂摆了一个无能为力的姿势说道："有太多的原因，我不知道从哪里开始。"

我追问："什么样的原因呢？"

接着，又是一段沉默……

"嗯……"父亲不耐烦地回答道，"首先，我必须要看工厂实际运作情况。但我发过誓，只要我活着，就绝不踏入另外一家工厂。"

菲尔喘着粗气问："那我现在该怎么办呢？"令我震惊的是，我可以感觉到菲尔已经被他的困境折磨得直不起身，甚至快要哭出来了。

空中，一只海鸥发出了长长的嘶鸣。

金子滚滚流

　　我的父亲并不令人讨厌，当你习惯了他的交流方式后，你就会感觉到这一点。我们把船舱锁好之后，哈利步行回俱乐部了，而我、父亲和菲尔则上了我的车。在我们开车去菲尔工厂的路上，菲尔不停地和我父亲谈论他的生意以及他们工厂的技术。这一切对于我来说不太容易懂，但父亲却听得非常投入。父亲只是静静地去听，很少讲话。尽管父亲有很多缺点，但在倾听这一方面，他却做得很好。我专心地开着车，不久就驶入了工厂区。这里用铁栏杆给围了起来，人不多，有很多不太好看的灰色的建筑物。按着菲尔指的方向，我们驶入了一条私人车道，然后在一座灰白色的建筑物前面停了下来。它看起来就像一个外面包了一层玻璃的大塑料盒。

　　这幢建筑看起来和仓库没什么两样，只不过前面的草坪刚刚修剪过，而且公司的标牌也非常干净。菲尔公司的商标"IEV"用霓虹灯显现出来非常醒目，这三个字母代表着"Industrial Extreme Vacuum"。

　　菲尔一边把我们从玻璃门引入大厅，一边对我们说："麦休外出不在公司，但我可以介绍我们的生产经理大卫给你们认识。"

　　不过父亲却说道："我不想见任何人，直接带我们去车间就可以了。"

　　菲尔带着我们穿过一条走廊，透过走廊上的大玻璃窗，我们可以看到宽敞的办公室，工作人员都在他们各自的岗位上忙碌着。在走廊的尽头，有一扇通向车间的大门。在门口，我突然想起尽管我经常听说一些关于工厂的事，但以前却从来没有走进过一家真正的工厂。进入工厂之后，我发现到处都有人、机器和噪声。我对工厂的事情一窍不通，但父亲显然对此却很了解，他知道该看什么，该找什么。

菲尔把我们带到中央展示区，那里陈设着产品以及主要的零部件。

他一手拿起一个啤酒罐大小、白色陶瓷的小盒子，另一手拿起一个像矿泉水瓶子那么大的盒子，向我们解释道："这就是真空芯。这个小的是我们开发的新产品，能够在一个较小的空间里面承受更大的电压。这种新技术有更高的效率、更高的可靠性，而且寿命长。它们应该有极大的市场需求，但目前市场上仍然在使用上一代的产品。"

菲尔拍着一个机箱说："这就是成品。在这个机箱里面有你们刚才看到的那些真空芯及断路设备，主要用在需要高能量的车间和动力工厂。断路设备在需要时可以切断电路，防止电流超载。"这个成品样子不很好看，就像一个有控制面板的大文件柜。

"我们先制造真空芯、断路器和机箱，然后安装客户提供的控制面板。我们的新技术可以制成较小的断路器，因此在同一只机箱里可以装入几个断路器，来保护更多的电路。目前市场上对这种设备的需求量越来越大。我们在工厂的一个区域加工机箱，在另一个区域组装断路器，然后把组装好的断路器与采购来的电路板组装到机箱中，接下来再连接电线，把控制面板安装上。当然，这都要根据客户要求的规格来进行。这个加工过程被我讲得简化了很多，不过大致就是这个情形。"

"这种新型的真空芯是你们在另外一个车间制造的吗？"父亲问。

"是的。"菲尔回答，"同时我们也生产旧式的真空芯。新式的真空芯需要更高的烤箱温度，并且使用的材质和旧式的真空芯完全不同。这就是我以前研究项目的方向。"

"为什么不只卖真空芯呢？"父亲打断了菲尔的话，显然他不想听菲尔对那些耐高温材料的长篇大论。

菲尔皱皱眉，回答道："这个问题问得非常好，我们确实考虑过这个问题。尽管我们的新式真空芯更先进，但销量并没有预期的那么好。因为它们的参数设置和旧式的真空芯不同，把它们设计到断路器中不是那么容易，所以必须变更断路器的设计。我们为了建立自己的生产线，才收购了这家公司。现在要做的就是对已有的断路器进行修改，使其能够与新式真空芯匹配。通过新的设计，我们可以赚到较多的利润。断路器设备制造好后，客户可以直接把设备和其他的电气设备集成在一起。我们要购买这个工厂的另一个理由，是想获取价值链中高价值的那一部分。"

父亲听完后问道："嗯，除了真空芯以外，其他的部分不仅价值不大，而且还要占用很多的空间及劳动力，对吗？"

菲尔带着一丝后悔的口吻回答："唉，我们也发现了这一点。我们从来没有想过要管理这么大的车间，从来也没有去想过这会给我们带来什么。制造真空芯是一项高科技，但这种高科技只用很少几个工人就可以。整个流程的步骤不多，并且需要从供应商那里购买的零件也很少。现在制造组装成品可是另外一回事了。"

"总的来说，我们在市场上共销售四种型号的产品。最新型号是 STR 型，这种型号使用了新式的真空芯。因为新式真空芯的结构很紧凑，所以我们能够在一个机箱里装入四个断路器，用来保护四条电路。这种型号是迄今为止我们在市场上卖得最好的产品。麦休说，这种型号我们生产多少，市场上就能卖出多少。但我并不那么认为，我相信 STR 型号适用于高动力工厂，却并不适合一般老工厂。因此这种产品的市场，仅仅局限在新的或是高动力的工厂。另外，我们还有两种型号的产品也采用了新技术。这两种型号分别是 QST-1 和 QST-2，它们都使用 Q 系列的真空芯。该系列的产品可以应用于较低动力的场合。QST-1 用四个断路器，而 QST-2 则用三个。此外，我们也用旧式的真空芯来生产 DG 系列的产品，这种产品只用一个断路器。"菲尔顿了一下，然后指着一个很大的金属机箱对我们补充说道，"对于许多动力工厂来说，这种旧式的 DG 系列的产品依然是主要的替换零件，如果将这种老式技术运用于高动力场合的话，所需要的机箱比你们现在看到的要大得多。"

"我对你的产品不是非常了解，但我想要知道，它们是不是标准件？"父亲问道。

菲尔耸了耸肩回答道："不是标准件。按照工作情况来看，真空芯和断路器应该是标准件，但是对整个设备来说，每个客户都有特殊的要求，特别是在电路板的接口以及机箱上面的控制面板部分。另外，客户对机箱也经常会有一些特殊的要求。我们不制造电路板和控制面板，但客户对这些零件的设计有一定的规格要求。最后，我们必须按照客户的要求将断路器、电路板和控制面板一起组装到机箱的合适部位。这些设计工作都是由你们刚才在办公室里看到的工程师负责。他们每天都设法了解客户的要求，并根据要求来设计。"

"我懂了！"父亲回应了一下，但看起来有点怀疑。

菲尔接着指着一张加工流程图对我们说："在制造了真空芯之后，整个设备是按照四个步骤来进行装配的。首先我们装配断路器，这里面包含一个小马达，当电路断路的时候，这个小马达将真空芯的位置后移。这种小马达和手持电钻器的小马达很像，实际上我们的供应商也生产手持电钻的马达。接下来，我们把真空芯装入断路器里，这是一个精密活，可能需要多次调整。然后布线、测试。当然在测试部分，我们曾发现过不合格品。一旦断路器通过测试，就装配到机箱中，最后连接电路板和控制面板。"

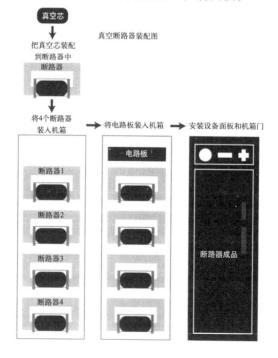

"在这个阶段……"菲尔还想继续说。

父亲打断了他的话:"先不要告诉我们下面的部分了,只要带我们参观就行。"菲尔愣了一下,然后说道:"这边请!"

我跟在他们两个的后面,控制了一下自己的情绪。平常我经常会被父亲刚才那种突然打断别人讲话的态度所激怒。这个工厂很大,到处都是一片繁忙的景象,天花板上和柱子上布满了电线和管道。工人们在工位之间忙碌着,各个工位都摆满了奇形怪状的零件和机器。偌大的车间里面弥漫着油和金属粉末的味道,而且还可以听到有节奏地冲压的声音。整个工厂给我的感觉就像是一个大修车场,这里显然不是一个度过白天黄金时间的好地方。

令菲尔感到脸上光彩的是,尽管这里到处涂着灰暗的油漆,但是整个工厂看起来还是相当干净的。地板上清楚地标明了行走路线,我很小心地走着,生怕自己闯入叉车行驶路线。菲尔把我们领到一扇很大的玻璃墙的前面,透过玻璃我们看到了一个和医院里一样洁白的车间,这里不像一个生产场所,更像是一个实验室。

菲尔说:"这里就是旧式真空芯的生产场所。进入这里,我们需要穿上防护服,因为真空芯对灰尘非常敏感。"

这时父亲插话了:"我看到你们这个架子上摆满了真空芯。"

菲尔笑道:"它们并不都是库存。由于技术上的原因,这些真空芯必须放置 24 小时,然后才能安全使用。"

"嗯,那就是说有 24 小时的现金停滞。"父亲冷冷地说道。

这时,我傻傻地问:"那你的意思是说,必须要让现金及时流动,来购买原材料吗?"

父亲对我说:"米奇(米奇是小时候父亲对我的昵称),你说得很对。"他接着说:"这就是问题所在,你必须先预付款来购买材料,支付工人的工资,最后要等产品销售以后,才能从客户那里拿到现金。所以你在生产时必须做好财务预算,哪一部分延迟了你从客户那里收回现金,哪一项就是高成本项目。另外在这个车间里,由于刚才的真空芯的价格非常高,因此搁置的现金就更多,问题就在这里。"

但菲尔说："这种问题每家公司都会遇到啊？！"

"当然，很多公司可能都会遇到这种情况，但这并不是说，所有的公司都会这样。以超市为例，它也是先从顾客那里拿到现金，然后才付款给供应商的。从本质上来说，类似超市这样的公司就是从还没有付款的商品那里获得了现金。"然后，父亲又笑着补充说，"每家公司都可能会遇到相同的问题，解决的窍门就在于你的经营方法。当然，这里没有固定的答案，一部分也要取决于你的客户和市场。"

菲尔指着一个忙乱的区域，那里到处都是机器、箱子和工人，对我们说："我们的机箱加工设备就在那里，包括板材切割、冲压、弯曲和装配，那里也就是我们金属件加工的地方。"菲尔看了父亲一眼，领我们进入一个大房间，接着说，"这里是库存。"房间里面排列了很多架子，架子上摆满了各种金属板。菲尔继续说道："我们把这些称作'内部存货'，但是我们不知道如何在不影响生产的情况下减少这些存货。"

父亲什么都没有说，只是摇摇头。

菲尔继续说道："这里是我们的一个创新项目，用三条平行的生产线，每条生产线负责不同的产品，第一条生产线负责装配 STR 型号的断路器，第二条生产线负责 QST 系列的两个型号的产品，第三条线负责 DG 型号的断路器。遗憾的是第三条线的生产能力并没有完全发挥。"

父亲问道："你这里是两班倒，还是就一班？"

"就一个班。从早上 8 点到中午 12 点，有一个小时的午饭休息时间，然后从下午 1 点到 5 点。此外，上午和下午各有一段短暂的休息时间。我们正在考虑两班倒，但是目前没有足够的人手。如果雇用更多的工人，对我们来说，又是一笔很大的开销。"

父亲接着问道："你们公司目前的订单需要两个班来生产吗？"

菲尔用不是很自信的口吻回答道："麦休认为我们有足够的订单，目前确实有很多加工不完的订单，因此我也认为我们需要两个班来生产。尤其是 STR 型号非常畅销，我想它肯定需要两个班。但是考虑到目前的实际财务状况，我们根本无力支付两班工人的薪水。"

每条生产线上面，工人们都在干活，他们在装配各种各样的零件。这些工人专注的样子，好像把他们自己也装配到产品里面去了。

菲尔指着一个被隔开的小隔间，里面有很多架子，架子上面摆满了等待测试的断路器，对我们说："在每条生产线的尾端，我们进行非常精密的电路测试。由于需要高电压，基于安全需要必须要把测试部分隔开。另外，测试需要特殊设备，无法安置在生产线上。"

"真见鬼，那是什么东西啊！"父亲突然喊道。

菲尔非常困惑地问道："你指的是什么？"

"那边是一个传送装置吗？"

只见一排机箱被悬挂在天花板上的钩子上，看起来有点像肉店里挂的那些骨架一样。工人在不同的装配工位上，先把断路器装入机箱，然后再把机箱推入下一个工位，在那里安装电线、电路板及控制面板。工位和工位之间有一些机箱在等待着。

"就像你们看到的，主要零件被装配到机箱里去制成成品。这些机箱再由天花板上的传送装置送到下面的工位，因为是悬挂着的，所以工人可以绕着机箱从各个方向布线。最后，安装控制面板及一扇门。"菲尔解释说。

父亲盯着天花板，疑惑地问："这个传送装置难道不是自动的吗？"

"嗯，非自动的。从某种程度上来说，它其实并不是一个传送装置，它只是把机箱固定在一定的高度，好让工人围绕着机箱工作。当工人完成自己工作的时候，它会把这个机箱推到下一个工位去。"

"所有的产品都在同一条装配线上制造吗？"

菲尔承认道："是的。正是因为这条装配线上有不同的产品，所以上游经常会有在制品堆积。但是不管怎么样，我们现在能够以装配线来生产产品了。你们可以看到，在那里，装配完毕的成品降下来，被放到货板上面，然后被叉车送到测试区域。等它们通过测试后，就送到包装区，包装后出货。"

菲尔带我们绕着包装区转了一圈，然后穿过一条相当长的走廊，两边都是高的货架，架子上面摆满了零件，最后来到了装运码头。有几名工人正在包装产品，另外几名工人正在卸货。车上的货用硬纸板包着，整个码头非常凌乱。

"我知道，这里看起来很乱，但是过去更糟糕。不管怎么样，这就是我们的工厂。我们现在回办公室，那里有一张工厂的布局图（见书后图A）。"说话的时候，菲尔开始领着我们往回走。

"伯父，你认为工厂怎么样呢？"菲尔边走边问父亲。

父亲看了看忙乱的工厂，说："哦，孩子，我只看到了库存，但没看到什么生产工作。"

"什么？！"菲尔显然有些郁闷。

父亲继续说道："看起来就是这样。你有三堆库存，在库存之间有很小的那么一点生产。在那边你有一堆真空芯，整个走廊里面都是堆得像山一样高的金属零件，在测试区域后面还有好几个架子已经装配完的断路器，同时在传送装置上还有不少机箱在排队等待。整个工厂就像是个仓库，很少看到有增加价值的工作。"

我问道："爸爸，你为什么那么说呢？"其实，我看到的也就是许多凌乱的作业。尽管我此前从未到过工厂，但这似乎和我印象中的工厂是一样的啊！

父亲开始说话了："我来解释一下，我对你所从事的行业了解不多，因此我从一个客户的立场来看你的工厂。"

菲尔打断了一下，说："用客户的眼光来看，是的，我们的顾问也告诉我们从那里开始。"

父亲接着说："顾问，唉！嗯，还是看这里。虽然我对你的生产过程一点都不了解，但我会担心两件事情：

（1）产品的质量；

（2）所有不能增加价值的工作都会反映到产品的成本中去。"

菲尔信心十足地说："我们的质量并不差。我们上个月销售了1 000件产品，但是被客户抱怨的只有5件，也就是说每1 000件产品里面只有5件不合格品……"

父亲插话说："千分之五？太高了！算了，先不要去考虑这个问题，这不是目前的重点。我只是希望高质量能建立在产品设计和生产过程上。"

菲尔看着他，很迷惑，本能地拿出了自己的笔记本。

父亲接着说："嗯，从整条生产程序来看，错误或缺陷一定会发生在某些地方，但是我并没有看到。这意味着没有一个质量系统能去识别不合要求的零件。换句话说，一旦不合格品出现，便无法保证它能被挑出来。"

"但是我们的工人都受过发现和隔离不合格品的专门训练。"

父亲解释说："孩子，如果我是你的一个客户，我会很担心。你的工人也会有与你同样的说法。今天我在生产线上，没有看到一个质量系统能确保发现不合格品。我相信也没有人在操作的时候，会去考虑不合格品是如何出现的。"

"但是我们的测试工位非常有效啊！"菲尔辩解说。

父亲好像是权衡了一下菲尔的话，然后说："是很好。但测试的结果无法告诉你缺陷是怎么来的。换句话说，当你发现一件产品有缺陷的时候，这个缺陷其实早已在设计或生产途中被埋进产品里了。任何缺陷都是加工步骤的结果，你需要理解这一点。你知不知道每批测试有多少不合格品？"

菲尔咕哝着："不知道，但是我确定大卫知道，让我们过去看看。"

父亲说："你忘记了吗？我告诉过你，我不想和任何人谈。现在的要点是我很担心你们的质量。在我的词典里面，每1 000件产品里面有5件不合格品，不合格率是非常高的。如果航空公司以这种不良记录开飞机，你会放心吗？"

为了帮菲尔摆脱这种困窘，我问道："不能增加价值的工作又是怎么一回事呢？"

父亲说："好的，让我来回答这个问题。任何没有增加产品价值的工作都是浪费（MUDA），不是吗？因此当我参观工厂的时候，我一定去看以下几件事情：

（1）生产线上的操作员确实在生产；

（2）生产线上的操作员在等待；

（3）工人在搬运零件；

（4）工人在闲逛、聊天，就像那里的几个家伙一样，或者老是去问现场
　　主管一些问题。"

父亲接着说："在整个系统里，如果你可以告诉我增加产品价值的人数与
所有工人数的比例，我就可以大概知道你们的生产效率。"

菲尔看了看我父亲，然后向四周看了看，心里面默默地盘算着。我不太
精于数字计算，但是我能够看到，差不多没有一个作业员在加工产品，有一
些作业员在做一些无关的事。

我大胆地说："那是不公平的。不能因为他们没有直接制造产品，就说他
们没有在工作。"

父亲平静地回答："我没有那么说，我只是确认一下这里的工人有没有做
该做的工作。你看那边的那位女工，正在从一堆零件里找她下一个工作所需
要的零件，她是在工作，但是她的努力并没有为产品增加价值。我所要说的
就是你们这里需要一个体系，来把每个人的主要工作与没有增加价值的工作
区分开来。"

"工作是为了增加产品的价值，而那些没有增加价值的活动就是不必要的
动作，对吗？"菲尔问道。

父亲表示肯定："对的，提升工作效率就是将那些不必要的浪费转化为必
要的工作。"

菲尔张了张嘴，但什么也没说，他站在那里，扶了扶眼镜，看起来有点
烦恼。

父亲继续说道："现在，第二件事就是看库存。道理是一样的，被停滞的
每一个零件都不能为客户增加价值。我们已经付了钱，但是却没有被转化为
价值，只是被放在那里积累灰尘。"

菲尔承认道："好了，伯父，我明白你的意思了。但是你不理解，你所看
到的是……"

"孩子，我没有必要理解。我所知道的是这些不能增加价值的工作，最终
都会转换为成本。如果我是一位客户的话，一定不会高兴知道这些不能增加

价值的工作，最终都反映在我要付的价钱中。"

"但是我们已经做得比以前好很多了啊！"菲尔不服气地说。

父亲耸了耸肩，向外面走去。

"爸爸，别走，我还想听听菲尔为这个工厂做了些什么。"

父亲瞪了我一眼，不过最后还是温和地叹了口气，说："好吧，让我们听听。"

菲尔开始说："你可能不喜欢你看到的情况，但是我们刚接手时，每一个工位周围都堆积着一大堆库存！"

父亲点了点头，"我能够想象得到。"

菲尔继续说道："当我们接管这家工厂的时候，有五个车间，包括：

（1）断路器机箱的手工装配；

（2）把马达和真空芯装入到机箱中；

（3）安装线路；

（4）测试；

（5）把断路器、电路板和控制面板装入到机箱中。"

"每个车间都生产所有型号的产品。第一个车间先手工装配断路器，然后把它送入第二个车间安装马达，接下来送到第三个车间安装线路，再送回第二个车间安装真空芯，然后又回到第三个车间继续安装线路，接下来到第四个车间测试，最后到第五个车间总装。"

菲尔继续说道："每个车间的库存就像天一样高，我们请了顾问来，帮助我们把产品分类，也就是前面提到的四种产品。顾问帮我们把车间分解，改成刚才看到的生产线。这可真是一场革命。让我告诉你们，我们已经把库存降低了一半以上啊！"

菲尔有些激动了："周期时间也缩短了。我们现在的情况虽然还是不够好，但是过去简直就是糟透了。"

"我不明白的是，为什么没有把总装线也分为几条线呢？"我问道。

菲尔回答道："对这件事情我们有过无休止的争论，最后的结果是我们无力再承受另外两条线。"

"但是使用这种老的布局，你们便需要把零件运来运去啊！"我表示疑问。

菲尔说："是啊！这又谈到了不能为客户增加价值的动作！"

父亲冷冰冰地问道："如果你已经解决了那么多问题，那你为什么还会处于困境中呢？"

菲尔的脸色沉了下来，就好像被泼了一桶凉水一样。他无奈地回答："解决得还不够多！还有太多的库存，太多的不能增加价值的工作，但是我们不知道该如何进一步去改善了！"

"嗯，"经过一段长时间的尴尬的沉默之后，父亲说道，"一个最常用的做法就是减少浪费。"

"那么如何减少浪费呢？"我问道。

父亲回答说："想要有效率，一个很好的技巧就是将价值最大化，也就是要让你的客户感觉到你们的产品确实值得购买。在任何操作环节中，你都有一些能够创造价值的步骤，比如紧固螺栓，这就是一个非常必要的步骤。但由一个工人把螺栓传递给另外一个工人则是一个浪费的步骤，很多人没有看到这些浪费。你们可以像丰田汽车公司一样，将浪费分为七种类型：

（1）过量生产，也就是说，还没有需求，你们就开始生产；

（2）不必要的等待，这是由于工作程序没有效率；

（3）不必要的搬运，这意味着工作流程不够直接、不够顺畅；

（4）不必要的操作，有些工作可以合并；

（5）不必要的库存；

（6）不必要的走动，工人的某些动作根本不能为产品创造任何价值，例如找零件，找工具、文件等；

（7）质量缺陷，这会导致返工和更多的浪费。

因此，你们应该请咨询顾问来帮助你们系统性地减少浪费。"

菲尔很认真地说："我们也了解这种情况。但我们的问题似乎已经达到了咨询专家们的极限。他们的结论，和我们的了解差不多。他们只会告诉我们说，公司里存有很多阻碍改革的绊脚石，但事实并非如此。"

父亲问道："那你的意思是什么呢？"

菲尔绝望地回答道："我们已经没有时间了。"继而，他几乎尖叫着说，"我们已经处在悬崖边，持续改善太慢并且要花很多时间，我们无法解决目前面临的财务问题。"

父亲发出一声叹息，摇摇头，然后用一种平静的语气说："振作一点，事情还没到令人绝望的地步。或许我们应该到车间外面聊聊，因为有些工人似乎已经听到我们的谈话了。让我们去喝杯咖啡吧。"

我向四周看了一下，的确有些人在用一种好奇的眼神看着我们。这个公司已经出售过一次，而且又进行了重组，天知道这些工人看到陌生人之后会想什么。他们也许会想，难道公司又要被出售吗？但是看看我父亲的样子，穿得像个油漆工人，一点都不像一个收购者啊，我边想边笑。菲尔带着我们穿过一些小工作隔间，来到了一间很舒服的办公室，透过办公室的玻璃窗可以俯瞰停车场。菲尔让我们坐到一个圆形会议桌旁边，然后吩咐人去帮我们拿咖啡。

我问父亲："你能帮助菲尔吗？"但父亲只是面无表情地耸了耸肩，还在思考着。

然后，父亲问道："菲尔，你究竟遇到什么问题了呢？"

"我已经告诉你了，我们的现金用完了啊！"

父亲也不耐烦地说道："我知道，但是你们的问题究竟是什么呢？你们的产品似乎很畅销，但你们为何会把现金全部用光了呢？"

"嗯，我们有两个问题。第一，我们的库存过多，这几乎耗费了我们全部的现金。第二，不管削减多少日常管理费用，我们还是无法增添必要的固定资产。考虑到客户的要求和我们目前的能力，我们找不出办法用现有的设备去生产更多需要的产品。"

父亲问道："你们的市场很好，是吗？"

"非常不错，特别是我们的新产品，我们有一个月的 STR 和 QST 的订单无法交货。麦休认为只要我们把价格降低一点，销量会很轻松地翻一倍。但是目前我们没有能力来扩充产能。扩充产能需要更多的厂房、更多的人员和更多的设备，但我们一点现金都没有。"

父亲说道："如果现在能够神奇地在一夜之间，把目前无法交货的订单生产出来，对你会有帮助吗？"

"当然有。如果能够及时交货，客户会很快付款。如果不增加零件库存的话，我们的现金状况很快会得到改善。"

父亲很快接着说道："嗯，孩子，给你一个解决方案。因为你们已经有一定的市场需求了，所以你们所需要做的就是减少浪费，用同样的设备生产出更多的产品。"

但菲尔看上去对父亲的话还很困惑。

父亲接着说："其实制造业赚钱也不是那么困难。你们公司将成本分为不变成本和可变成本，是吗？"

这时，我隐隐约约地想起大学时所学的一些商业课程，问道："可变成本就是和产品直接发生关系的成本，比如原材料和直接劳动力；不变成本就是那些运营上所需的其他成本，是吗？"

"对的，比如菲尔就是一个不变成本。"父亲笑着说，"如果需求固定，要想赚取利润，就必须在不增加成本的同时提高产量。如果需求下降了，就必须要降低产量，减少不变成本。"

菲尔问道："但那不就是将不变成本当作可变成本来看待了吗？"

父亲解释道："不是这样，只是说如果某个工厂或者某条生产线没有利润，你就必须将它关掉。就像哈利刚才所说的，不变成本其实不一定是不变的，它们之所以被称作不变成本，是因为它们和单个产品没有直接关系。这也并不意味着不变成本不可以降低。比如说，你可以关掉一半的车间或者重新找一个便宜的厂房，等等。但你现在所面临的问题并不在此，因为你们已经有了一定的市场需求。现在的问题是如何在不增加不变成本的同时，提高公司的产量，对吗？"

"是啊，但是我应该如何去做呢？"菲尔表示同意，但还是有疑问。

父亲坚定地回答："当然是要通过在生产流程中减少浪费来实现。"

当父亲着急地看了看他的手表的时候，菲尔说道："很抱歉，我的反应实在太慢了，还没有明白你的意思。"这时，我想父亲可能赶不及和他的朋友一起吃午饭了。

父亲说道："好吧，那么让我们换一个思路。假设你能够从现在的一个班变为两个班，那么你如何安排工作时间呢？应该是从早上6点到下午2点半，然后从下午3点到晚上11点半。在这种情况下，你就能够在不增加固定成本的基础上将产量扩大一倍，对吗？"

菲尔回答道："就算工人们愿意两班倒，可是我们还是需要增加第二班的劳动力啊！"

父亲说："直接劳动力是可变成本。"

菲尔还是有疑惑："但是这里的情况可能比较特殊。我们的工人都是经过训练的，技巧娴熟，直接到大街上是不太可能招聘到这样的工人的。而且我们几乎无法支付工资了，更没有办法雇用新员工。"

父亲说道："嗯，看来你已经考虑过这个问题了。你面临的问题就是如何在不增加人力的基础上，找到第二班的工人。当然前提是你必须要能够把第二班生产的产品卖出去。"

"我们必须将产能扩大一倍，而那时，我们也必然要冒着库存进一步扩大的风险！"

父亲进一步解释："我的意思是指你必须要消除生产中的浪费。"

菲尔认真地看着我的父亲，消化着他刚才所说的话，然后问道："我们能够做些什么呢？"

父亲说："将生产率扩大一倍是可能的，但要想在短时间之内实现是不太可能的。"

菲尔听完之后，把他的眼镜拿了下来，用衬衫擦了擦，摇摇头，一副既沮丧又恼火的样子。其实我的感受和他差不多，因为菲尔的问题是多么需要在短时间之内解决啊。父亲看着我和菲尔继续说道："但是想要生产率增加

20%，还是可以很快做到的。依我看来，你也并不是想将每条生产线的产能都扩大一倍，你只是想扩大你们热卖的 STR 产品。"

菲尔问道："你的意思是指，如果我们能够增加三条线的生产率，那我们就可以节约足够的人力来为 STR 再开一个班吗？"

"是的，其实你所需的就是五六个人。如果能够在整个工厂里提高生产效率，你就能节约出人力。但这并不能解决你全部的问题，因为你仍然需要把 STR 断路器组装到最终产品。但是如果能够做到这一步，你还是会有很大的收获的。"

菲尔沉思了一下，说道："这一点或许我们可以做得到。现在，我们传送装置的能力并没有充分利用。QST 系列的断路器还有一些库存，而 STR 系列的产品却总是缺货。我们的人员也没有被充分利用，而且听一些老员工谈论，在生产 DG 系列时，如果更好地利用传送装置便可以生产更多的产品。"菲尔的思维似乎一下子活跃了起来。

父亲又说道："听着，孩子们，当丰田第一次向我们展示他们的持续改善系统时，所有的话题的中心就是消除浪费。我当时所能理解的就像你现在一样少，因此我就问他们消除浪费到底是什么意思。他们告诉我，其实这很简单。首先，我们都知道这个公式：

$$价格 = 成本 + 利润；$$

然后，我们就会想到：

$$利润 = 价格 - 成本。"$$

这时我脱口而出："但那是一回事啊！"

父亲耐心地帮我纠正观点，说道："嗯，我也是花了三年才搞懂这种思想的。我们过去生产产品，不管成本多高，都是在成本的基础上加 20% 的利润，然后再寻找客户，把产品卖出去。但是，现在的市场竞争非常激烈，我们必须以合理的市场价格才能将产品卖出去。此时一旦扣除成本，我们还能获得多少利润就不确定了。因此，如果既要让产品畅销，又要能够赚取利润，我们就必须寻找各种方法来降低成本。当然降低成本不能影响质量，因此我们必须在已有的系统里消除浪费，这也正是你们现在所处的状况。"

菲尔疑惑地看着我和父亲。

最后，他又问父亲："你真能够帮助我们吗？"

父亲回答道："我正在帮你啊。"

"不，我的意思是，真正地帮助我们，帮助我们从整个系统里面消除浪费。"

但父亲说："对不起，孩子，我不会帮你做那么多。"

父亲站了起来，向我点了点头，示意要出门，"嗯，孩子们，很高兴和你们交谈，但我确实想回俱乐部去吃午餐。现在天也不早了，米奇，你开车送我回去吧。"

最后，我们一起开车回去。菲尔忧郁地坐在汽车的后座上，沉默着。父亲和我就像往常一样，除了日常新闻以外，也没有什么好聊的。就这样，我们一路沉闷地开着车。把父亲送到了俱乐部之后，菲尔又请我开车送他回家，沙琳和孩子们正在等他回家吃饭。我知道他还有事想和我谈，可能是谈我的父亲，这让我很不安。

一定要正确处理好菲尔的问题，他可是我的好朋友。就在几个月之前，我的女朋友莎拉抛弃了我，我的心情非常忧郁、沮丧，是沙琳和菲尔始终坚定地支持我，现在应该是我回报他们的时候了。父亲或许已经有了帮助菲尔解决问题的办法，毕竟他曾经在制造业做了那么多年。因为无休止的公司政治斗争使他感到很痛心，所以他退出了制造业。菲尔也认为我父亲的直接指导，能为他看清公司的形势点燃一盏明灯。我安排菲尔和我父亲见了面，但并不确定这个安排带来的好处是否会大于坏处。我和父亲的关系从来都不是很容易相处，彼此已经学会了保持距离。我不确定我是否真想要卷入菲尔的问题里去。

到了菲尔家，沙琳也极力想让我做这件我并不太情愿做的事情。菲尔的情绪有所好转。在吃午饭的时候，他极力地夸奖着我父亲，这更增加了我的不安。不过，我能看出菲尔心里面已经有了一些新的计划。但是，吃完饭后他并没有回办公室，而是心情很好地待在家里晒起了太阳。当他和孩子们在花园里玩的时候，沙琳把我带到了厨房。她是一个很坚强的女人，有着良好的教养，讲话总是南方那种慢慢的声调。她很美丽，有着一头金黄色的秀发，她总是表现得很友好。但是说句实话，在她身边我从来没真正放松过。

菲尔有着一个非常适合学习物理的大脑，他对某些特殊材料的热性能有一种直觉，但是在其他方面，菲尔并不出色。他高大、友善并且随遇而安，总是对生产方面的发展感兴趣。可能是由于出身贫寒，菲尔无法阻止自己对成功的渴望。我有时会感到奇怪，他为何总是渴望得到那些标志着成功的东西，譬如说，他对那种非常酷的运动跑车有着格外的偏爱。菲尔和沙琳的个性差别挺大，但是他们的婚姻却保持了 13 年，并且有了三个孩子。

当我到冰箱里面去拿冷饮的时候，沙琳直接和我谈到了菲尔的问题。她问："你能够帮助他吗？"我犹豫了一下。她站在那里，胳膊交叉着，面孔好像凝固住了。

"我不知道，说句实话，我一点都不知道他的厂里究竟发生了什么事。"

"但是你的父亲可以帮助他。"

"我也这么认为，但问题是我的父亲已经退出了工业界，他不想再介入了。"

我们面对面地看着，我感到浑身上下都不舒服。

沙琳突然问："你们两个做朋友已经多久了？""很久了，而且永远都会是朋友。这个，你是知道的。"

"嗯，长久以来，菲尔总是帮助你，对吗？帮你摆脱困境，帮你处理你的感情问题。"

我打断了她的话："是，那么你是什么意思呢？"

"现在是你回报的时候了。这一次你必须帮助他，情况很严重，当你为论文和感情关系苦恼的时候，我们也总会去帮助你，所以这一次轮到你了。成败悬于一线，菲尔就要破产了，我不想看着事情发生却又什么都做不了，因此你最好帮助他解决这个问题。"

我感觉她好像是在谴责我，我需要时间来领悟，但她却不停地说着。

"听着，我知道让你父亲帮忙不是件容易的事，我清楚这件事的难度。但是，他毕竟是你的父亲啊，如果你求他，他一定会帮忙的。"

我对沙琳说："你可能不知道你在要求什么。"

可沙琳说："我想我知道，迈克。更重要的是，我想你应该也知道。"

我开车回了家一趟，然后去了父母家。他们正在准备晚餐，气氛非常轻松，因为只有他们两人住在山上的这栋大房子里，所以他们吃饭的时候很少规规矩矩地坐在餐桌旁吃饭了。很多时候，只是跑到厨房随便弄点小吃，然后就去卧室或者家庭小影院边吃边做其他的事。我母亲一直都是一个电影迷，现在她已经成了好几家俱乐部以及一家杂志社的 DVD 电影评论员。因此，他们买了一台大屏幕电视，每天晚上都会看电影。母亲爱看各种类型的电影，不管是儿童剧还是恐怖的科幻电影。母亲一边认真地看，还一边记笔记，但是父亲总是看到一半就睡着了。

我正准备和父亲谈帮助菲尔的事，父亲就开口了："答案是'NO'。"

"爸爸，我们现在谈的是菲尔啊。这不是一个普通的商业顾问案例，这是在帮助我最好的朋友摆脱困境啊。"

父亲有点不解地看着我，把他的马提尼酒杯放到了厨房的吧台上，为我倒了一杯，然后为他自己又加满了一杯。他轻轻地啜了一口，然后把手放到后脑勺上，身子靠到了橱柜上。

"爸爸，你不用做太多，只是和他谈谈，仅此而已。"

父亲说："你还记得吗，我总是说生产不是问题的关键，人才是关键。"

我点点头，这句话我确实听过很多次，这也是我和父亲都认可的一种观点。

父亲又说："嗯，孩子，我也不知道该如何表达才好。我知道菲尔已经很难承担这件事情了。重压之下，他已经快崩溃了。"

"但是你又能期待他做什么呢？进入商界之前，他只是一个物理系的学生，就像实验室里的小白鼠一样。但是他很聪明，他一定会成功的，我们应该帮助他啊。"

父亲好像被逗乐了，笑着说："我们，什么是我们？好吧，下面是我的建议，我不想去处理一场闹剧，我不想解释、争论和处理各种繁琐的人际关系。在过去，我需要去确定每个人都在想什么，无论我说什么，他们都会反对，这就是人性。人们需要在反对声中进行自省，但是我已经受够了，我不想再去处理这种事了。因此，我可以跟他谈，但是你需要过来一起帮助他。当他心烦意乱的时候，由你来处理，让我们来看看你的心理学知识在现实生活中有没有用，好吗？"

我犹豫了一下。尽管我正在休一年的教授充电年假，但我却有很多事情要做。我正在写一本书，目前进行得不是很顺利。我并不想花太多的时间开车送我父亲去工厂讨论菲尔的问题，但菲尔是我的朋友啊，我应该帮助他。

"怎么样？"父亲问我。

"嗯，好吧！"

我在想，我会陷入一个什么样的境地呢？我们能够帮助菲尔摆脱困境吗？我脑子里一点主意都没有。

"嗨，迈克，好久不见，"麦休向我打招呼。

我一直都不喜欢麦休，他总是带着甜蜜的笑容，穿着白得不能再白的衬衫和熨过的斜纹棉布裤，身体有点发福，皮肤可能是因为经常打高尔夫球的缘故，晒得有点黑。麦休又转向我的父亲："请问你就是伍兹先生吗？菲尔告诉我说，你能够在不增加任何投资的情况下，将我们STR的产量提高一倍，是吗？如果可以，这可真是救了我们啊！"

父亲对麦休说："孩子，我不能直接帮你们把产量提高一倍，这份工作要靠你们自己做好。嗯，你们真的能把多生产出来的产品全部卖掉吗？"

麦休坚定地回答："肯定没有问题，我们目前的合同就要求我们必须要将STR的产量提高一倍。因为目前我们生产不出来，所以我们必须付赔偿金。我们曾经讨论过，暂停生产其他型号的产品，只生产STR以满足那些无法及时交货的订单，但我们又不想破坏和其他客户的关系。目前，这个市场还在继续成长，很多全球性的制造商都在积极转向能源市场。"麦休转身对菲尔笑着说，"你负责生产，我负责销售。"

菲尔只是耸了耸肩，我们用不确定的目光对望了一眼，对麦休的话心存疑虑。在今天早些时候，我们已经在大厅里面碰到过麦休，当时他正要出去开一个重要会议。多年来，我断断续续地和麦休见过多次面，我搞不清楚为什么菲尔和麦休会成为合作伙伴。我总觉得他是一个说大话的家伙，但是他对菲尔还是非常公平的。尽管他利用了菲尔的专利，但是在这场生意中，他让自己和菲尔都变成了富人。菲尔从来都不理解我为什么不喜欢麦休，他认为麦休是一个真正的朋友，而我对麦休的信任度不够。我就是无法容忍麦休做事的方式，就像无法容忍菲尔醉酒后在我车里的气味一样。

麦休笑着说："你们去做重要的工作吧！我要赶紧去催一个客户付款，这样就可以让我们再多撑一个星期。回头见。"

当菲尔带着我们路过接待处，向他的办公室走去的时候，我问菲尔："麦休的话是真的吗？财务状况真的那么糟糕吗？"

"麦休的话？哦，这种状况差不多已经有一个多月了。但是我不必再担忧了，因为麦休很善于从外边搞到钱。自从我们合并了这家厂后，在搞钱这一方面他积累了许多经验。他总是能够让公司脱离财务困境，我需要担心的是公司的生产与长期发展。"

他把我们引进了办公室。我们一进房间，一个衣着漂亮的西班牙裔小姐便从会议桌旁站了起来，向我父亲走来。她带着甜美的笑容，和我父亲握了握手，说道："嗨，我叫艾米·克鲁兹，是这里的人力资源部经理。我知道你不想多要一个听众，但是，我对你的管理理念很感兴趣，我觉得这是一次很好的学习机会，希望能学到一些公司求生存的管理理念。"

菲尔和我互看了一眼，我们都以为父亲一定会严厉地让她离开。但是令我俩吃惊的是，父亲很有礼貌地笑了笑，和她握了握手，说道："克鲁兹小姐，很荣幸你也来听课。"

克鲁兹回答道："叫我艾米就可以了。"她个子娇小，体形圆润，但是声音很有磁性，说话很流畅，就像电台的播音员。

"好的，我已经让艾米准备了完整的公司介绍。这会让你们对公司有更进一步的了解……"菲尔说道。

可是父亲却说："我不需要听这些介绍了，拿着你的笔记本，我们直接去车间吧。"

菲尔有些惊讶，但还是说："好吧，让我们去车间吧。我已经让生产经理大卫也加入我们了，但是他……"

父亲打断道："菲尔，我们一定要事先讲清楚，那就是我不想处理任何人际关系问题，不想受到阻碍，不想回答任何愚蠢的问题，清楚了吗？"菲尔不自在地回答说："好吧，伍兹先生。"我看到艾米正在咬着嘴唇偷偷地笑。

"好吧！那么我们出发。"父亲说。

刚一进入工厂，父亲就说道："菲尔，你必须告诉自己，这里是一个金矿，这些工人的手里握着黄金，而我们的工作就是发现黄金。你现在可以重复一下这句话吗？"

"黄金……"菲尔不确定地重复道。

父亲接着说："现在的问题在于工厂里有太多的事情，我们很难看出价值究竟是从哪里创造出来的。就像我们昨天看到的那样，车间内外有些工人做的很多事情看起来是必要的，但其实并没有增加产品的价值。那么，我们究竟该到哪里去发现黄金呢？"

我猜测着问道："是到生产线上吗？"

父亲赞同道："对的，那里就是创造价值的地方，在那里产品一个接一个地制造出来，价值就这样通过工厂流了出来。你们首先要搞清楚的，就是一定要辨别出价值流所经过的不同生产流道。"

"你指的是产品线吗？"菲尔问道。

父亲说："是的，对你们工厂而言，价值流已经被分成了三个主要流道，加上一些小的价值流道一起都汇入到主流道中。我们迟早要把这些价值流图画出来，看看在哪里创造了价值，在哪里没有创造价值。现在我们需要先采取一些其他行动，我们从哪里开始呢？"

这时菲尔说道："我猜是装配线吧！"

父亲回应道："错了，我不认为黄金在那里。"

我们站在那里像犯了错的孩子一样，相互看了看。

突然艾米出人意料地喊了出来："那一定是成品了，那就是'黄金'对吗？我的意思是当成品完成的时候，也就是我们从流道里淘出黄金的时候，对吗？"

父亲笑着对艾米说："你是对的，成品告诉了我们有多少产品流出了这个车间。因此，让我们先到运输成品的地方看看。"

我们躲开叉车，绕过摆满库存品的架子，穿越过工厂区。此时，艾米看起来很兴奋，而菲尔则明显是在考虑刚才关于"金矿"的讨论。

我们到了装货码头，看见码头上到处摆满了装货的大木箱，父亲问道："从这里我们可以得出什么结论呢？"

菲尔有点不好意思地承认道："所有的产品都放在一起，有点乱。"

父亲说："对，'金矿'的矿工一定会将不同种类的金块分开放置的。"

菲尔看了看四周，说道："尽管如此，但是我想负责运输的人一定知道东西放在哪里。"

父亲耸了耸肩，然后问道："我想了解一下你们的运输计划，你们多长时间发货一次？"

"我们每个星期会给每个客户发一车的货物。目前比较简单，我们正在将STR型号的产品发货给我们最大的客户，一家全球性的能源集团。我们今天发货已经超过交货期了，不用说，这个客户肯定会不高兴的。"

"我也这么想。"父亲说。

菲尔继续说道："这个客户声称由于我们的产品不能准时送到，已经延误了他们生产控制电板的计划。我不确定真实情况，但他们老是催我们快点交货，可惜我们做不到。"

父亲问道："那他们希望多交多少货呢？"

"现在每周运送一车货，也就是50件产品，但是他们希望我们提高一倍，也就是每周100件，我们已经告诉他们目前做不到。"

父亲笑道："双倍，呵呵。"

菲尔继续介绍其他的业务："每周给另外一个客户送60件QST-1，还有一家工厂每周要送50件QST-2。除此之外，传统能源工作站是我们DG的主要客户，每周需要 20 件，我们送去或者他们过来取。"

"嗯，孩子，这是我到这里来之后听到的第一个好消息。"

菲尔很困惑地问道："怎么回事呢？"

父亲说道："我们稍后再来处理这个问题。现在我们假定所有的黄金都汇集到了这里。记住，成功地运营一座'金矿'的关键就在于优化你的物流，尽快地把金块从流道里面取出来，卖给客户。你们同意吗？"

我们都点了点头。

父亲接着说道："因此，我们需要沿着这个流道往回走，看一看黄金是如何在流道内流动的，看看路上有哪些岩石阻碍了黄金的流动，那些岩石是什么呢？"

菲尔迅速回答道："是浪费，是昨天谈到的没有为客户带来价值的工作。"

"但我们如何发现他们呢？"父亲问道。

菲尔喊道："是库存吗？如果有库存堆积，黄金自然停止流动。"

父亲说道："看来你已经懂了一些。我们应该如何寻找障碍呢？我们可以选择一个流道，然后顺着流道往回走，就可以发现哪些是关键工位，并且清点库存。浪费往往不容易看到，这也是你们为什么无法超越目前的状态，进一步提高生产效能的原因。但是我们能看见库存，可以假定在任何物品堆积的背后，都隐藏着浪费。"

艾米问道："所有的库存都是浪费吗？"

父亲回答道："大部分都是。库存可以被分为三大类：

（1）原材料；

（2）在制品；

（3）成品。

库存主要有以下几种作用，缓冲库存可以让你应付客户需求的突然增加，而安全库存能够让工厂本身或者供应商的生产出现问题时，暂时应付困难。其实，目前所有没有用到的存货都是浪费，因为已经花了钱，但却没有卖出去。这些库存耗费掉了惊人的资金。"

父亲指着包装好的箱子，问菲尔："这里有几种产品是从不同的流道送过来的？"

菲尔回答道："大致有四种类型：STR、QST-1、QST-2 和 DG，但是实际情况要复杂一些，因为每个型号根据客户的要求会有所不同。"

父亲接着问道："每个型号的产品都来自不同的流道吗？"

"大部分是的。自从昨天谈话之后，我仔细地检查了一下，发现所有的产品都要经过最终的装配线，但上游的子生产线却是分开的。第一条生产线就只生产 STR，因为这一型号的需求量比较大。第二条线生产 QST 系列两个型号的产品。我本来设想让第三条线只生产 DG 的，但这个型号的市场比较萧条，于是大卫有时也用第三条线来生产 STR 和 QST。因此，我们这里也不是三条线完全分开的，但大部分工人都能够熟练处理任何一个型号的产品。"

父亲继续问道："有没有考虑过将 DG 型号的产品线全部放弃掉呢？记住哈利跟你说的那句话，商业里面很有效的一条规则就是懂得放弃。如果产品没有前途了，就干脆放弃它。"

"但是这种产品还有利润啊。"菲尔争辩道。

父亲回答道："或许它还有利润，但是它也消耗了你们有价值的资源。为什么不用同样的一条线来生产更多的 STR 呢？"

菲尔扶了一下眼镜，大脑在快速地思索着。

父亲说道："听着，列出三类产品：A、B、C。然后画一张坐标图，一个坐标是'这个产品有利润吗？'一个坐标是'这个产品的市场在不断扩大吗？'具体情况很简单：

A 类：产品赚钱而且市场需求还在不断地增大，就应该多生产一些；

B 类：产品只有微薄的利润，而且市场还在不断地萎缩，应该立刻放弃；

C 类：这是一个问号，如果市场不断地扩大，但目前没有利润，可以想办法赚取更多的利润。如果产品是赚钱的，但市场上却没有需求，那么立刻放弃。"

菲尔喊道："你是说把真空芯的生产彻底去掉吗？"

父亲说："确实，这就是我的意思。在这里你要那个拖累干什么呢？你可以在另外一个厂生产真空芯，而在这里集中力量生产断路器。如果我们能够节省出足够的能力，将来可以再把真空芯的生产搬回到这里，然后卖掉一个工厂，这样你就有了流动资金。"

菲尔结结巴巴地说："但是，但是……"

父亲劝慰道："放松一点，我并不是说明天就要这样做，这只是一个想法，但你必须要认真地考虑一下。目前，让我们把焦点放在 STR 型号的价值流上面。你需要把精力集中在这一产品上。为了改善现金状况，你必须要能够在不增加成本的基础上交付更多的产品。"

艾米问道："价值流有一个正式的定义吗？"

父亲说道："当然有。一些专家们认为，价值流就是一个产品从概念到实际产生、从订单到交付的过程中所需要的全部活动，其中包括了增加价值的活动，也包括不增加价值的活动。一般价值流是指同类产品的生产线，产品的制造流程和基本操作大致相同，但可能会用不同的零组件或生产程序。现在我们需要选择一条价值流，看看价值如何流动。因此，菲尔，你应该带着我们从后往前地沿着 STR 的价值流走一圈，在每一个工位都介绍一下生产的工作，一直回溯到价值流开始的地方。好吗？"

菲尔点了点头。

父亲说道："现在我们一边沿着价值流向前走，一边清查每个工位里的库存，这样我们就会发现'岩石'隐藏在哪里。我们集中精力关注库存，包括工位之前、之后以及工位之间的在制品库存。为了避免混淆，我们把两个工位之间的库存算作是前一个工位的，你们明白吗？"

菲尔点了点头，"我明白了，你的意思是指包装后还没有入库的都算是包装工位的库存，而还没有包装的就算是前一个工位，即最终检验工位的库存，是这样吗？"

"对，现在开始吧。你们看这边有多少件 STR ？"

菲尔回答道："总共 3 排，每排 10 件，一共是 30 件。"

"30件？那么多，难怪你们有现金问题。"

菲尔争辩道："你不了解，它们很快就会运给客户了。"

父亲又问道："所有STR型号的产品都在这里吗？那边是什么产品呢？"

菲尔回答道："不同的产品，因为它们标签的颜色不同。"

"你确定吗？"

菲尔耸了耸肩，到那堆产品那里看了一下。他摇摇头，几秒钟后非常尴尬地走了回来，对父亲说："你是对的，那边还有6件STR，只不过是给不同客户的。"

父亲得出结论："那就是说有36件STR等待运输。"

菲尔点点头："是的，我们每星期只送一卡车。"

父亲又问道："这些成品来自哪里呢？"

"来自那边的包装工位。现在有5件产品正在装箱，也就是说，我们包装工位的库存还要再增加5件。"

"那么一共就是有41件。"父亲加总了一下。

艾米假装天真地对菲尔说："老板，这些库存可是一大笔钱啊！"

菲尔没有说话，但父亲说："克鲁兹小姐，要明确地把这些话说出来，告诉生产线上的工人。因为他们习惯于这种混乱的状态，根本没有注意这些库存。你们知道我为什么把这些库存称为黄金吗？"

艾米猜测："是因为这些产品的价值？"

"因为这里的每一件产品都代表着客户口袋里面的现金，而这些钱本来应该是在你们手中的。这些产品已经被卖出去了，最难的部分已经做完了。这也就是我为什么说这些产品是黄金的原因。"

天啊，父亲的这种直截了当的讲话方式让我很不自在，但菲尔似乎没有感觉，继续向前走。

父亲继续说道："这里的产品来自最终检验工位。不用告诉我，我也知道这里的情况肯定比较凌乱。"

"测试仪器旁边的那四个产品是要进行最终检验的吗？"父亲问道。

菲尔回答道："是的，它们是从传送装置上卸下来的。"

"菲尔，传送装置上面至少悬挂了 30 个机箱。"

菲尔回应父亲道："但那里也并不都是 STR 型号的产品，我数了一下，大约有 20 件是 STR 的，相当于我们两天的产量。一般来说，我们每天生产 10 件 STR。另外有几件是 QST-1 和 QST-2 的，还有两件 DG 的。为了赶客户的订单，今天一整天都在生产 STR，但仍然赶不上进度。"

"不管怎么样，在传送装置上确实有大量的库存。我算了一下，总共有 65 件已经完工或将要完工的 STR，都还没有送到客户的手上。"然后父亲补充说道，"现在让我们来看一下关键零组件，也就是断路器的加工过程吧。"

我对那些传送装置上可移动的架子相当好奇，就问道："每个架子上面放多少个断路器？"

菲尔回答道："20 个，那些就是放入到机箱中的断路器。对 STR 来说，每个机箱放入 4 个断路器。待会儿我们会去测试工位，这些断路器就来自于那里。"

我似乎对这些库存产生了兴趣，"嗨，你这里至少有 4 个架子，每个架子上面有 20 个……"

菲尔看了我一眼，说："对，每个装配工人在开始生产的时候，都希望断路器的数量能够满足他们一天生产的需要。"

父亲对菲尔说："米奇说得对。你来数数这里，这里有 4 个架子，总共有 80 个断路器。再加上测试区域还有 2 个断路器，那就是说共有 82 个，我想瓶颈可能就在这里。"

菲尔看起来很迷惑："只有 2 个断路器在测试吗？应该可以同时测 6 个的啊。真见鬼了……"

父亲插话道："菲尔，不要分心，待会儿再来处理这个问题。"

我又插了一句："那边还有两架子的断路器呢！"

父亲附和："是的，还有两架子的断路器放在那里。"

菲尔阴郁地同意道："是的，我数了一下，还有 34 个断路器放在那里。"

父亲补充说："我也数了一下，在测试和最终装配之间有 114 个断路器，现在让我们继续沿着装配线看看吧。"

在去测试区域的路上，我好奇地问："什么是瓶颈？"

艾米回答道："加工方面不是我的特长，但我认为瓶颈就是整个加工过程中一个缓慢的步骤。因为它不能够满足下游工位的需要，所以在制品会在那里累积。"

我推断了一下："就像快车道从两条变成了一条，虽然车的数量保持不变，但会造成塞车。"

艾米说："有点相像，我想瓶颈也是不能增加价值的一个标志。从事生产的人都会谈到瓶颈，大卫和菲尔就经常争论'我们什么地方有瓶颈啊？我们能够除掉瓶颈吗？瓶颈已经消除了吗？'但是他们的谈论似乎对解决问题没有太大的帮助。"

我问艾米："你为什么辞掉你过去的工作到这里来上班呢？"

"我以前是一家网络公司的人力资源部经理。前一段时间网络公司不景气，你也能够想象到我的那家公司是如何关门的。刚好麦休和菲尔接管了这家公司，他们精简了过去的团队，只保留了大卫和工程部门的主管，因此需要招人，而我对这样的制造公司很感兴趣，于是就来这里工作了。"

"那你现在紧张吗？"

艾米笑着反问："你的意思是说对于公司财务状况吗？经历过网络行业的泡沫经济，我感觉这个地方已经非常稳定了，有时甚至感觉有点单调。"

菲尔清点了一个没有完全摆满断路器的架子，"8个装配好的断路器。"

父亲补充说："再加上一个正在装配的，一共9个。"

"装配线上面还有7个。"菲尔说。

"4个正在装线路——你们如何称呼安装线路的？"父亲问。

菲尔回答道："我们叫它马达布线。"

父亲于是说道："还有6个正在进行马达装配，有5个正在进行手工装配。"

菲尔进一步说明："但是最终成品和断路器的数目是不一致的，因为每件STR成品包含4个断路器，我们不能够把成品和断路器的数目混淆。"

"好的，既然你认为传送装置没有对加工能力造成约束，那就让我们把焦点先放到断路器上，让我们看看断路器这条线的情况。"父亲拿过菲尔的笔记本，在上面画了一个表。

生产中每个工位的断路器数量

手工装配	马达装配	马达布线	真空芯装配	真空芯布线	测试	断路器成品	总数
5	6	4	7	9	2	114	147

菲尔看看这个表，然后想了想，说道："这里有 114 个断路器，但是我们为什么无法交货呢？我真不明白。"

父亲问道："菲尔，你的流程中有阻碍，你认为那是什么呢？"

菲尔在考虑着他的数据，就好像这些数据是他的科学实验中的部分一样。然后他说："这里并不总是这样，它并不是一个真正的瓶颈。事实上，最终装配的人有时还会抱怨断路器不够用。"

父亲说："库存并不一定是一个瓶颈，可能只是物料流的暂时转换，我们后面还会讨论这个问题。好吧！让我们再来计算一下，一件 STR 型号的产品里面用 4 个断路器，在价值流上我们一共有 147 个断路器，它可以被转化为多少件 STR 型号的产品呢？"

菲尔回答道："大约 36 件。"

父亲继续问："如果按生产阶段分解，会得到什么结果呢？"

"我明白了！在传送装置那里等待装配的 114 个断路器可以转化为 28 件 STR 型号的成品，另外，在价值流中的那 33 个断路器又可以转化为 8 件。"

父亲点了点头，"那就是说在最终装配之前，共有可以满足 36 件 STR 型号成品的在制品，超过了你每周交货量的一半。如果再加上传送装置上的 20 个、最终测试中的 4 个以及包装工位和正在装箱的 41 个，那么一共有 101 个。"

手工装配（每件成品包括 4 个断路器）	成品断路器（每件成品包括 4 个断路器）	最终装配的传送装置	最终测试	装箱	包装	总数
33/4=8	114/4=28	20	4	5	36	101

"在生产环节，从断路器装配开始，总共有相当于两个星期产量的 STR 型号的在制品。但整个制造过程中，能为客户增加价值的加工时间加在一起仅仅是几个小时。"父亲停顿一下继续说道，"现在你们在价值流中看到黄金了吗？"

"这个代价太大了。我们现在能干什么呢？"菲尔认真地问道。

父亲开玩笑地说："现在？什么都做不了。"

"你是什么意思呢，什么都做不了？"

"现在，耐心一点，一次只做一件事。"

"耐心？说起来容易！大卫究竟跑到哪里去了？他应该对这件事负责。"

父亲突然停下来，看着菲尔说："孩子，你必须做出选择。"

"什么样的选择？"

父亲回答道："嗯，你需要一个战略。"

菲尔怀疑地问道："就像刚才那样什么都不做的战略吗？"

父亲瞪了菲尔一眼。

菲尔忙说道："好吧，现在我们最主要的问题就是及时把 STR 型号的订单生产出来，为此我们需要把每周 50 件的产量扩充到每周 100 件。STR 是新产品，它的订单数每周持续都在 100 件左右，到目前为止，我们每周生产和交货从没有超过 50 件。"

父亲问道："是什么阻碍了你们呢？"

菲尔有点犹豫了，目光迟疑地看着父亲，"嗯，首先，我们不能生产足够的断路器，每一件 STR 型号的成品需要 4 个 STR 断路器，但是目前我们每天只能生产 40 个断路器。"

父亲问道："因此，你必须要将每天断路器的产量翻一倍，对吗？如果你将每天断路器的产量翻一倍，也就是 80 个，这样你就能够每天生产 20 件成品，你们每周的产量就会扩充到 100 件，对吗？"

"是的，但是……"

父亲没等菲尔说完又问道："即使有了足够的断路器，你们最终的成品装配能够及时完成吗？"

"我不知道。工人们告诉我，在最快的情况下，这里每天曾经生产出 50

件 DG 型号的成品，为了保证质量，现在将产量降到每天 30 ~ 40 件。我想只要开足马力，应该可以生产出 50 件。由于每件 DG 型号的产品只使用一个断路器，由此类推，每天有能力生产出 50 个断路器。"

父亲说："我不考虑工人们对你说了什么，你只要保证有足够的断路器在那里等着装配就行了。"

菲尔同意道："是的，但也可能是生产排班的原因，大卫正在忙着生产其他的产品，这才造成了断路器的堆积。我相信问题最终还是需要生产足够的断路器，尽管今天看到这种情况之后……"

"孩子，如果这是你所思考的，那么这就是你的战略。你想要在不增加固定成本的前提下，将 STR 型号的产量扩大一倍。"父亲说话的口气就好像这是世界上最明显的一件事。

"啊，是的，但是……"

"听着，我认为有一半的问题来自于传送装置，但是那里并不是最容易开始的地方。现在唯一的问题就是我们究竟要从哪里开始。"父亲继续说道。

菲尔扶了一下眼镜，看起来已经被我父亲的话给征服了，"是的，伯父。"

父亲说道："嗯，我们一定要从某个点开始改变，那么，你们愿意从断路器装配开始吗？我们迟早会解决传送装置的问题。"

菲尔表示同意："从装配线开始很好，我们在那里有一个瓶颈，如果我们不能够提高断路器的产量，我们就无法赶出客户的订单。另外，我们已经和顾问在一起努力设置了 STR 产品线，我知道下面该去做什么了。"

父亲说道："好的，那就由你来负责。从理想情况来看，我们应该由最靠近客户的工位开始，比如说，最终装配工位或者是包装工位，然后顺着生产线往回推。但是也需要一个你充分了解的工位，以便快速地看到结果。如果你认为断路器装配符合这个条件，那么就可以从这里开始。"

菲尔叹气道："我们已经尝试了各种办法来提高断路器的产量，但我还是看不到……"

父亲打断了菲尔的话，全然不顾菲尔悲哀的样子，"我们现在已经把整个价值流找出来了，也可以看出究竟是哪些地方阻碍了黄金的流动，现在需要计算一下究竟需要几个挖金子的人。"

菲尔问道："你的意思是指多少个工人吗？"

"对的，多少个直接劳动力。"

菲尔说道："这很简单，对于STR型号的断路器，我们可以得到一个表。"
（见下表）

手工装配	马达装配	马达布线	真空芯装配	真空芯布线	测 试	成品断路器	总 数
5 1个操作员	6 1个操作员	4 1个操作员	7 1个操作员	9 1个操作员	2 1个操作员	114	147 6个操作员

父亲问道："这6个人每天应该生产和包装多少断路器？"

"40个，但是每天能够生产三十六七个就已经很幸运了。我们每天需要生产10件STR型号的成品，在每件成品里面需要4个断路器。"

"STR型号的断路器的价值流，也就是你们所谓的生产线，从手工装配开始到测试结束，一共需要6名操作员。"父亲说。

"是的，我们一共有6名操作员和147个断路器的在制品库存，其中有114个摆在架子上等待装入最终产品。"

"你知道废品率吗？"父亲问道。

菲尔说："大约每200个断路器中会有1个废品。"

父亲说："那是在客户那里发现的不合格产品数。我对你们生产出多少不合格品的数量更感兴趣，比如说，测试的时候发现了多少不合格品。"

菲尔回答道："我不知道。大卫在哪呢？他应该知道。"

"好吧。在这部分的价值流中，我们用6个人，每天希望生产40个零件。目前共有33件在制品库存，再加上114件成品库存。这张表就是整体情况。"
（见下表）

断路器成品库存	114
断路器在制品库存	33
生产率 (40/ 人数 / 天)	6.6
质量	?

父亲继续说："如果想要卖更多的STR型产品又不增加固定成本的话，你

就一定要把重点放在这 3 个数字上，你必须提高质量、降低库存、缩短生产周期来提高生产率。"

菲尔问道："什么是生产周期呢？从前顾问们老是跟我们提到生产周期。"

父亲解释说："它表示一件产品从生产开始到生产结束需要花的时间。目前这条生产线的生产周期是多少？"

菲尔回答："我们要跟着一件产品把整个流程过一遍才能知道，对吗？"
父亲说："没有必要。你们不是每天假定生产 40 个断路器吗？"

"差不多吧！"

"现在有 33 件在制品库存和 114 件成品库存。那么在断路器装配这个阶段，一共有 147 个断路器等在那里，因为每个最终产品需要 4 个断路器，因此这就是潜在的 36 件成品，那么一个断路器究竟要花多少时间才能送到装配工人的手上呢？"

我和菲尔相互看了看，都很茫然。但是艾米在那里喃喃自语，突然喊道："等一下，我明白了。"

我们都看着她。

艾米兴奋地说："是 4 天，对吗？这就像高中时的一个问题一样，每年会有多少人死亡？"

我和菲尔都困惑地看着艾米，问道："究竟是怎么回事呢？"

艾米说："你们知道，美国一共有 2.5 亿人口，而人们的平均寿命为 75 岁，那么美国一年会死多少人呢？"

父亲回答道："大约 400 万，用 2.5 亿去除以 75 就可以得到这个结果。"

艾米笑着说："同样的问题，我们有 147 个完成的和未完成的断路器的库存，每天大约生产 40 个断路器，那就意味着装配每一个断路器差不多要 3.7 天，或者说是 30 个工作小时。"

"如果我没有记错的话，我们的顾问测的也是 34 个小时。我以前没有考虑过这个问题，我们的黄金流让库存堵塞了。毫无疑问，这样我们肯定不能生产出足够的产品，才会导致客户老是在那里抱怨。"菲尔笑着说，然后在本子上记下了：

$$周期 = \frac{全部在制品库存}{生产率}$$

菲尔说道:"如果我按照价值增加比率计算,生产一个断路器大约是45分钟,而生产周期差不多是30个小时,那么结果是……2.5%的价值增加率。在像这样一条简单的线上,我们如何……?"

父亲看着菲尔说:"孩子,你怎么可以那么计算呢?"

菲尔有点迷惑了:"啊?用价值增加时间除以全部周期,我们的顾问就是这样教我们计算生产率的啊!"

父亲略有轻蔑地笑道:"顾问?这种数字是没有任何实际意义的。它并不是整个价值流的生产率,也不是全部的价值增加时间,它仅仅是断路器装配这一段。这个数字能告诉你什么呢?记住,不要太关注那些只能告诉你是否有问题,而不能告诉你如何解决问题的数字。"

但是菲尔坚持道:"但就是2.5%啊!"我记得菲尔总是热衷于一些统计数据,即使这些数据没有任何意义。

父亲喊道:"还是把注意力集中到这里吧。我的意思是,在一条生产线上你首先要考虑这些因素:

(1)每个工人每天生产多少件;

(2)生产线上的废品率;

(3)在制品库存。"

父亲接着说:"你可以考虑一些更细的问题。但是至少在目前,你应该设定一些有意义的目标。"

我问道:"什么样的目标呢?"

菲尔深思了一下,点了点头,在本子上记了一些东西,说:"我明白了,比如说生产率提高10%,库存降低50%,等等。"

"菲尔，确实是类似于这样的目标，但你的数字是从哪里来的呢？"父亲表示疑问。

菲尔有些不知所措地说："顾问总是告诉我们生产周期提高 50%，这就让我想到了生产率提高 10% 和库存降低 50%。"

父亲讽刺地说："我真的很想看看你们设定了这些目标后怎么完成？还是让我们回到现实的工作中来吧！那么你们应该如何设置目标呢？"

艾米很积极地回答道："我知道，目标的设置必须符合 SMART 法则，即有针对性的（specific）、可测量的（measurable）、可实现的（achievable）、符合实际的（realistic）和……"

父亲帮她补充道："要有时间限制的（time-constrained）。唉，你们应该都接受一下 MBA 教育。告诉我，MUMBO-JUMBO 代表什么意思呢？那就是实际的生活、实际的人和实际的问题。"

我大胆地说道："爸爸，可能我这样说有点跑题。但是，他们的目标不正是消除浪费吗？这和你过去说得不正一样吗？"

想不到父亲居然很高兴，"你说得很正确，那的确是目标。但应该看看现在是如何生产的，然后想象一下要如何改进才能够使工作更流畅，再把你们想的作为目标，这样才能使整个工作运转起来。你们可不要把仅仅靠拍脑袋想出来的数字当作目标啊！"

"接下来做什么呢？如果有了目标又该做什么呢？"菲尔问道。

父亲说："这就是你们使用'Oh No！'方式的时候了。大野耐一（Ohno先生）曾经当过丰田汽车公司的生产经理，他发明了及时生产方式，并经常使用这个简单的'Oh No！'方式来提高生产率。当经理们拥有 100 个工人资源，能够很顺畅地完成某一项生产的时候，大野耐一就会调走 10% 的工人，他希望经理们能够在 90% 资源的情况下，仍然顺利完成工作。当然此时管理层会遇到一些问题。当他们完成了新的目标后，大野耐一又跑过来说，'嗯，我现在要再调走 10% 的工人'，这时操作员就会叫起来说，'Oh No！'，接下来，'Oh No！'方式就为人们所熟知了。"

"听起来像是很聪明的俏皮话。"

父亲同意道："或许这不是一个真实的故事，但是它的确说到了点子上。"

菲尔焦急地问道："那我们现在应该做什么呢？"

父亲说："整体上看，就是要用这种思想，就这个简单的生产线设定一个既定的生产目标，我们需要估计理想的工人人数。但是，你现在搞明白目标的意义了吗？"

菲尔回答道："我明白了。我们不能盲目地去设定目标，而是应首先根据在制品库存、生产率和质量来设定一个合理的改善目标。"

父亲笑着说："对。那么，我们生产线上的在制品目标应该是多少呢？"

我开玩笑地说："应该是零库存啊！关于这一点还有什么可争论的？！"

他们都盯着我看，天哪，他们居然还把这句话当作一回事了。

这时父亲说："对，接下来我们要把生产线观察得更仔细一些。"

因此我们又走回到 STR 生产线，父亲走向操作员，和他们一一握手，平静地和每个人都谈论一会儿，而菲尔、艾米和我则站在旁边像傻子一样。这时，一个黑人妇女从生产线旁边的一间小办公室里向我们走了过来。

菲尔招呼道："你好，葛兰。"

葛兰用一种好奇的语气问："简根森先生，有什么事吗？"

菲尔回答道："没什么，我们只是……"

父亲和工人说完话后走了回来，说："正在训练，我的名字是鲍勃·伍兹，我正在训练他们如何提高生产线效率。"

菲尔介绍道："这是葛兰，她是这三条装配线的主管，她对这些产品比我们懂得都多。好了，葛兰，我们要再看看其他生产线的效率。"

她客气地看着我们。看起来她想说点什么，不过她想了一下，只是说："嗯，我回办公室了，如果你们有需要可以找我。"

菲尔看起来像如释重负的样子，"谢谢你，葛兰。"

父亲问道："你们这里没有综合性的生产经理吗？"

"是负责整个价值流的经理吗？从订单开始到交货结束吗？"菲尔考虑了一下说，"没有。我们有人专门负责产品的设计，一个人负责 STR，一个人负责 QST-1 和 QST-2，大卫自己负责 DG，但仅仅针对设计部分。在车间里面，葛兰负责这个部分，杰克负责最终装配线。"

我们看着那一排工作台，每一个工人都在忙着工作，他们被零件和很小的架子包围着，架子上则摆满了各种颜色的装货小篮子。

这时艾米笑着说了一句："起码有一件事情是确定的，我看到了菲尔今天早上所提到的各种浪费。"然后，她拿起菲尔的笔记本念道，"第一，过量生产。很显然，我们有大约80个已完成的断路器堆在那里，因此生产了太多的产品。第二，等待。你们看，第二个操作员似乎正在寻找东西，他可能正在找缺少的零件，现在他把现场主管叫了过来。第三，不必要的搬运。他们从一个工位搬运零件到另外一个工位。当工位被排列成直线的时候，这种搬运工作就更费劲了。看面前的这位女士，她就从前一个工位搬了4个零件，它们看起来太重了。第四，不必要的操作。我对这一部分不是很了解，但我想这是一个设计问题。我们现在正在生产线上面寻找不能为客户增加价值的工作，看看是不是有人在按照不必要的标准工作，是否有人在做和断路器质量无关的事。"

菲尔耸了耸肩，显得很无奈。

艾米继续说道："第五，不必要的库存。很明显，这些操作员手边有着不是立即需要的零件和在制品库存。第六，不必要的走动。我不知道这种算不算，但是在一分钟之前，我看到一个工人出去了，然后回来的时候拿着一箱子零件。"

父亲补充说："是他们自己为自己提供补给吗？如果是，它就没有增加价值。这一点，还可以再深入一些，看看线上的这些操作员是如何作业的，然后问问自己，他们有没有不必要的动作。"

艾米继续道："第七，我不太了解返工，不过……"

菲尔说道："是的，这里的确有返工，那就是为何工人仍需要训练的原因。他们需要知道如何组装断路器，葛兰可以帮助他们。"

艾米摇了摇头，"菲尔先生，这就是你的七种致命浪费。"

菲尔问道："你是如何看出那么多道理的？"

艾米说："为了付大学学费，我曾经在一家麦当劳连锁店工作过。如果麦当劳按照我们现在这种方式来组织人力的话早就破产了。"

菲尔突然喊道："想到了，单件流！如果流程很顺畅，我们应该一次只处理一个零件，因此我们设一个目标，每个工人处理一个零件，那就是说处理6个零件再加上成品库存！"

父亲十分赞同："对，考虑得很好。菲尔你应该多听听你们这位人力资源部经理的话啊！艾米，你在快餐业做过很长时间吗？"

艾米笑着说："太长时间了，我在那里做到了经理。但是工作压力实在太大了，我无法一边工作，一边继续学业。最后我只好选择学业，并获得了人力资源管理学位。"

"你在快餐店的工作，一定让你学习到很多如何在一个分工明确的组织里做一个称职的领导。"父亲说道。

"的确如此。相比起来，我日后IT行业的工作要松散多了。"艾米肯定道。

父亲又回到生产的主题上面来："目前，每个工位周围都有4～9件在制品。这会产生许多负面影响。第一，会造成较长的周期。记住，在制品的积累会延长周期时间。第二，作业流程不连续，部分原因在于操作员之间的工作不平衡。用库存来弥补这种不平衡，是不能解决根本问题的。此外，从一个工位搬运产品到另一个工位，对产品和工人来说都是一种浪费，而且也不安全。"

父亲停下来，想了一下，继续说道："这还会导致质量问题。比如说布线的工人发现前面的工位装配有质量问题，他将很难判断是什么原因导致这个问题，因为产生缺陷和发现缺陷之间相隔得太远了。因为不知道缺陷是在哪里产生的，所以不能跑到上游的工人那里去说，'嗨，看看这里，如果这样做，我可就有麻烦了。'因此这个缺陷会一直隐藏在库存中。如果它不能够被很快地找出来，许多严重的问题都有可能发生。这并不是只有在生产STR型号产品时才有这种问题，你生产任何产品时，都会遇到同样的问题。因此每当生产的时候，都必须尽量减少在制品库存，否则就会遇到意想不到的烦恼。"

菲尔问父亲："那么，单件流就是答案吗？"

"在理想的情况下，它是。如果工人能够一次只处理一个零件，那么大部分的库存问题就都解决了。如果生产线上零件的数量等于工人的数目，那你就一定可以减少在制品库存和缩短生产周期。因为没有在制品库存，工位之间便可以排得更紧密一些，这也有助于彼此之间的沟通。如果工人遇到了问题，他们便能相互讨论。这样的话，工人可以更有效地平衡他们的工作，以使流程更为顺畅，同时也避免了在制品的库存。当然，单件流很难做到，有的时候你会遇到一些缺陷，比如冲压件，而它们的生产周期与装备线完全不同。但是无论如何，单件流应该是个理想的目标。"

菲尔有点糊涂："我以为我们已经执行单件流了。顾问曾经告诉过我们，打破旧的车间组织形式，改变成一条生产线。那就是为了实现单件流。"

父亲反问："真见鬼，菲尔，看看这条线，你都看到了什么？"

菲尔大胆地回答："难道不是连续流吗？"

"流是不错，但并不是连续的。仔细看一看，每一个工人在他的面前至少有 5 个零件。"

艾米插嘴说："我明白了，这些工人把这 5 个零件整齐地排在他们面前，然后按照顺序开始加工，最后把这 5 个零件一起送给下一个工位。"

菲尔说："是的，你是对的，但是他们为什么那么做呢？"

父亲回答道："嗯，这样做或许比较舒服，因为总是有缓冲零件可以用来装配。但是这样会影响生产周期。你以前说这个断路器操作员会花 45 分钟的时间来进行装配，对吗？因此断路器的生产周期是……"。

菲尔抢先回答道："是 45 分钟。"

"是的，45 分钟。现在把 45 分钟分为相同的 6 等份，那么每份为 8 分钟。但是，如果你每次移动一组产品，而一组有 5 个，每次你花 8 分钟去加工一个，而另外的 4 个就等在那里。因此，一个断路器的周期就是 8 分钟的 5 倍……"

"40 分钟。"艾米说。

父亲接着说："40 分钟，再去乘以 6 个工位，那么断路器的周期就是 240 分钟。因此你们现在所做的仅是一种流动，第一个进来的可能是第一个出去的，但是这并不是单件流。"

菲尔叹服道："我明白了，如果我们一次处理一个零件，那么我们的周期只是 45 分钟，而我们现在的周期却是 4 个小时。事实上，我们的顾问也经常和我们谈这一方面的理论，但是他们却没有办法让这种理论在生产中实施出来。刚开始的时候，那些顾问也把工位排得一个紧接一个，但是工人没办法工作，因此大卫和工人又把生产线分散开来，给工人一些库存空间。"

父亲叹气道："唉，这些顾问专家们！"然后，接着说，"至于如何去做，你们不久就会明白。那并不困难，但是需要一些秒表。"

菲尔疑惑地重复了一遍："秒表？"我皱了一下眉头，回想起在社会心理学课上所描绘的苦难。在那里，工人在白领生产专家的目光下淌着汗工作着，而这位专家的手里就拿着一只可怕的秒表。秒表也唤醒了我对卓别林的电影《摩登时代》的印象。

父亲咕哝着："你们在想什么呢？这一切都和工作周期有关，因此我们最好对零件从价值流中流过的过程，有一个清晰的认识，所以我们需要秒表。"

菲尔摇了摇头，但是看起来还是有点顺从了。

父亲继续说道："无论如何，我们已经解决了我们的目标问题。我们需要把在制品库存减少到一人一个，就像米奇这小子刚才指出的那样……"

当父亲喊我这小子的时候，我心里很不服气。

父亲看了看表，最后做了一个总结，"尽管绝对的零库存是不太可能的，但质量目标应该是零缺陷。最后需要记住的一点是生产目标不是拍脑袋随便想出来的，我们需要数据来进行计算。嗯，今天就到这里，你们好好地想一想，明天我们再继续研究。"

当我们走出工厂的时候，艾米问道："我可以问一个问题吗？"

"当然可以，克鲁兹小姐，请讲。"父亲欣然接受提问。

"我错过了你们昨天的谈话，但是听菲尔说，你能够帮助我们降低制造成本，这样我们就可以改善流动资金状况。"

"对，这也正是我们今天做的。"

艾米疑惑地看着父亲说道："这也正是我不明白的，因为今天我从来没有听你提到过成本。"

父亲点了点头，"是吗？"

"嗯，在其他公司，他们做的所有事情都围绕着降低成本进行。难道，你不准备那么做吗？"

没有想到，艾米的这句话让我的父亲笑了起来。

父亲回答："到目前还没有。克鲁兹小姐，到目前为止还没有需要。"

"这就是我不明白的地方。"

当我要走到外面的时候，父亲说："我必须得回去了。"我们站在公司接待处的桌子旁边，阳光在外面照耀，这个真实的世界在向我们招手。

父亲说："我昨天提到过市场价格竞争，任何公司的策略都想降低成本来赢取利润。但是这里有一个问题，如果你不知道实际情况，仅仅想去降低成本，会发生什么呢？"

菲尔回答道："也许会减少产量，这家公司的前一位所有者就是那么做的。他们挤压各种成本，甚至到了工人必须共用工具的地步。而且，机器也不维护，许多设备都运行不起来了。当我们接手的时候，我们做的第一件事就是修屋顶，因为在屋顶上有一个很大的缝。"

父亲说："对，在忧虑成本之前，应先找到赚钱的方式。"

艾米的反应还是像以往一样迅速，她说："我们应为那些排着队的顾客多烤一些汉堡。我明白了你的意思，如果不能按时交货，即使再节约，也没有一分钱进账。我们以前在快餐业里学过这种思路。"

父亲表示同意："是的，'最好的'降低成本的方式就是简单地把工厂关掉。不幸的是，有些大公司不得不走上这条路。我知道的一家工厂就曾经被管理层变成了一个成本中心，将管理层的奖金和降低了多少成本挂钩，因此，他们的一切作业都围绕降低成本展开。交货期被扔到了地狱里，而质量问题也从屋顶扔了出去。这样运行了一年，后来在同一个月，他们失去了两位重要客户，因此必须关闭工厂。这样的事情真的发生过。"

父亲接着说："我们所要做的是节约成本，而不是削减成本。为了这么做，我们必须确定一些优先要做的事。第一件，就是交货期，如果我们不能交货，客户就不会付款。目前就是这种情况，因此我们最紧急的任务就是每周交付100件成品。"

菲尔进一步确认："是 STR 型号的产品。我们需要将 STR 型号的产品的交货量从每周 50 件变为 100 件。你是对的，这的确应该是我们目前最重要的任务。"

"你们过去所做的努力也是想保证按时交货，只是采用的方法不对，大量的在制品库存掩盖了内部的质量问题，而且还不能增加价值。"

等父亲说完后，菲尔补充道："供应商也是一个问题。当我们刚接管的时候，这家公司一片狼藉，但是他们有客户的订单。我们花了大部分的现金，来保证从供应商那里把需要的材料拿在手上，这导致生产了大量原材料库存，这也是我们陷入目前困境的主要原因。"

父亲赞扬道："确实如此，你能考虑到供应商的问题，很不错。但是我们需要先考虑一下交货期，然后再算库存。当我们第一次为丰田公司供货的时候，丰田公司要求我们在交货有问题的地方增加库存。我们根本无法相信，全世界零库存的倡导者居然要求增加在制品库存。其实这也有区别，他们把这样的在制品库存称作库存缓冲。因为客户满意永远是第一位要求，这也意味着要把交货期放在优先考虑的问题上。一旦能够控制交货期了，丰田公司就会进一步帮助减少库存到一个尽可能低的水平上。"

父亲继续说："一旦能够保证交货了，下一步就应该开始减少库存。当我们提高 STR 型号的交货量的时候，可能会先增加一些在制品库存，然后再去想办法减少它。"

菲尔问道："如何去做呢？"

父亲说："有很多方式，但实质上你要处理的是零件的缓冲库存。你可以先将缓冲库存填满，然后再消除各种潜在的原因来减少库存。"

菲尔急着问道："但是如何处理成本问题呢？"

父亲说："完全一样。刚开始的时候，一些成本，比如运输成本，可能会上升。但是不要为此感到忧虑，通过明智地减少库存，可以除掉生产结构中不能增加价值的浪费。它对成本有一定影响，更直接影响生产率和……"

菲尔咕哝了一句："现金量。"

"对，现金量！一旦能够控制库存，就可以开始处理成本问题了。我们可以知道哪些成本可以节约，哪些成本不能碰。库存是一个关键，它本身不一定值多少钱，但却是一个关键性的生产效率的指示器。它就像汽车里的速度计的指针一样，说明了车的行驶速度。但是如果想把车开快一些，仅仅移动指针是没有任何意义的。不幸的是，有一些公司盲目地发动削减成本的战役时，他们就采取了那种做法。记住我们是要节约成本，而不是削减成本。好的，今天足够了，我们要走了。菲尔，明天帮我们准备好秒表。"

节 拍 时 间

那天晚上很晚的时候，我给菲尔打了一个电话，"我父亲给我打了一个电话，说他明天不能去你的公司了，可能要拖到下周一，因为他们的帆船俱乐部周末将组织一次帆船大赛。"

"我很遗憾听到这个消息。"

"但是父亲对这次帆船大赛很重视。"

菲尔问道："他认为我们有机会吗？"

"我怎么知道？但是，他好像很有信心，毕竟他是一个内行。"

"很好，但是，你听着……"菲尔犹豫了一下，接着说道，"你是一个医生，对吧？"

"这要看情况而定，你的心理有问题吗？"

"我告诉你，我近来的睡眠很差，真的！"

"那你一定是承担了巨大的压力，是什么在困扰你呢？"

菲尔说："我原来没有告诉你，但实际情况更糟。两周之前，我的身体状况出了一点问题，总是半夜醒来，胸部剧痛而且心脏跳得像疯了一样快。我无法移动胳膊，因为整个胳膊都僵硬了，而且还不断地发抖。长话短说吧，沙琳开车送我去医院，医生认为我得了心脏病。但是，后来他们又告诉我查不出任何问题。他们说我的情况是忧虑造成的，的确，我确实饱受忧虑的折磨。他们建议我去看心理医生。唉，这么多事一起发生，好像是上帝要审判我一样。"

"嗨，但你知道我不是临床心理医生啊！"

"但是你毕竟是一个心理学研究者啊，你怎么看待我的问题呢？"

"你抽烟吗？"我问道。

"当然不抽！"

"你喝酒吗？"我又问。

"除了……嗯，不，不是经常喝。"

"那你锻炼身体吗？"

"我只是每天早上跑跑步。"

"你的家族中有没有人有心脏病？"我接着问。

"据我所知没有，我的双亲的身体现在还很健康。"

其实，我当然知道这些问题的答案，但这是例行公事。我不喜欢在任何一个朋友面前扮演心理医生的角色。正是因为不喜欢这种临床诊断的工作，我才开始在大学里从事实验性的研究。为朋友看病，那种感觉比给一般人看还要糟糕。

"嗯，心脏有问题的可能性非常小，但你也不要认为我的话就一定正确。还是找个时间去做一次全身检查，如果有问题，他们一定会发现的。"

"嗯，那么我的心理问题如何解决呢？"菲尔问道。

我叹了口气说："我认为你应该把注意力放到现实的问题上，除了公司之外，还有其他的问题吗？我不知道你和沙琳的关系如何。"

菲尔犹豫了一下，然后承认了："不是很好，我们总是争吵。她说我很情绪化，容易被激怒，但我觉得她也是这样。"

"你们好像承担了很大的压力，你出虚汗或者冷汗吗？"

"会出。"菲尔回答道。

我继续问道："你总是想到失败，害怕身体有问题，缺乏睡眠，对不对？"

"是的，你说得很对，心理问题很严重吗？"

"我并没有说你的心理问题很严重。如果你感觉和别人聊天对你有好处，那你就多聊一些，这不一定能帮你解决问题，但是它可以帮助你面对问题。

菲尔，找到你的问题，记住，你一定能够解决它。另外，把公司的事情和日常生活分开来，多吃点维生素，不管你的妻子说什么，还是想什么，你都尽量同意。按照医生的吩咐去做，你一定会好起来的。"

他笑着说："谢谢你。你是对的，我会按你的要求去做。"

我鼓励他道："你一定没有问题的。"

我呆坐着凝视了一会儿。当和菲尔谈话的时候，我也表现出了痛苦的迹象，这种痛苦会不时地影响我自己。别人常常可以看到我一些烦恼的表情，却不知道我为何烦恼。透过半弧形大窗户射进来的银白色月光，为黑暗的房间带来了光明。自从和莎拉分手之后，我就租了这间市区中心的小公寓的顶楼，这里离我的大学很近。我喜欢这里周围的那种繁忙景象，对这里较多的尘土并不在意。当初我一下子就喜欢上了这里的大窗户，其实这个窗户是设计来节省墙体的空间的。在一个没有雾的日子里，透过窗户远远望去，甚至可以看到大海。我突然意识到，莎拉离开我都有 6 个月了，但我一直没有从像飓风狂袭的影响中摆脱出来。卧室里除了一张因为过于笨重而没有被搬走的旧皮沙发和一张放电脑的桌子以外，其他什么都没有。在苍白的月光下，一堆杂乱的书被映照得反着光。

我本来以为度过这一年的教授进休假期会对我有所帮助。有人邀请我写一本书，书的名字叫《偶然的不理性》，它包括实验性认知哲学和一些发展哲学的内容。这本书如果写得好的话，就有机会被几所大学选为教科书，我也会因此获得相当可观的稿酬收入。我以前在专业期刊上发表的那些技术性的论文，都属于学术性文章，没有人会付一分钱。另外，这本书在学生市场的潜力，对我也会有很多好处。工作的时候，由于有课程、学生和其他事情，我无法专心完成这部著作。但现在一个人休假带来的闲暇，却也没对我有太大的帮助。写作还是像过去一样慢，一样痛苦。

从某种程度上来说，陪着父亲和菲尔在工厂里面转转，也是一个放松心情的机会。我想到了菲尔和他的企业家梦，想到了我的学术梦，想到了莎拉对完美爱情的那种追求，也想到了我的那本关于非理性的著作和人类对自己那种一厢情愿的美梦的强烈渴望。我从对精神分裂症患者的试验中明白了一点：虽然我不相信妄想，但这并不会使那些患者降低对这种妄想的相信程度。就像我不相信有鬼魂，但是仍然有人相信一样。我近期的工作让我对一厢情愿有了更进一步的认识，人们都把这个世界当作"如意井"，认为只要你强烈地相信一件事，就一定能把这件事实现。就像人们认为在浪费中存着"金矿"一样，他们真的就会发现"金矿"。

"早上好，请进。我正想带你们见见大卫，他是我们的生产主管。"菲尔边说边把我们引进他的办公室。

"早上好，"大卫温和地说。他是一个50多岁看起来非常友好的人，一头灰白的头发，一个短狮子鼻和一副看起来像在户外待了很久而造成的红润面颊。他穿着花格子衬衫，外面套了一件难看的米黄色夹克衫，这副装束让我想到了捕猎鸭子的猎人。我能够感觉到他突起的肩膀和放在口袋里紧握着的双手的那股力量。他看起来非常紧张。我不知道究竟是怎么回事，但显然父亲也感觉到了，因为父亲立刻也紧张起来。他站得笔直，双臂僵硬地交叉放着。

大卫对我们说："菲尔让我去买了秒表，你们是要在工人工作的时候测量他们的时间吗？"

"是的。"父亲回答道。

大卫却怒冲冲地拒绝道："你们不可以在我的车间里测量。"边说边挥舞着双臂，好像是在拥挤的人群中突围似的。菲尔惊呆了，刚进来的艾米也看到了这一幕，她迅速给了我一个眼色。

父亲也怒冲冲地回应道："我没时间再来管这件事了！"说着便迅速转身，向大门走去。

我镇定地喊道："等一下，爸爸，让我们详细地谈谈这件事！"若在往日，父亲一定不会停下来的。但令我吃惊的是，今天他停了下来，转过了身，看着大卫，大卫正怒视着他。

不管是由于愤怒，还是吃惊，还是难为情，或者三者兼而有之，总之菲尔脸色通红。他大声说道："大卫，你究竟是怎么回事？"

大卫争辩道："菲尔，你可以责备我。但是我天天和这些工人在一起，我认为你们不能走到工人背后，在他们干活的时候，手里拿着秒表在旁边测量加工的时间。你考虑一下吧，这样工人的情绪可能会当着我们的面恶化并爆发的。"

父亲则说道："这个问题没有简单的方式能够解决。你可以把工人们叫过来，告诉他们我们正在进行一项研究，不要因为我们在背后而感到不安。你不是每天开早会吗？"

大卫抵抗性地回应说："我们每天在这里开早会，但是我能告诉他们什么呢？告诉他们没有人会被裁掉吗？我经历过一次流水线改造，对工人们来说只有一个结果，那就是被解雇，这一点他们都很清楚。"

父亲有些愤怒了，"你是谁，你是工会代表吗？"

我劝道："爸爸，不要激动。"

而大卫也不示弱："我是谁？我是这里的生产经理，而我却不知道你是谁。我也不想有什么革命性的改革。如果你们在厂里到处拿着秒表进行加工时间分析，你们就会被当作小丑一样看待。"

父亲挖苦地说："好吧，就让我们进去做小丑吧！"但是父亲并没有移动脚步，只是对菲尔说，"菲尔，现在由你来决定。"

菲尔沉重地对大卫说："大卫，你知道公司现在的处境，我们需要伯父的帮助。你可以说出你的想法，但是到目前为止，你还没有能够解决我们所讨论的任何一个问题。"显然这句话又刺痛了大卫，他的脸色更为阴沉了。

大卫说："菲尔，你可以解雇我，但我不允许任何人在工人没有准备的情况下，拿着秒表在我的车间里到处走动。如果你需要数据，可以让我去测。"

父亲向门口走去，边走边说："菲尔，我们曾经达成协议，我警告过你的。现在我不会再浪费时间了，到此为止。米奇，送我回家。"我跟着父亲往外走。这时，菲尔和大卫之间发生了激烈的争吵。我在大学里也曾有一些专业上的争论，但是却从来没像现在这样紧张过。

"等一下，"当我们朝着停车的地方走去的时候，艾米穿过停车场跑了过来，"请让我说一句话。"

父亲没有回头，继续向前走，只是回应了一句："克鲁兹小姐。"但是快走到车边的时候，父亲回过了头。

艾米对父亲说："非常遗憾，我知道你说你不想再卷入我们公司的事务了。但是希望你能够理解，大卫在这里毕竟干了好多年。公司目前的情况很困难，我们非常需要你的帮助。"

我也劝道："是啊，爸爸，让我们讨论如何解决这件事吧。"

父亲温和地对艾米说道："你认为该如何做呢？"我真的很佩服艾米，她很善于与人交往，即使是同脾气古怪的父亲也沟通得很好。

艾米说道："大卫很快就会平静下来的。他所反对的是我们直接接触他的工人，但是如果你只告诉我们如何做，不直接接触工人的话，我肯定大卫一定会同意。真的，他过去一直都是这样的。"

我看得出父亲不再坚持走了。尽管他表现得仍很冷漠，但是他明显有了一些兴趣。虽然没有多少工厂知识，但是我能够看出大卫的争吵是有逻辑的。试想，一批外人站在工人面前，拿着秒表测量时间，工人肯定会不自在，我在实验室里观察病人就是这样的。

当父亲拉开车门要走的时候，菲尔也从楼里冲出，迅速跑了过来。他诚恳地说："太对不起了，伯父，我不知道大卫究竟怎么了？"

父亲说："我来告诉你是怎么一回事，他们可能对计件报酬和标准化工时有意见。大卫和工人们对加工时间达成了某种协议，唉，见鬼，你们这里已经加入工会组织了吗？"

"没有那么严重。但是大卫的确负责处理和工人的关系，所以我们必须认真地处理好这件事。这些工人的技艺非常娴熟，我们可不想失去他们。"

父亲转向艾米说："那么，你如何看待这件事情呢？你不是人力资源部经理吗？"

艾米非常稳重地说道："是的。我和大卫曾经严肃地讨论过这个问题，不过我们的讨论是一次严肃而又非常职业的会谈。"父亲看着艾米。我希望艾米说出更多有价值的话，但是艾米只是甜甜地笑着，不再说话。

然后，父亲说话了："嗯，你是对的。我刚才说话也不恰当。大卫有他个人的观点，而且我的反应也像大卫一样太激烈了。"

我看了看父亲，感觉很吃惊。他居然会承认自己有做得不妥当的地方。

父亲继续说道："但是我已经没有耐心了。我一生的时间都在处理人际问题，诸如为什么不应该做、为什么没有能力做这样的问题，或者……"父亲的声音慢慢变弱，顷刻之间，他变得很痛苦，显得很苍老。我甚至能够看到父亲脸上显现出一种受挫感，这是我以前从没见过的。

父亲又说："不要再期望我回到那种我不喜欢的环境里去了。"

菲尔低下了头，我知道他正思索着想找出一些理由来说服我父亲，但是，他保持了沉默。父亲用手理了理他灰白的头发，在我们拘束的沉默中，只有父亲大声表示了不同意。我们看起来一定很傻，因为我们在这个停车场的中心争论着。

最后父亲说："好吧，我们可以按照艾米的建议先试一段时间。我暂时不退出，但是以后仍然会遇到人际关系的问题。明天我在俱乐部，你们可以到那里找我。我会告诉你们该如何做，如果这样也不行的话，那我就没有办法了。"

菲尔的心情立刻就放松了下来，他扶了扶架在鼻子上的眼镜，开心地说道："很好，伯父，非常感谢，我们一定能做到。"我也很开心。我咬住了自己的嘴唇怕笑出声来，我想我的样子一定被艾米看到了。

父亲整理了一下思绪，接着说道："我想知道你们和那个叫葛兰的女人的关系处得如何。"

菲尔回答道："是那个车间主管吗？我想关系应该很不错吧。"

艾米笑了出来："工人们都很怕她，她是一个很好的现场主管。你为何要问这个问题呢？"

父亲没回答，只是问："你们说她很精通装配，是吗？"

菲尔肯定地说："是的，这也是她为什么可以担任车间主管的原因，有什么事情吗？"

"嗯，我们需要为目前不合理的生产线找出理想的人数。因此需要一些数据，一些真实的数据，而不是那些老天都不明白的垃圾数据。"

艾米插话道："我能和她谈得来。她很好，真的。"

父亲迟疑地说道："好吧，我想让你问问她，在所有的材料和条件都具备的情况下，装配 STR 型号的断路器，包括进行测试，一共需要多长的时间。"

艾米点了点头，把父亲的话记到了本子上。

父亲又说道："你最好再从她那里搞清楚每个工位的加工时间。"

艾米肯定地说："我一定会搞清楚的。"

"好吧，克鲁兹小姐，你负责这件事。你们两人明天到帆船俱乐部来一起吃午餐，到时我们再谈。"

"明天一定到。"菲尔回答道。

我到的时候，父亲那辆被撞扁了的旧皮卡已经停在俱乐部的停车场了。我不知道他究竟看中了这辆破卡车哪一点，但是我觉得那辆车可能隐藏着老人的某些情感。我没有看到父亲，我猜他已经去他的"幸福号"了，这是那艘船原来的名字，因为水手们总认为给船重新命名可能会带来厄运。我在俱乐部停车场周围的松树下闲逛了一会儿。不一会儿，菲尔的那辆黄色的高级保时捷呼啸着开了进来。紧接着，艾米的那辆时髦的红色小敞篷车也开了进来。

艾米冲我招了招手，给了我一个灿烂的微笑。她时髦的商业套装引起了在帆船边闲逛的那些大男孩们的注意。尽管她笑起来相当自然，但事实上，她有着一张表情严肃的面容。可能是承受了太多的压力，菲尔垂头丧气地走着，差点没看到我，就直接走进俱乐部了。

这个俱乐部是一个建在码头上的二层建筑，后面是一座山，山上种满了散发着香气的北美黄松。俱乐部的二楼是一个带酒吧的饭馆，二楼的走廊很宽，而且还有一个开放的阳台可以俯瞰整个港口。在码头的末端，我看到了父亲的船，它看起来很美。这栋建筑很有趣，到处都是涂着清漆的木头和抛了光的黄铜，显然是模仿19世纪20年代的风格。这里在工作日的时候，除了本地人和一些游客之外，很少有其他客人。父亲在荫凉的地方找了一张桌子坐了下来，他在那里心不在焉地喝着咖啡。

艾米坐了下来，把她的便笺本放到了桌子上，肯定地说道："42分钟。"这让父亲很满意。

菲尔问道："这个数字是如何得到的？"

艾米回答道："是这样的，葛兰先把所有的零件准备好，然后开始装配，我来给她计时，一共是42分钟，这里面包括了测试时间。但葛兰说实际工作中装配所需的时间可能比42分钟长一些，因为实际生产过程中随时可能出现问题。"

父亲问道："她紧张吗？"

艾米回答道："不紧张。尽管公司刚刚重组，人们可能会为工作担心，但是她只问了测量这个是做什么用的。"

菲尔急地切问道："那么你是怎么回答她的呢？"

艾米耸耸肩："没什么，我说我想了解一下情况，以便日后强化沟通机制。"

父亲赞许道："你做得很好。特别是想把一个班变为两个班时，人们必须要习惯这种思想，意识到彼此之间必须保持良好的沟通。"

菲尔点了点头，对艾米说道："你做得很好，辛苦了。"

艾米笑着说："不辛苦，整个加工过程的时间分解如下：

（1）装配断路器需要12分钟；

（2）装配马达需要4分钟；

（3）为马达布线需要6分钟；

（4）装配真空芯需要7分钟；

（5）整机布线需要 4 分钟；

（6）测试需要 9 分钟。"

"装配真空芯给葛兰带来的麻烦最大。她只能很小心地进行。这是一个精细活儿，有时候它能落到合适的位置上，有的时候，产品必须返工。"

菲尔拿起艾米的本子，若有所思地说："我发现第一步和第二步之间有严重的不平衡。"

父亲插话了："暂时不要考虑这个问题。这只是一个例子，并不代表所有的情况。或许那只是她个人的加工方式，或许生产线上那些天天作业的工人的速度会更快一些。迟早我们会把生产线上的时间全部掌握，你们明白吗？"

菲尔肯定地回答道："是的，我明白你的意思。"

父亲接着说："那么，我们现在的问题就是搞清楚这条生产线上究竟需要几个人。"

我们都点了点头，就像学校里的小学生。

父亲问道："关键在哪里？"

我猜测道："是搞清楚他们工作究竟有多快吗？"

父亲摇头。

菲尔说道："是平衡各个工位吗？"

父亲表示否定："不！继续想。"

艾米好像突然想到了什么，说道："是我们每天计划生产多少产品。"

父亲肯定道："小姐，你真是太聪明了。下面我们就来谈节拍时间（takt time）。"

我们相互看了一眼，以为父亲会为这个新名词下定义，但是相反，他继续讲课。他问道："你们的客户一般如何使用你们的断路器呢？"

菲尔回答说："他们把断路器用箱子装入到大型的设备中去，然后把整套设备用在动力工厂和轮船上，等等。"

父亲又问道："一个月需要多少 STR 型号的断路器？"

菲尔说道："针对 STR 型号的成品，目前有两个大客户，后续还有一个。

他们本来给我们的订单是每月 400 件，但是我们说，刚开始生产不出那么多，因此目前每个月交货 200 件。"

"多久运送一次呢？"

菲尔回答说："每个星期运送 50 件 STR 成品。"

父亲又问道："每个月 20 个工作日吗？"

"不考虑意外和紧急情况，是的。但是我们经常加班赶客户的订单，为此增加了不少加班费。"

父亲说："先不必理会加班。你的客户每个月要 200 件成品，也就是每个工作日 10 件，对断路器来说，也就是每天 40 个，对吗？"

"对，每件成品用 4 个断路器。"

父亲得出结论："这意味着需要每 45 分钟生产出一件 STR 型号的成品，每 11 分 30 秒运送一个断路器到装配线。"

菲尔迷惑地问："你是怎么算出来的？"

父亲解释道："让我们想象一个完美顺畅的流程，黄金经过价值流道，会定时生产出金块。"

菲尔笑着说："虽然这是一个美好的虚构，但是我能够明白。"

父亲接着解释说："你们每天工作 8 小时，不包括吃饭时间，也就是 480 分钟，考虑到中间会休息两个 10 分钟，也就是每天实际工作 460 分钟，那么你的黄金流道应该每 460 分钟产生 40 个断路器，也就是 11.5 分钟一个，对吗？"

菲尔说道："嗯……最好每次休息 15 分钟。按照你刚才所说的那个完美和顺畅的流程，应该是每 450 分钟生产 40 个断路器，也就是大约每 11 分钟会生产一个，对吗？"

艾米用计算器算了一下，进一步得出精确值："嗯，是 11.25 分钟。"

父亲慢慢地说道："菲尔，我要说的是，如果你的客户每 45 分钟需要一件 STR 型号的成品，你就必须每 45 分钟生产一个。如果你快了，就会造成库存；慢了，你的客户就要等你。因此，每 45 分钟必须生产 4 个 STR 型号的断路器，也就是每 11.25 分钟一个。"

"我明白你的意思，但事实上可能完全不是那么一回事，因为我们甚至不知道何时把货运给客户。"菲尔提出了自己的疑问。

艾米想了一下父亲的话，说："你的意思是交货第一，既不要多，也不要少。"

父亲赞同道："对，因此你们需要有节奏，这也正是节拍时间，它为整个工厂带来生产节奏，它的公式是：

$$节拍时间 = \frac{每天可用的加工时间}{每天客户的需求量}$$

菲尔把它记到本子上，大声地做了个注解："这就是生产率的倒数！"

"从数学上来讲，是的。但是它们的实质完全不同。假定你每天必须生产 40 个零件，也就是每 450 分钟生产 40 个，这意味着每分钟生产 0.0888 个断路器。这个数字没有多大的意义，人们所想到的仅仅是每天的平均生产率。举个例子，我们上午生产了 30 个，下午由于某种问题只生产了 10 个，但是每天还是生产了 40 个，如果用生产率的观点分析是不会发现任何问题的。"

艾米想了一下说："我明白了。如果把目标放在每 11.25 分钟生产 1 个断路器，我们就与每日需求量绑在一起了。"

"就是这个想法。进一步看，在传统生产中，生产都是由生产经理决定的。举个例子，如果想要充分利用设备，便决定每天生产 50 个，那样机器的利用率就提高了。"

我补充道："但是，到周末的时候工厂就会多出 50 件产品。"

艾米有些不理解："我们可以把多余的存下来，然后利用多余的时间生产其他产品啊。这会造成什么问题吗？"

菲尔叹口气道："库存！事实上，大卫就是这样生产 DG 型号断路器的，因为这种型号的需求主要用于维护，所以平常订单不多，但订单量可能会突然增加。于是大卫就按每天的计划生产，然后把多余的存下来。"

父亲点了点头："的确，在客户有需求之前先生产或实际产量大于客户的需求量，都会造成过量生产，因而导致库存。"

艾米问道："但是如果客户一天想多要一些呢？比如说，一天 50 个。"

菲尔算了一下，回答道："那样节拍时间就降为 9 分钟。如果我们目前每 11.25 分钟生产一个断路器，如何很快地改成每 9 分钟生产一个呢？靠魔法吗？"

"这就是问题的核心点，你来解决它。"父亲给我们提了个挑战性的问题。

艾米说道："葛兰现在装配一件 STR 型号的成品需要 42 分钟。"

父亲引导道："对，那么如果节拍时间是 11.25 分钟，我们需要多少个葛兰呢？"

菲尔回答道："用 42 除以 11.25，应该是 3.73 个。"

我嘀咕了一句："但是不可能有 0.73 个人啊。"

父亲说："那就 4 个。但如果每 9 分钟生产一个，需要多少人呢？"

菲尔回答道："4.6 个，但是我们需要的是完整的人，也就是 5 个。如果节拍时间为 11 分钟，我们需要 4 个人；如果节拍时间为 9 分钟，我们需要 5 个人。"

父亲满意地笑了："你已经基本上掌握了节拍时间和生产线上的工人数目之间的关系了。但是记住，他们不是每个人单独制造一件产品，而是在生产线上按照分工组织到一起的。"

菲尔说道："现在我明白了节拍时间和工人数量的关系，还有……"菲尔停顿了一下，艾米接着他的思路说："还有完成一件成品所需的全部时间！"

父亲总结说："这就是工作内容。断路器的工作内容是 42 分钟，因为那是葛兰从开始到结束完成一件产品所需的时间。但事实上，我们到每个工位上为工人分别计时，由于专业化分工，他们可能用较少的时间。"

菲尔问道："你的意思是他们能更快地完成工作，因为每个人只做一小块，因此技术更熟悉，对吗？"

"是的，在很多情况下都是如此，但有时工人的工作周期也可能变长。现在让我们把焦点放到节拍时间和所需工人数目的关系上。一件成品的工作内容是 42 分钟，而每 11 分钟生产 1 件产品，那么在生产线上你需要多少工人呢？"

"天哪，不超过 4 个，我们却用了 6 个啊！"菲尔很惊讶。

艾米一边确定道："42 除以 11 是 3.8。"一边示意菲尔在本子上记下这个公式：

$$操作人数 = \frac{工作内容}{节拍时间}$$

父亲说道："孩子们，我们很快就能搞明白为什么你们生产线上会多于 4 个人，而有 6 个人。先不必去管为什么会出现这个问题，最重要的是我们有一个符合 SMART 原则的目标。就像艾米所说的那样，要在生产线上将 6 个人减为 4 个人。"

"可能只有在一个完美的世界里才会实现。"菲尔显然对于这个目标没有太大的信心。

父亲继续引导："如何设定一个合适的目标呢？最重要的就是一定要是能达到的，而不是不现实的。"

"那可是一个大跨越啊！"艾米说道。

父亲则胸有成竹，"是有困难，但并非不可实现。"

菲尔激动地说道："如果能够在三条线上都实现这种改进，我们就可以节约出 6 个人，这足以为 STR 型号的产品再开一个班了。"

父亲很得意地说道："就是这个意思。"

菲尔开心地说道："太美了。"

"孩子们，别急着高兴。我们现在还没有做到。"

菲尔问道："你真的认为我们能够做到吗？"

"我想我一定能做到。但你们能否做到，我不敢保证。考虑到昨天和你们生产经理大卫的接触，我不持乐观态度。"

可爱的父亲喜欢在别人情绪处于低谷的时候开个善意的玩笑，不过我想，大卫迟早会喜欢他的。

父亲接着说道："我们现在要搞清楚的是，为什么你们生产线上用了 6 个人而不是 4 个人。"

菲尔就像泄了气的皮球，"是啊。"

艾米试着问道："是因为工人们没有葛兰优秀吗？"

"那可能是对的，但我并不认为这是充分的理由。"父亲说道。

我插嘴道："是因为系统效率不高吗？"

父亲反过来问我："但具体原因是什么呢？"

我耸耸肩，因为我对工厂确实所知不多。

"换个方式来思考问题，6 个人每天生产 40 个零件……"

菲尔插话说："可能更少。"

"可能更少，这就意味着每件产品的完整加工时间最快为 66 分钟，至少比葛兰多 24 分钟。"父亲继续说。

菲尔算了算说："几乎多了 30%。"

艾米也算了算说道："也就是说，加工每一件产品每个工人至少多花了 4 分钟，这个时间可真不少啊。"

菲尔补充说道："特别要考虑到，如果按照葛兰的加工方式，生产线上的工作可能会更加不平衡。"

父亲埋怨地说："菲尔，你可不可以把焦点放在我们正在谈的问题上？我们待会儿会讨论生产线不平衡的问题，但现在讨论的是实际的生产时间比应该要花的时间长，为什么会这样呢？假设每个工人的速度并不慢，按照米奇所说的，是系统有问题，但系统出了什么问题呢？"

菲尔痛苦地喊道："我不知道！很多事情都会发生，比如说遗失了一个零件，某些方面不配合，甚至有人去上厕所。"

父亲概括道："准确地说是不稳定的变数。"

"你的意思是很多不同的原因吗？"菲尔问道。

"我丰田的导师和我谈到三种不同的浪费。一种是浪费（MUDA），我们前面已经谈到过，也就是没有增加价值的工作。第二种是超负荷（MURI）。"

菲尔问道："什么意思？"

父亲解释说："MURI 就是指要求工人或机器承担超负荷的工作，比如说搬运过重的物品、推着物品旋转以及做一些危险的工作，这些工作把人或机器的工作量推到极限。不合情理的工作往往会导致不正常。"然后，父亲又补充了一句，"最后，还有一种浪费叫作不平衡（MURA）。"

"这又是什么意思呢？"菲尔问。

"不平衡不是由工作本身造成的，而是由于产量波动而带来的影响。为了满足波峰期的需求，我们手里总是握有额外的加工能力，但处于波谷的时候，这就造成浪费。"

艾米重复了一遍："MUDA……MURI……MURA……"然后她说，"这涵盖了很多问题。"

父亲说："的确如此。但到现在还有很多未知数，我们所知道的只是在实际和理想状态之间有很大的差异。以我的经验来看，生产线上还有很多我们没有看到的不稳定的变数，这也就是为什么你们无法发现瓶颈和不平衡的道理。"

这时菲尔向父亲提出一个问题："照这样看，同一个原材料，第一次采购没有库存，但第二次却形成库存，也可以用这个理论来解释？！"

"确实如此。从艾米的数字中可以看到，生产线上的工作也并非全都不平衡，只是生产线可以更紧凑一些，比如在最终装配这个工位上。但是整条生产线确实不够流畅，现在我们的目标就是要将生产线上的人数从6个降到4个。"

菲尔固执地说："我还是不相信消除了生产线上不稳定的变数，就可以将工人从6个变为4个。"

父亲纠正道："不仅仅是不稳定的变数，还有我们刚才谈到的那些种种浪费。另外，我们可以换个角度来看这个问题，比如返工。我们已经有了在制品的库存目标，即每人一个，以及生产的目标。那么我们的质量目标是什么呢？"

我说道："这个你以前说过，是零缺陷。"

父亲调皮地眨了一下眼睛说："对，零缺陷。菲尔你怎么认为呢？"

艾米插了一句："这是不可能做到的。"

菲尔说道："这是一个目标，我们必须要向它努力。但实际上这是不可能做到的，生产线上某些地方一定会出问题。"

父亲笑着说："当我们刚开始学习这个术语的时候，还以为是一个翻译错误。原始的概念是接受零缺陷的产品，生产线上的每一个工人都先被训练，识别上一个工位传下来的不合格品，如果发现了就拒绝接受。在实际操作中，如果工人接受了上游工位的不合格品，并且加工后，再传递给了下一个工位，那么这个工人就要对这件不合格品负责。"

父亲继续说道："讨论零缺陷究竟是否可以实现，其实是偏离主题的。丰田公司教给了我们自动化（Jidoka）的原理，或者说是将质量建立在系统内部的思想。其关键思想就是保证当一个不合格品被发现的时候，不管是什么原因，流水线一定要尽早停下来调查。"

菲尔回应道："我懂了，在越靠近成品的下游工位发现不合格品，付出的代价就越高。"然后他在本子上记下：

只接受零缺陷的产品

艾米以大智者的口气评论道："最糟糕的是不合格品落到客户的手里。10个客户中只要有一个抱怨，其他的9个也会跟着跑了，他们说……"

菲尔苦笑着说："虽然不关我们公司的事，但是客户有时确实会透露一些我们竞争者的问题。因此一旦我们出现了不合格品，客户也很可能会告诉别人，这样公司的声誉自然会受到影响，也因此会失去订单。"

我插了一句："爸爸，我明白了。就像老福特（亨利·福特）所说的那样，有两件重要事项是无法在资产表中反映出来的，那就是公司的人力资源和声誉。"

但是父亲却说："我刚才说了什么？你们刚才所讨论的跑题了。我们现在不是讨论客户拿到的是零缺陷的产品，而是讨论在生产中每个工位都只接受零缺陷。这意味着工人拒绝接受有缺陷的零件、材料，并且不进行返工。"

菲尔惊奇地问道："不进行返工？我们现在每四个零件就有一个要被拿出来返工啊！"

父亲回答道："那么缺陷来自于哪里呢？我并不是说把那些不合格品给扔掉，我只是说线上的工人不做返工修理，也不接受任何他们认为不合格的产品。"

艾米笑着说："那样在工厂里面一定会产生戏剧性的变化。"

父亲回答说："换一个角度看，工人们为什么要去处理那些因为其他部门工作没有做好而带来的问题呢？比如产品设计不佳和供应商所供材料质量不好的问题。"

"因此我们的质量目标就是生产零缺陷。"菲尔认真地把父亲的这句话记了下来。

父亲又说道："孩子们，这就是你们的质量目标，不要逃避。"

菲尔抱着怀疑的态度问道："你知道如何实现这个目标吗？"

父亲说道："我可以教你们一些技术。"

艾米在她的本子上画了一张表，说道："这就是我们要改进的目标。"所有事宜如下：

	现　在	目　标
每天生产零件数	大约 40	40
在制品库存	33	4
人数	6	4
质量目标	？	零缺陷

菲尔插话说："你不是认真的吧？你说我们的目标是将在制品库存降低90％，人员减少30％？艾米，那可真是疯了，太不现实了。"

父亲没有理会菲尔，"嗯，克鲁兹小姐，我没有办法比你说得更好了。这就是你们的目标，你们都清楚了吗？你们看到了价值流里的黄金了吗？"

艾米回答道："单件流动，不把不合格品从一个工位流入下一个工位，同样的生产步骤最好由一个工人来完成。明白了，但我们应该从哪里开始呢？"

父亲很自信地笑了一下，回答道："很简单，从红箱子开始。"

艾米和菲尔同时咕哝着说："红箱子？"

"对，红箱子再加上帕累托分析图（Pareto charts）。到目前为止，你们还不相信生产中不稳定的变数会造成严重的破坏。我现在就通过一个简单的红箱子来解释。找一些红色的塑料箱，然后把它们发给生产线上的每一个工人。同时告诉他们，不允许返工，如果发现了任何不合格品，不管是零件，还是来自于上一个工位的中间产品，都要把它放到红箱子里面去。"

菲尔抗议道："如果那样做，生产线可能会停顿啊！"

"可能会，也可能不会。他们手里不是都有足够的库存吗？可以先用库存来生产。"

菲尔无奈地说："好吧！"

"听着，孩子们，你们不是说按照我说的话去做吗？还记得吗？只有听话，我才能够帮助你们！因此不要和我争辩，只要执行就可以了。"

现在，听起来又像我那个严厉的老爸了。

艾米问道："那么红箱子里面的不合格品，工人们该如何处理呢？"

"你可以在生产线旁边观察，谁也不知道会发生什么事，也许工人一看到不合格品，就把它给扔了。这样的话，你们尊贵的大卫先生一定会勃然大怒。或者你可以和葛兰一起来处理这些问题。让她找个本子记下每个零件不合格的原因，然后让她修理。每修理完一件，就放回到工位的托盘里，和其他库存放到一起。以后就会发现，在没有库存的情况下，还是可以进行生产。"

第二天晚上，我接到了菲尔的电话。"迈克，嗨，听着。我今天把那个红箱子系统运行了一整天，我可以和伯父谈谈这件事吗？"

"我不知道，我可以问问他。"

父亲接到我的电话后，回应道："孩子们，你们为什么不来我这里呢？路上顺便买点外卖的中国菜。"

我们进门的时候，母亲坐在大的沙发椅上，冲我们挥了挥手。她正在看一部刚上映的电影，"嗨，孩子们，鲍勃在外面的阳台上，冰箱里面有啤酒，自己拿。"

当父母从五大湖区搬回来的时候，他们非常幸运地找到了这栋房子，它刚好坐落在这个小山坡的名人度假区。因此尽管他们住在一个非常城市化的地方，但是房屋周围的视野非常开阔，能够隐隐约约看到高大的桉树，在新鲜的空气中可以闻到桉树的甜香。父亲正躺在阳台上看着池塘里落日的倒影。我和菲尔坐下来吃了外卖，喝了点酒。我想我的父母是多么幸运啊，他们赶在互联网的泡沫经济破裂之前退休，有着丰厚的退休金，很轻松地买了这幢房子和帆船。我很羡慕父亲那种平和的心态，这一点和我不同，我总是试图用各种方式来证明我职业上的成功。

菲尔摇摇酒瓶，晃着脑袋："20%，一天之内在红箱子里面就会有 20% 的返工品啊。"

父亲说道："慢点说，20% 的什么？"

菲尔详细解释说："我们从今天早上开始运行红箱子系统。晚上统计了一下数据，从开始到测试，我们总共装配了 35 个断路器，其中有 8 个需要返工。"

"尽管我们到目前还没有找出具体原因，但是在布线之后就有 4 件不合格品。刚开始的时候，我们把红箱子系统解释给员工听，他们很快便掌握了。但是令人吃惊的是，一开始运行，装配马达的那个女工的箱子就满了。这充分说明了供应商提供的马达质量有问题，只是以前这个女工自己维修而已。然后……"

菲尔摇了摇手中的啤酒，似乎找不到合适的话来描述那种混乱的状态。

我好奇地问道："大卫如何看待这件事呢？"

"他快要失去理智了。如果那 8 件产品第一次就合格，今天就可以生产 43 件成品。大卫也意识到了工人们平日在生产线上自己维修，掩盖了许多问题。以后再也不会听到大卫的争辩了。"

父亲说道："不要过分责备他，他也是因为以前不知道情况。经过那天的事情之后，我觉得他还是一个正直的人。但是，应该告诉他，这就是他的工作，而且是他工作的核心。管理人员应该确定要让员工做能增加价值的工作，并且一定要消除各种浪费。"

菲尔说："我同意。我这些天一直在考虑浪费、不平衡和超负荷，对这个问题我从来都没有这么清楚过。目前真正令我感到头疼的问题是，即使大卫和工人都做得很好了，但还会有问题。因为产品的设计有问题。"

父亲笑道："那你解决这个问题了吗？"

菲尔面有难色，显示出一副暧昧的表情。"当我找到产品工程部的负责人嘉理时，他甚至不想听我说这个问题。"

"嘉理是谁?"

"当我们接管这家公司的时候,除了大卫和嘉理之外所有其他管理层都被麦休解雇了。麦休以前就认识嘉理,他现在负责管理我们的产品开发,由他负责根据客户的需求设计产品。因为他对客户的需要有非常丰富的经验,所以他在公司里是一位举足轻重的高层管理者。因此现在的问题更加棘手。"

"设计人员都是一帮自负的家伙。"父亲说道。

"嗯,伯父,那也正是我想要跟你谈的。我该如何处理这个问题呢?明天我回工厂,总得对工人有个交代啊。"

父亲开导道:"慢慢来!你先不要告诉他们太多,他们长久以来不是一直自己处理这些问题吗?"

"我明白,但是这样不能解决问题啊!"

"我同意。我们该如何解决这个问题呢?"我插话说。

父亲向我们说出他的办法:"首先找个工程师直接和工人们一起工作,调查清楚为什么会有那么多的返工品。"

"我能够解决供应商的问题,但是产品的设计也需要改进。天哪,20% 的返工啊。"

父亲问道:"你以前从来没想过,是吗?"

菲尔回答道:"老实地说,从来没有。因为我们过去只关注最终结果,而在生产线末端发现的不合格品很少。"

父亲继续说道:"有几种方法可以衡量质量。第一种方法就是最终检验。去数一下在生产的末端有多少件不合格品,然后加上流入客户的不合格品,这样你可以得到一个不合格率,也就是不合格品在全部的产品中所占的比例。你们公司里,你提到过,大致是千分之五。但是这个数据不能够用来说明过程,不能发现问题在哪里。"

"第二种方法是清点内部报废,就是清点在生产中丢弃和返工的不合格品。就像你看到的,这个数字惊人得高。同时要注意,一件产品有两个缺陷的时候,你往往只能发现一个。"

"更精确一点,你们应该找出生产的每一个步骤中可能出现的问题,我们称为缺陷机会。使用这种方法，你才能找出问题并将它们分等级，计算出每100万件产品中的缺陷率。这样你才会对工厂的生产能力有比较准确的认识。"

"质量不应该是通过检验来提高的，我们仅仅用检验将不合格品找出来。现在，你们所要做的第一件事情还是继续红箱子作业，训练工人去找出问题。"

菲尔插话道："对于这件事，我已经和艾米及葛兰讨论了具体实施的办法。"

父亲继续说："要做的第二件事就是让工人把缺陷和上游工位的工作联系起来。通常工人对好的和不好的产品并没有明确的认识，因为没有人告诉过他们，他们完全依靠自己的理解。现在需要帮助他们，可以从下面几个方向去找问题：

（1）他们怎么知道所做的工作是正确的？

（2）他们怎么知道没有为下游工位制造问题？

（3）当他们碰到问题的时候，如何解决？"

菲尔问道："对于红箱子里面的不合格品，应该由葛兰去处理，而不是由工人自己处理，对吗？"

父亲说："对。有些问题很难解决，所以要非常小心地去处理。在丰田生产体系中他们设置了一块很大的，被称为'安灯'（Andon）的板子。如果工人有了问题，拉一根安灯绳，一个信号灯就会亮起来，然后现场管理人员就会跑过来。"

菲尔插话道："我听说如果工人发现了不合格品，他们就可以停止生产线。"

"嗯，那只是有人这么说而已，实际情况并非如此。无论何时，只要工人有了问题，他就拉一下安灯绳或者摁一个按钮，然后生产线的管理人员就会迅速跑过来看发生了什么事。如果问题不能在一个工作周期内解决，生产线才会停下来，不再继续生产不合格品。但是，工人自己不能停止生产线，他应该做的只是寻求帮助。如果管理人员能快速而有效地解决问题，生产线就不会停下来，这样管理人员和工人共同承担了责任，这就是零缺陷产品的真正意义。如果你能够认真地贯彻执行，你的生产线上就不会有那么多不合格品了。"

我非常好奇，从激励的角度问了一个问题："这样的话，工人就承担了更多的责任，是吗？"

父亲回应道："的确，这是很重要的一部分。工人比过去承受了更大的压力，但是他们也有责任和机会去解决问题，基层管理人员承担了更大的责任。等我们谈工作标准化的时候，还会更多地讨论这个话题。目前，暂时把重点放在从产品里找出不合格的产品上，同时让这项工作变成每一个员工的责任。另外，还要记住刚才所建的红箱子系统仅仅属于事后质量控制，它并不是真正的内建质量，我们以后还会谈到这个话题。"

菲尔放下啤酒，扶了扶眼镜，"我想我明白你的意思了。我们必须建立一个更持久的系统，去解决红箱子里发现的问题。"

父亲肯定道："对。必须要让工人了解缺陷的原因，另外还可以讨论问题出现之后对其他部门的影响。不管怎样，员工之间互相讨论问题应该是非常有用的。"

"但是设计问题如何解决呢？我想我们的基本设计能力必须得提高，因为我们不能仅仅依靠工人来弥补设计人员造成的问题。"菲尔说出了自己的疑问。

父亲大声笑了起来，又拿起一瓶啤酒。他好像又有很多经验优势可以发挥。

"这是无可争议的，肯定要有人来解决产品设计的问题，问题是由谁来解决，以及如何解决。"

菲尔问道："这难道不应该是嘉理的责任吗？"

"他肯定会告诉你，最近忙得连为客户修改设计都来不及，他没有时间做其他事，而且他手下的帮手也一样。他会建议你，还是让生产部门处理这些品质问题吧。"

菲尔很惊讶："你说的话和嘉理对我说的话一模一样！"

"我知道。"父亲说。

"等一下。我们有一个年轻的工程师叫乔希，他是嘉理手下一个非常幽默的家伙，而且很擅长修车。"

父亲问道："他很优秀吗？"

"他的反应快，客户非常喜欢他。他很有抱负，曾告诉我他在工作上需要更大的挑战。"菲尔想了一下，接着说，"要不要让他来 STR 型号的生产线工作？他的工作任务很简单，就是和工人一起改进产品的设计，以减少返工的可能性。"

父亲听完后说："如果他能够负责，你可以给他权力，让他来负责整个生产以及交货和质量。他可以直接向你和麦休汇报。但是，就现在的情况来看，你或许还不应该那么做，应让他由工程部门领导和管理。根据我的经验看，你应该首先处理好和大卫的关系。"

"大卫？没问题的。尽管他脾气不好，但是他做事还是很不错的。我有信心能够让他回心转意。我觉得我现在更大的问题是获得麦休和嘉理的信任。"他停顿了一下，突然喊了起来，"老天啊！我是一个学物理的，讨厌处理这种人际关系和公司里的政治。"

父亲等他说完，说道："嗯，孩子，但最后所有的一切还是和人有关。"

"但是我确实不喜欢啊！"

"你不喜欢，我也不喜欢啊！"父亲说。

他们坐在那里一边叹息人际交往的不易，一边喝着啤酒，谈论权利斗争，看起来就像一个老兵和一个新兵在一起交换心得。

过了一会儿，菲尔喊道："好吧！如果我不能做我喜欢的事，当这个老板还有什么意思呢？我会去和麦休谈，让他给乔希这份工作。这样我们就可以考验一下乔希有没有他自己想得那么出色。我会让他和工人一起工作，改善这些断路器的设计。那么，下一步该做什么呢？"

父亲反过来问菲尔："你现在相信不稳定的变数会导致生产问题了吗？"

菲尔笑着说："你在跟我开玩笑吗？我已经看到了事实，完全被你洗脑了。"

父亲这才说道："那下一步就是重新设计你的生产线，让你能够节约两个工人。但是不可能今天晚上就解决这个问题，我们暂时还是把焦点放在提升质量上吧。"

感谢上帝，今晚过得如此美好。

⟶‿

星期天早上，父亲又到他的幸福号上去涂油漆。现在正在涂左舷的顶部。我到得有点晚，当我下车的时候，刚好碰到哈利，他拉着我友好地闲谈了一会儿。当走到码头尽头的时候，我仿佛走进了一个超现实的图画里。父亲趴在地上，非常用心地涂着他的油漆，那个样子就好像一个瑞士的钟表匠正在全神贯注地安装精致的弹簧。菲尔则坐在驾驶位上，弯着腰兴奋地记着笔记。艾米今天没有穿正式套装，换了条牛仔短裤和一件白背心，戴着一副大型太阳镜，懒洋洋地躺在甲板上，把一只脚伸向空中。她一点都不符合加州女孩的美丽标准，个头不高，还稍微有点胖，但是我注意到她的腿很可爱。我突然意识到自己不应该盯着她看，于是转身上了甲板，坐到菲尔的对面，他心不在焉地冲我点了点头。

这时父亲说道："菲尔，我再说一次，在你把每个工人的工作周期测量 20 遍之前，先不要做任何工作。"

"20 遍，那就是 200 分钟，那可是 3 个多小时啊！"

于是父亲说："好吧，那就 10 遍，不要再争论了。你的数据必须要符合统计原则，不要再提从葛兰那里测到的时间了，那和线上的工人的操作时间并不相关，你明白吗？"

"明白了。"

艾米问道："工作周期就是工人做一件工作所需的时间，对吗？"

"是的。但是必须要注意，工作周期的测量必须从一个固定点到另外一个固定点。"

这时，父亲突然对我说了一句："米奇，注意你的脚下，我的刷子放在那里。"

父亲接着说道："假设我是线上的一名工人，任务是刷油漆。我先把刷子放到油漆罐子里，然后开始涂，等我再把刷子放回到罐子里的时候，就是一个周期。如果把秒表取出来，就可以测量出每涂一个条纹要花多少时间。"

"等一下，这并不简单。"艾米说道。

"的确如此。最难的部分是必须要有一个精确的开始点和结束点。当我把刷子放到罐子里时，开始这个循环，一直到我再一次把刷子放到罐子里面。"

艾米说："我明白了。"

"真的确定了吗？现在看这个！"父亲挺直了身子，当他的膝部关节不太灵活的时候，他总是做这个动作。他冲我们做了个鬼脸，然后走到我刚才差点踩到刷子的地方，开始清洗他的刷子。然后，他又回到舷边的工位上。

这时，他调皮地问了一下："艾米，你还在为我计时吗？"

"没有，我……"

"你被我戏弄了。不过你不用着急，克鲁兹小姐。这是一个常见的错误，我曾经不止一次地见过这样的错误。如果这个工人规律性地要到那边去清洗刷子，这个动作就应该成为周期的一部分，对吗？"

菲尔好像突然明白了什么，"不稳定的变数。"

父亲表示认同："对，是不稳定的变数，周期的测量必须从一个固定点到另外一个固定点。测量之后，你应该取其中两个时间点，低的一点是正常作业的时间，高的则是你可能去取零件或者设备不运转了等原因所耗费的时间。这段多耗费的时间不会增加任何价值。"

为了参与对话，我插了一句："就像现在你没有涂刷一样。"

"对，如果我和你们在讲话，你们还能期待我再去做其他工作吗？"

菲尔说道："我从来没有按照这种方式考虑过问题。你是对的，我们的生产线上充满了不稳定的变数。"

艾米注意力非常集中，"还是听伯父为我们解释吧，"然后问道，"对每个工人我们都测量 10 次工作周期，然后呢？"

"然后你就记下一个周期的最长和最短时间，菲尔，把你的本子递给我。"然后，父亲在本子上画了张图：

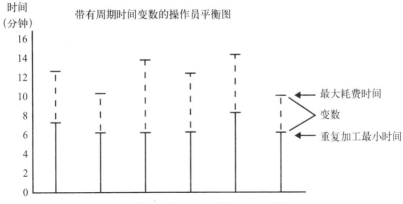

带有周期时间变数的操作员平衡图

父亲对菲尔眨了一下眼睛说道："这是一张平衡图。"

菲尔咕哝着："我就知道在某个地方一定会谈到平衡的。"

艾米问道："那么，然后呢？我们要把每个工人的时间平均化吗？"

父亲果断地回答道："不，不求平均值。平均值没有意义，你只需要保留最大值和最小值。如果想要知道更多一些的话，那可以将最小值加上不稳定的变数，我们把不稳定的变数称为'DELTA'。"

菲尔感到很奇怪，"为什么不进行平均呢？现在我们所做的一切都是建立在平均值的基础上的啊。"

于是父亲解释说："在现实世界中，平均值没有任何实际意义。看看这里，最小值告诉我们这个工人的最佳情况，而最大值则显示了最不稳定的状况，但是平均值能告诉你多少真实情况呢？因此，不要再谈什么平均值了。"

我几乎能够听到菲尔研究琢磨时自言自语的声音。艾米坐在他旁边，也在仔细研究菲尔手里的那张图。

艾米认真地说道："但是，从我们刚才所说的来看，平均周期时间应该等于节拍时间。"

父亲回应道："再考虑一下。米奇，你再递给我一桶油漆。"

这时，菲尔挺直了身体惊喜地说："啊哈，你是正确的。不是平均时间，而应该是最小周期时间等于节拍时间，不包括不稳定的变数！"

父亲对菲尔肯定道："对。现在你们所要做的是把刚才那张图拿过来，然后把节拍时间的那条线画在上面。"

我们把图画了出来：

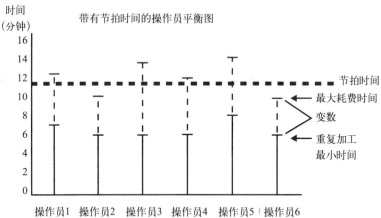

父亲说道："这张图告诉了你们两件事。第一，每个工人的最小时间可以多一点或少一点，但基本上相同，应该与节拍时间相去不远；第二，通过它可以对最小周期和节拍时间进行比较，同时还可以看出每个工人周期之间的差距。你们在量测的时候，应该注意两个变数，返工及取零部件。"

"嗨，如果用葛兰的时间来做这张图，就会发现她大部分的操作时间都低于节拍时间。"艾米说道。

父亲将头抬了起来，"我刚才说过不要用葛兰的时间，因为那对工人没有任何意义。当然从原理上来说，你是正确的。"

艾米问道："接下来应该是如何提高生产率了吧？"

"是，那并不困难。你们现在要做的是把每个工人的工作分解为几个基本动作。每一个动作都有一定的周期。当按照一定的程序操作时，如果有一个工作内容超过了节拍时间，会出现什么问题呢？"

我说："很明显，有的工人可能完不成他的工作。"

"对，就是这个问题。"

这时菲尔喊道："我明白了，于是他把工作传递给下一个工人。"

我说："那是还没有完成的工作。就好像我把一把没有浸过油漆的刷子递给别人一样，那是不负责任的。"

父亲说："在大批量的生产中，这是可能会发生的事。你们还需要改变一种观念，不应该过分强调工作是从开始到完成的过程，而应该注意到它也是在一个标准的时间内完成的，这个标准的时间就是节拍时间。"

艾米说道："因为我一向考虑的都是'工作'，所以忽略了许多不稳定的变数。"

"的确如此，我们不应该只从工作的角度来考虑问题，还应该从流程的角度来探讨。黄金只能从顺畅的价值流中生产出来，所以，你们必须记住以下两点：

第一，把安装和布线这样的工作进一步分解为更细的单元，尽量使每个工人的工作周期等于节拍时间，而不必去考虑这项工作究竟是安装，还是布线，或是两者都有；

第二，应该清除返工及补货等可能造成操作中断的原因。"

菲尔专注地听父亲讲着，扶了扶眼镜，然后说："表面上看很简单，其实做起来并不容易，大卫一定不会喜欢这样的。"

父亲强调道："起关键作用的并不是工作，而是流程。"

这时艾米问道："如果周期时间低于节拍时间，那么我们就可以合并几个单元的工作，这样就有可能节约生产线上的人力，对吗？"

"多么聪明啊！菲尔，你应该给她升职。"父亲看着菲尔开玩笑道。

于是艾米用胳膊肘轻推菲尔，开玩笑地说："老板，给我升职！"菲尔则把脸转向天空，摆出了一副"和我无关"的架势。

过了会儿菲尔问道："我懂得了理论，但是我们如何知道哪一部分的操作需要改进呢？"

父亲回答："嗯，你画一张图。先把节拍时间画出来，然后为第一个工位安排工作，使它的周期时间刚好等于节拍时间。接下来继续安排第二个，第三个，直到最后一个。到了最后一个，往往工作无法填满节拍时间（如下图所示）。因为我们不能将人分为两半，所以即使最后一个操作只需要十分之一的节拍时间，也只能再加上一个人。所以这就是我们为什么需要持续改善，来缩短工作周期的原因。这样就可以消除最后剩下来的那一点工作了。这种活动被称为改善。"

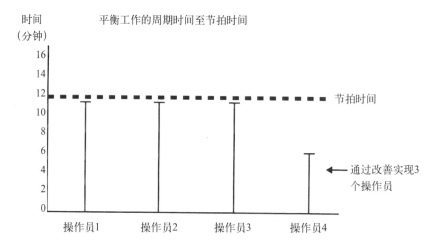

菲尔做了一个深呼吸，"先停一下，讲得太快了。"

父亲点点头，"看起来是有点快了。让我们还是继续谈节拍时间吧，以后再谈改善。还有一个非常关键的观念，丰田汽车公司的大野耐一注意到，不管生产线有多么不平衡，没有一个工人想被看作无事可干。因此只要工人手里有库存，他们就会去加工另外一件产品。"

"我明白了，这和在制品库存发生了联系。"菲尔说。

父亲接着讲："对。大野耐一提出了单件流，在单件流的情况下，各个工位之间不允许有库存。由于生产线上工人之间的工作量存在着不平衡，所以当某一些工人从事加工的时候，另外的人便无事可做。这些无事可做的家伙肯定想找一些事情来混日子，但是大野耐一命令他们，如果没有工件在手里加工，就把双手举起来。"

我咕哝道："不是开玩笑吧。"

"当然是个玩笑。但是，无论如何，大野耐一意识到了，哪怕是十分之一的工作量也需要安排一个人来做。在一个复杂的系统中，讨论生产率提高了百分之几是没有太多意义的，它还不如去讨论生产线人数的变化。因此，我们现在必须做的是：

（1）进行一些测量；

（2）找出不稳定的变数产生的原因；

（3）将工作分解为基本的操作；

（4）根据节拍时间来组合和平衡操作。"

"就这些吗？"艾米回应道。

父亲在空中挥舞着他的刷子，用告诫的口吻说道："你们掌握了理论，但是还要注意沟通。必须告诉员工你们的计划，以及如何去干，特别是那些从生产线上节约出来，将会被组成生产 STR 的第二班的工人。"

菲尔补充说："同时还要努力找出并消除那些导致不稳定变数的原因，比如补给工位等。"

父亲很赞同："正是如此！"

菲尔继续说道："顺着这个逻辑，我还是搞不清楚库存和单件流的关系，难道工人们不会偷偷建立自己的库存吗？"

父亲放下了刷子，"啊！有一个完美的方案来解决这个问题。我们转换一下思路，把推动式生产改变为拉动式生产。"

"推动和拉动，我以前听过这个概念。有位商业管理的老师总是谈到这个概念，但是我始终没有明白这个道理。"艾米说道。

父亲向我这个方向点了点头，解释道："因为教授们肯定要从学术的角度去思考问题，而不会像老百姓那样去思考问题。在早期，多数丰田汽车公司的工人都有一小块土地，他们下班之后就去种地。其实大部分技巧都是由那些最善于实践的人创造出来的。"父亲边说边坐在我旁边的驾驶舱里，模仿着一个操作。

"有一堆物料，我加工完了然后'推'给下一个工人，这就是一个推动式系统。我只做自己的工作，然后把加工品推出去，这样的话，会出现什么问题呢？"

我回答道："根据你先前所谈的，你可能不知道生产的产品是否合乎规格，而只顾把产品往前推。"

"的确如此，非常简单，我取得原材料后，加工产品，然后把产品推出去。"

"那什么是拉动式生产呢？"菲尔问道。

父亲说道："啊哈！那是一个很好的改进。在工位之间，标示出一个特殊的空间，这个空间只能储存一个零组件。它可能是一个塑料盒，或者是用粉笔画出的一个区域，这些都没关系。另外，最终储存成品的区域也只能存放一个。根据这一点，操作规则非常简单：

（1）如果空间是空的，就制造一个新产品；

（2）如果空间是满的，就停止工作。"

菲尔问道："如果空间满了，就什么也不做吗？"

"对，把胳膊伸向空中。"我问道："如果这样，那不是浪费工人的时间吗？"

父亲没有直接回答，而是引导说："再考虑一下，如果这个工人开始做一件新产品，那么他就等于建立了……"

艾米喊道："库存！"

"对，库存就是这么堆积起来的。在一个普通的生产系统中，你看不到这些，因为不稳定的变数掩盖了这种类型的浪费。事实上，大部分的生产线中，只有一半的人真正干活，而另外一半的人则在混日子。"

我回忆道："记得咱们第一次参观工厂的时候，你就在看谁增加了价值，而谁只是在混日子。"父亲惊奇地看了我一眼，我有些沾沾自喜，笑道，"我很用心，是吗？"

父亲没夸我，但还是说："米奇是对的，因为是一个拉动式系统，所以只有在下游工位没有产品了，才能够生产，而这就是整个拉动式系统的本质。"

菲尔问父亲道："就这些吗？那么简单？"

"嗯，对一个制造单元来说，它比较简单，但是对整个工厂来说，就有些麻烦了。"

艾米问道："整个工厂如何拉动呢？"

"尽管你们的情况比较简单，但这仍然是一个很好的问题。断路器的节拍时间是11.25分钟，必须每11.25分钟拉动一次，那是根据每天40个零件算出来的。首先要根据客户的需求去计算节拍时间。"

父亲继续说道："还记得存放断路器的那种带轮子的架子吗？"

"记得，每个上面存放 20 个备件。"菲尔回答。

"嗯，记住，在测试区的后面，放两个这样大的架子。告诉工人，等一天结束的时候，必须装满两个架子，不能多也不能少。"

"我明白了，以每 11 分钟的节奏，生产一个好的断路器。"艾米理解得非常快。

但菲尔有疑问，"但那会产生库存积压。"

"开始的时候确实会，但是如果把库存降到 40 件的话，那么总比现在有100 多件库存要好吧？现在先不要为这个问题担心，我们以后还会回来讨论它。你们应该把重点放在一个简单的拉动系统上。工人有两个架子，每个架子可以放 20 个，上午填满一个，下午填满一个。只有在下游工位有空闲的时候或是架子上有空位的时候，工人才可以生产下一个产品，如果没有空，他们就必须等待"。

"好的，我明白了。但是他们等待的时候，应该做些什么呢？"菲尔明白后，又提了个问题。

"对工人来说，什么都不做，只是等待。但管理层应该帮助他们清除障碍，搞清楚等待的原因。"

"应该由葛兰来解决问题，对吗？"菲尔问父亲。

"还有大卫，还有你。记住，葛兰修理返工件已经非常忙了。"

艾米听后问道："啊，返工。如果生产线上的工人一次只生产一个零件，把不合格品拿开，不会导致价值流中断吗？"

"别急，孩子们。"父亲回应道，"你们需要为返工品建立一个单独的区域，比如另外一工作台。当一个工人碰到不合格品的时候，就把它放入红箱子或是返工品的托盘中。"

艾米接着父亲的思路说："但是上游没有库存，这个工人就只能停止工作。"

父亲解释道："是的。首先停止工作，然后现场管理人员就会取走不良件，到生产线外的返工区进行返修。当这边返修正在进行的时候，那边的工人可能已经有机会开始生产另外一件产品了。"

菲尔感到有些困惑，问道："根据单件流的理论，一旦这个修好的返工品被拿回到线上，它不会阻碍上游的工作吗？因为在流程中又加了一个零件，上游的空间已经满了。"

"的确如此。这就是返工品一定要放回到返工品托盘中的原因。当下一个返工问题出现时，这个修好的返工品就可以被拿出来使用。"父亲接着解释道。

艾米得出一个结论："这个工人就可以用刚刚修好的返工件将新的不合格品换下来。这样就不会扰乱整个流程了。"

"就是这样。看起来简单，做起来却并不简单。"

菲尔挠了挠头，尽力想把父亲的话全部记下来，然后同意父亲道："你说得没错。"

父亲也同意道："好吧，孩子们，天也不早了，我的船也还没有油漆。今天就聊到这里，你们先消化一下，有问题再来找我吧！"

几天之后，我接到了一个电话，"嗨，是米奇吗？我是艾米。"

"有什么事吗？"

"我们能和你父亲谈谈吗？"

艾米的声音听起来好像很疲倦，"今天很糟糕，我们这里有点乱。菲尔很不开心，也许和你父亲聊聊会对他和我有所帮助。"

"我得先看看我父亲正在干什么。我正在工作，但是你们可以到我这边来，这样我方便一些。"

"好吧！菲尔知道你住的地方吗？"

"他知道。"一想到菲尔非常讨厌把车停到我的小区，我就想笑。

"回头见。"

"我会把父亲叫到我这边来的，再见。"我挂断了电话，想着菲尔和艾米在为什么事担忧。

艾米跟着菲尔一进我家的门，就立刻对我说："以前不知道你住在这个小区，我小时候住的地方和这里很像。"

"怀念那段日子吗？"

"怀念什么呢？猫叫呢，还是婴儿的哭声？我这辈子都不会再想了。我的青年时代都是在外面度过的。"

"嗯，我非常喜欢这里。这里的人都很友善，而且离我工作的大学很近。"我说道。

艾米走进我空荡荡的房间，坐到了菲尔旁边的位子上。菲尔对艾米说："我告诉你，米奇的品位非常差。"

这时父亲从厨房里走了出来，拿了一杯咖啡，坐在椅子上，说道："这里需要一个女人来照顾一下。"

我抗议道："你们现在所看到的就是一个女人照顾的结果！"我把一堆书推到了旁边，然后靠着墙坐了下来。

"是吗？"父亲说道，然后转向菲尔，"你们遇到了什么问题？"

菲尔看起来有点泄气，"今天早上，一个供应商要求付款交货。"

艾米接着说道："这是由一个谣言造成的，谣言说公司快要关门了。"

"然后，在管理层的会议上，我告诉嘉理，我想赋予乔希改进 STR 型号产品设计的责任。"菲尔说道。

艾米冷冰冰地插话说："之前没有人和我这个人力资源部经理讨论过这个问题。"

菲尔用一种不寻常的暴躁口气说："那你可以向董事会告我啊！如果你想取代我的位置，随时都可以！"

父亲平静地插了一句："放松一点，孩子，怎么可以这样说话呢？"

菲尔说："就像我所预料的那样，嘉理非常恼火，他说为什么我没有事先和他沟通，为什么背着他做决策。麦休也支持嘉理，他建议我们暂时搁置这个建议，但我坚持我的观点。"

艾米接着说道："他确实是那么说的。"

菲尔感叹道："上帝啊！我讨厌那里的一切，对了还有那个大卫。"

父亲问道："等一下，那么乔希呢？"

"这个家伙很兴奋。我不知道他是否明白这项工作的挑战，但是我一定要让他和工人一起工作。现在的麻烦是大卫从中阻挠。"

艾米接着菲尔说："乔希直接跑到了葛兰那里，重新设计了断路器的生产线，准备合并调试和布线的工作。毫无疑问，葛兰不相信乔希的话，说这样做不可能提高生产率。然后，我就过去看看发生了什么事，葛兰抱怨说她一直很支持我，而我却辜负了她的信任。唉，一切都糟透了。"

父亲问菲尔："菲尔，这是你的主意吗？你告诉大卫要重新设计生产线了吗？"

菲尔不耐烦地回答："我刚开始告诉他我们讨论的内容，他没听完就出去了。以后，他就像一个独行侠似的不再理我了。唉，这事是我应该预期到的，这就是典型的大卫，他总是想要自己一个人处理所有的问题。"

"现在工人也不愿意参与，他们要我们保证不会解雇任何人。"艾米说道。

菲尔发牢骚说："为什么大家总是那么抵制改革呢？"

父亲继续问："都有哪些例子呢？"

菲尔回答道："嗯，没有人愿意做任何改变，甚至把工位的位置向左移动50厘米这样的事，他们也不想试。"

父亲不耐烦了，"不要告诉我这些。我曾经做过很多次工厂流程以及场地的重新设计，次数多得我都记不清了。我们曾移动过各种设备，比如自动控制装置、冲压机，等等。当我第一次和专家们合作的时候，他们先在工厂里面观察，到深夜才开始动作。先看清楚生产是如何进行的，然后问有没有夜班维护人员，我说当然有，因为是三班倒。然后这些专家就把夜班维护工人叫来，开始重新布置安排机器，一直到凌晨3点。到了凌晨5点的时候，这些专家开始向工人解释新流程是如何运作的。孩子们，不要给自己找理由，关键在于执行。"

菲尔摇了摇头，看起来很没信心。

父亲没有放弃，"你们还没有明白，是吗？所有的问题都是人的问题，而不是机器。组织和钱的问题都是人的问题，你们明白吗？"

菲尔和艾米都看着父亲，我也看着他，等着他再往下说。

但父亲却说："你们问问米奇吧，他是心理学家。"

我只好说："嗯，当然，所有的问题都是人的问题……"

父亲打断道："人不是机器，他们有思想、有感情。我们必须要与人合作，而不能与人对抗！"

父亲喝了一口咖啡，摇了摇头，我们继续看着父亲，等着他继续说。我真的很好奇，我从来没有想过父亲会和我们谈这样的话题。

看父亲不说话，我问道："爸爸，你是什么意思呢？能够详细一点吗？"

"你们考虑一下，工人其实都是专家。他们都是自己那个狭窄的领域里的专家，但是几乎所有的专家都很自负。比如说，一个在生产线上做调试的，就是一个调试专家。因此，当你跑去告诉他，他应该按照另外一种不同的方式去调试的时候，他当然认为你是胡说八道。他认为他是正确的，他自己懂得最多。他每天做8个小时的调试，所以他在这一领域一定懂得比谁都多。"

菲尔说道："但是他们仍旧会犯错误，不是吗？"

父亲说道："他们当然会犯错误。因为每个工人都只在系统里的某一部分工作，所以他们并不了解整个生产和设计。举个例子，他或许知道如何准确地安装真空芯，使断路器能够正常工作，但他并不一定知道其中的原因。而你却知道，因为是你设计的真空芯，所以你和工人之间应该多沟通"。

艾米咬了咬下嘴唇，然后好像想到了什么，"伯父，你是对的，我们应该掌握沟通的技巧。"

父亲用他那种通常的不太赞同别人观点的口吻说道："别太过分强调沟通！是领导力，这全部都是领导力的问题。你们不应该告诉工人如何去做，因为他们不是机器。你们之间沟通不好，是因为很多时候管理层的信用度不够，同时又不愿意被冒犯。我就很讨厌说，'我告诉你们，你们应该如何去做。'但如果你们按照我的方式去处理问题，事情就会变得简单一点。"

菲尔重重地叹了口气，摘下眼镜，揉了揉双眼，然后说道："是的，那么我们现在应该做什么呢？还有办法挽救吗？"

父亲思考了一下，说："只要目标是对的，就一定会有办法解决问题。"

父亲问艾米："你在快餐店的时候曾经组织过会议，是吗？"

"经常组织。"

"好的。现在最重要的就是要让工人，尤其是葛兰，自己去发现这些改变会产生什么影响。每个人都想要生产合格的产品和完成每天的指标，我们要做的就是向他们展示，为什么目前的系统阻碍了他们成功。"

艾米说道："我明白了。我会成立一个小组，将葛兰和其他一些有经验的工人召集起来，让他们去测量自己的工作周期。"

父亲表示支持："对。而且必须让他们坚持测量 10 次，这样他们就会相信最小工作周期是存在的，而不是管理人员没有根据，为了提高生产率设定的。他们会说，'有的时候，我们花了半个小时做这项工作是因为我们遇到了困难，但是在多数情况下，只需要 7 分钟便可以完成这项工作。'这样，他们将无法否定他们自己的测量。"

然后艾米说道："然后，我还要告诉他们如何消除工作中不确定的变数。"

菲尔插了一句："同时，我们会积极参与解决他们的问题，比如说，供应商供应的原材料的质量问题等。"

艾米接着说："这样他们就会逐渐认识到有一些工作必须要整合。"

菲尔又说道："我们需要向他们讲解单件流生产系统是怎么回事。"

父亲补充道："你们一定不要忘记，从根本上来说，要想实现更高的期望值，就必须承担更大的责任。因此你们应该和工人一起来执行这些改进项目，而不仅仅只是把任务甩给他们。"

菲尔有点疑虑地说道："但是生产线的重新设计应该如何解决呢？难道我们也让工人自己决定吗？另外，那些顾问们非常喜欢的 U 形生产单元究竟怎么办？顾问们无法帮助我们实践，也没有向我们解释如何去做，但是他们就是告诉我们应该采取 U 形布局。"

父亲解释道："无法实践 U 形布局，是因为他们无法控制在制品库存，需要更多的空间来堆放在制品。U 形布局是丰田公司一贯采用的生产布局方式，但是并不真正适用于你们目前的情况。"

艾米显然很好奇，"为什么呢？"

"在你们的情况中，有两条直的装配线，没有任何机器和设备，而工作内容又很多。因此，你们最好让工人在同一边进行加工，采用一个工位一个人的布局。"

父亲进一步解释说："但是，假设你们的工作内容不多，比如说是几分钟，那么就可以考虑使用一些设备，比如说机器手和电焊机，来从事加工。你们现在所需要的布局就是将工人的移动路线最小化。举个例子，如果一个工人可以把所有的工作一个人做完，那么 U 形单元就是最有效的布局，因为他可以将全部工作都在这个布局里完成。但你们的情况不同，所以不需要采用 U 形布局。一旦你们的节拍时间减少了，便可以在同一个工位上安排两名工人。"

"U 形布局的方法就是要让工人的行走路线最短。举个例子，一个工人既可以为产品的开始部分加工，也可以为同一件产品的结束部分加工，甚至还可以为中段加工。工人可以在制造单元内两面工作，不需多走一步。"

菲尔仔细考虑了一下，说："现在又回到了一个相同的话题，就是把一个工人的工作分解为一连串的基本动作。"

父亲说："没错。如果用机器来装卸，我会让工人按照相反的方向进行。"

"什么意思呢？"菲尔问道。

"嗯，如果你跟着产品到处移动，而又用机器来进行装卸，那么当机器执行任务的时候，你干什么呢？"

"我明白你的意思了，那只有等待。"菲尔听完父亲的解释便明白了。

'的确如此，只有等待。假定在生产的每一步之前，都有一个在制品库存。如果按照反方向进行，那么应先卸载机器，把这个零件定位在下一台机器上，开始加工，对吧？"

父亲向大家看了看，以确定每一个人都领会了他的意思，继续说道："然后，你再向上游移动，从上游机器上取出卸载的零件，把它装到你刚刚清空的那一台上。当产品以顺时针方向移动的时候，工人将按逆时针方向移动。卸载第三台机器，然后走回到第二台机器，从第二台机器上面卸载产品，再把它装载到第三台机器上，开动第三台机器；接着再回到第一台机器，卸载第一台机器，装载第二台机器，开动第二台机器；最后卸载第四台机器，把它放进成品的箱子里去。然后再重启这个生产单元。"

"我明白你说的方法了，它难道不适用于我们吗？"菲尔问父亲道。

"在目前阶段不适用。如果两个工人在同一边，你们就能够从另一边供应零件。记住，最重要的是，必须在工位之间留出一个只能容纳一个零件的空间。如果物流堵塞，工人只能等待，那样就可以找出不平衡！"

但艾米似乎没听明白，"伯父？能够再说一遍吗？刚才有一点我不明白。你刚才谈到了 U 形制造单元，如果节拍时间减小，我们可以把工人从一个变为两个，这该如何操作呢？"

父亲重重地叹了一口气，说："你真想了解那个概念吗？它可能会给你带来更多的困惑……"

但是艾米坚持想了解那个概念。

于是父亲说道："那是一个完全不同的概念。现在调整一下你们的假设，你们产品的全部工作内容是多少呢？"

艾米说："42 分钟。"

"你们的客户每天需要 40 件，因此，我们用 450 分钟去除以 40，就可以得到节拍时间为 11.25 分钟。现在，假设客户的需求量爬升到 60 件，这就要求更快一些，变为 7.5 分钟。全部工作内容并没有变化，但是……"

艾米叫道："啊，对，生产线上所需的作业人数将会是 42 除以 7.5，那就是 5.6 个，也就是 6 个，对吗？"

"对，如果需求量从每天 40 件变成了每天 60 件，你们就应改变生产线的组织形式，将工人从 4 个变为 6 个。为了实现这个目标，必须组织精益生产单元。这个技巧就是创建标准化操作，针对不同产量的节拍时间，找出对应的标准化操作。"

菲尔疑惑地问道："但是你为什么又要我们用多余的工人开设第二班，而不是简单地在现存的生产线上提高产量呢？"

父亲说道："孩子，那是因为你想开设第二班啊！事实上我更倾向于在目前这条线上提高产量。如果工人也喜欢这样做的话，可以大胆地尝试一下。

但是，刚才讨论过，他们是人而不是机器。就算艾米能够勉强说服这些工人用 4 个人去代替做过去 6 个人的工作，但他们实际上能够做到吗？"

艾米顽皮地眨了一下眼睛，"嗯，肯定做不到。过去在那家快餐连锁店工作的时候，那些工人也都在尽力做，但是没有人去消除变数和浪费，以致黄金都流失了。所以，我目前的工作就是给车间里的每一个工人施加压力去解决问题。嗯，菲尔，你不也看见过我去和那帮管质量的家伙沟通，让他们做得快一些吗？"

菲尔做了个鬼脸。

父亲说道："如果你想在原有的生产线上，不做任何改变地去提高产量，那一定是不可能的，没有工人会相信你。因此，最简单的方法是在刚开始的时候，一方面维持同样的产量，一方面想办法提高生产率，这样才可以节约出人力。"

菲尔问父亲道："但是刚才谈到的那种柔性增加产量又是怎么回事呢？"

"柔性是为日后产量增加做准备的。为了能顺利地调节 4 ～ 6 个工人，需要把工作标准化。将来总有一天，你们会达到那个状态的，但是目前，要先学会站起来，然后才能学会跑。这是自然法则，并不是我杜撰的。"

菲尔表示理解："我明白你的意思，那是一个理想的布局。"

父亲继续说："的确如此，1 个人加工 10 个零件，10 个人加工 100 个零件，但是你们目前同这种情况还有段距离。"

艾米咬了咬嘴唇，"好，现在我对车间的了解清晰多了，但是我应该特别关注哪些问题呢？"

父亲仔细考虑了一下，然后说："第一，避免管理层的干涉。确定你在和工人们一起工作的时候，大卫和菲尔不会老在你们的周围出现。但是，当你们提出车间新的安排与改变的时候，一定要把大卫和菲尔叫过去，让他们负责迅速实现这些改变。"

菲尔坚定地点了点头，说："我会全力支持这件事。"

父亲接着说："第二，确定工人们了解按时交货是第一要务。因此，无论如何，每隔 4 个小时就必须生产出 20 个断路器，并放满在一个架子上，而且要尽量把这个过程做得很流畅。作为交换，管理人员要答应调动公司的一切资源，来解决工人们遇到的问题，以保证顺利完成生产任务。必须让工人们深入了解这个安排，因为现在他们不相信你们，他们已经习惯于自己处理很多问题。"

父亲用手指着菲尔说："现在是决定你们公司生死存亡的时候。管理层应该帮助工人解决问题，使他们能够顺利地完成任务。这也就是说，不要让工人去做任何不能增加价值的工作，而整个公司的资源应都是为工人们服务的。这一点和一般其他公司的运作不同，工人们一定会提出挑战，看你能否遵守诺言，所以你一定要兑现你的承诺。"

菲尔沉思一会儿后说道："我明白了。不管怎样，我一定会尽我最大努力的"。

"记住一点，一定要给那些习惯于过量生产的管理人员施加很大的压力，包括采购、质量管理以及工程人员。"

菲尔谨慎而又自信地说："我会做到的。"

父亲接着说："第三点，必须确认供货有妥善的安排。"

菲尔问道："你的意思是零件的供给吗？"

"对，以及如何送到每个工位。"

菲尔说："如果按照现有的逻辑，所有的物料都应该被运到各个工位上。因此，工人根本不需要寻找零件。"

父亲也同意这种看法，"的确如此。在工作内容少、节拍时间小的车间，那种带着轮子的架子，必须放置在工人伸手可及的位置上，架子上也必须存放装满零件的小篮子。这种架子要分两层，下层放装满零件的盒子，工人从盒子里面取零件；上层放置空盒子，目的是让物流搬运工拿它去装满零件。但是根据你们的情况，最简单的方法是在工位上摆放一个架子，在架子的上面放置两个箱子，一个箱子放在前面，工人可以从里面取零件，另外一个箱子放在前一个箱子的后面，是满的。当工人用完了第一箱的零件时，他就把空箱子放在架子的顶部，让专人为他们添满。接下来这个工人把第二个箱子拉到前面来用。这个专门添加物料的工人的职责应非常明确，他的工作就是添加物料，然后把这个添满的箱子放到正在使用的箱子后面。必要时这份工作可以让现场管理人员来担任。懂了吗？"

菲尔答道："懂了。一个正在用，一个是满的，有人专门负责添加物料。"

"但是，所有装货的篮子都适合放在工位上吗？"没有想到艾米问完这个问题后，我的父亲居然笑了起来，这让艾米很不高兴。

"不，不，我不是在笑你。这是一个很好的问题，我也是花了很长的时间才搞明白这一点。你不了解对于习惯大批量生产的人来说，理解及时生产有多么困难。我真的很能理解大卫，我也经历过类似情况。因此，我们来谈谈丰田供货这一部分。丰田公司的人总是告诉我们削减库存、减少在制品库存，反正不管干什么，他们总是想进一步减少库存。终于有一天，我忍不住去问丰田的顾问，'你们为什么这么急于削减库存呢？我知道，库存会增加成本，会消耗资源，但也没有那么严重吧！'结果，丰田的顾问回答说，'库存带来的危害比你想象的多。'我很疑惑，就问道，'有多严重呢？'他告诉我，'举个例子，为了满足客户的需要，我们采用柔性生产，要求工人在同一个工位上生产不同型号的产品，对吧？'我说，'对，'他接着说，'为了减少不必要的动作，所以让工人能够顺手拿到零件，对吧？'，我说，'对，'于是他又说，'要想在一个工位上限制不必要的走动，就意味着我们只能采用小箱子，因此必须减少库存！'"

父亲回忆起往事，得意地笑起来。"我因此意识到，我的思维方式仍然像一个大批量生产的经理，而他们的推理方式则像老百姓，强调世间的一切安排都有其特定的实用价值。"

菲尔持不同的意见："但是，那样做对物流部门会是一场噩梦！越小的箱子也就意味着需要添满的次数越多，物流人员不会喜欢这种方式的。"

父亲没有理会，继续说："记住我刚开始说过的话，客户满意是第一位的，因此你应该首先考虑交货，然后再考虑降低库存，接下来才能谈成本合理化。及时生产系统必须用小盒子搬运零件，这并不代表更多的工作，但需要更有效的组织。现在的事实是，工厂里面有大量的资源，但是如果你们不善加利用的话，很多就都从手中浪费掉了。不过不用着急，最后我们肯定能达成用较少的资源做更多的事。目前先把注意力放在小的装货盒子上。"

菲尔摇摇头，说道："大卫一定又会发火的！"（blow a fuse，美国俚语，本意为保险丝烧断了，引申为勃然大怒）。

父亲笑着回应道："嗯！保险丝？你们公司不就是制造保险丝断路器的吗？"他开了一个并不好笑的玩笑。

标准化操作

我们约好周五晚上在俱乐部碰头，聊聊大家这一周的成绩。我接到艾米打来的电话，说他们会提前出发。当我们同时到达码头的时候，天还大亮，而且也很热。父亲正在清理"幸福号"船尾的储存间，把翻出来的东西摆满了整个甲板，弄得船上看起来像是一个垃圾场。当我们正犹豫不知道该坐哪儿的时候，父亲又扔出来一个空的油漆罐。在甲板上，我看到一个用来装小舢板的蓝色塑料袋，就在上面坐了下来。艾米也过来坐在我旁边，她对炎热的午后能享受到阵阵凉风感到很欣喜。菲尔干脆直接坐在甲板上。父亲蹒跚地爬上了甲板，在一个倒扣的金属桶上坐了下来。

"我刚刚涂完一层油漆，正在等它变干。"父亲咕哝道，"所以我利用这个机会打扫一下后面的储存间，你们不要介意这里的脏乱。项目进行得怎么样了？"

"非常好！"艾米很高兴地回答，"工人们对这个试验非常感兴趣，而且彼此合作得很好。"

我知道事情进行得还不错。菲尔早上在电话里就告诉我，他们公司的财政状况已经得到改善，一个投资者答应延长贷款的期限，但要求公司必须很快拿出具体的改进方案。

"那你们从生产线上减人了吗？"

"有啊。大家都同意两班制的想法，而且我们发现收购前的公司也曾采用过两班制。有些资深员工喜欢早班，这样他们可以早点下班去处理家务。因此早班从六点开始并没有遇到我们原来想象中的阻力。谢天谢地，工程师们不参与这件事，因此不用考虑他们！"

"那你们选出些什么人上晚班呢？"

"两个资格老的工人。艾米说他们的参与不仅可以稳定第二班的生产，同时也可以带动其他生产线做同样的改进。"

"做得好，"父亲说道，似乎若有所思，"一般管理层在遇到别人跟他要人的时候，往往把他认为表现差的员工先请走。其实这样做并不聪明，因为新成立的晚班无法从以往的经验中学习，将最有经验的员工选派到新的小组里面去做核心，才是最明智的。"

"看，告诉过你吧！"艾米得意地笑着对菲尔说道。

"好吧。另外一件值得高兴的事是乔希已经开始研究返工的质量问题了。他对生产线上的加工问题做了一个分析，发现马达供应商在没有通知我们的情况下，自行改变了设计。因此，三分之一的返工都是由于这个原因所造成的。其实马达的装配工早已经发现了，也曾试着告诉管理层，但是没人听。"

"这我并不感到奇怪。"父亲听完菲尔说的情况后说。

"真是不可思议。目前乔希正在和供应商以及设计工程师讨论，看如何解决这个问题，看如果修改我们的模具会不会比较容易解决问题。基于我的观察，他对改进设备很有一套。"

"那很好，不过你们要确保那不会影响客户。"父亲提醒道。

"我知道，我一直亲自参与这项工作。因为我把乔希从嘉理那里调了过来，所以我现在就成了他的上司。目前这是一个敏感的话题，但我相信迟早会摆平的。"

"那么，你们得到了哪些具体结果？"

艾米拉了拉坐垫，"今天4个工人组装了32个断路器。此外，还有6个在制品和6个需要返工。"

	以 前	现 在
每天产出量	大约 40	32
存货	35	6
人员	6	4
质量	?	6 个重新加工

"在测试站有没有发现新的问题?"父亲问道。

"没有,一切看起来很好。"

"最好仔细检验一下,"父亲坚持道,"改变生产过程后,往往会出现状况,你们应该进行双重的质量检验。"

"好的,我会的,"菲尔说,"今天只生产了 32 个断路器,因此我们还没达到目标!"

"但是我们只用了 4 个操作员!从生产力的角度看,这确实是一个很大的进步。减少了 2 个工人后的生产线还能够顺利起动,也算是个奇迹。"艾米嘟嚷着,"如果我们能够继续稳定下去,一定可以在短时间内实现目标。我们现在发现生产线上的问题,并尽力解决,因此生产线的状况已大有改善。大部分的时候很顺畅,但也有上游工人在加工,下游的工人被卡住的情况。这时,工人最感兴趣的是可能发生的不同情况。举个例子,我曾发现有一个马达配线工人干的活儿,总是导致下游工位出状况,以前从来没有发现这个问题。"

"嗯,是挺鼓舞人心的。"父亲鼓励艾米道,"艾米,接着说。"

"有件事情我要向你报告,当记录生产周期的时候,我们对每个工位都进行了 10 次测量,发现最小的生产周期比葛兰的记录还要短,是 39 分钟。"

"所以 4 个工人可以胜任这条线的生产了。"我指出。

"原则上是这样,但在生产过程中还存在其他的问题。当我测量生产周期的时候,遇到了一些困难。照你说的,我把每个工序都分解成子单元。"艾米继续对父亲讲。

"然后呢?"

"他们每次都用不同的顺序装配断路器,所以测量起来很困难。"

"哈,艾米,做得好,真是说到点子上了。"父亲笑着打断。

"好在哪里?"她很困惑地问。

"你的问题真是一针见血。谈到稳定性，又回到了人的问题。"

"好了，"父亲把话引入正题，"你们以为什么样的工人才是好的工人？"

"一个对工作很负责的工人。"

"很对，但是在实际生产中又代表什么呢？"

我们很迷惑地看着他。

"是不是那些不会带来麻烦、不会制造缺陷的人？"菲尔不确定地说道。

"看这里。"父亲弯腰从脚边的杂物堆里随便拾起几样东西：一把螺丝刀、一小瓶胶水、一把锉刀和一个不知道用途的塑料物品，把它们围成一个圈，然后不按顺序地一个个翻过来。

"每一项任务都可以分解成若干个子单元。譬如煮意大利面，先要煮开水，放盐，加一点油，放入面条，并搅动不让它们结块，然后再用滤勺捞起。"每讲一个动作，他都会翻动摆在前面的一样东西。

"那么，什么是令人满意的工作呢？"

"是你的工作每次都做得好。"

"如果你忘记了任何一个步骤，你就不可能做好这个工作。"艾米突然插嘴道，"做得好意味着不会忘记任何一个动作，但每一个子单元又可以分为许多基本的单元，接着可以再分下去。"

"你明白了！"父亲对他的好学生非常满意，"好的工人是不会忘记任何一个细节的。问题是我们的大脑记忆容量有限，如果任务表排得太长，就容易忘记其中的某些步骤，特别是在遇到困难的时候。接下来谈谈什么样的工人才是最有效率的工人。"

又是一阵沉默。父亲按着顺序翻动每一件物品。

"总是按照相同顺序去完成任务的那个人！"我大声叫道。

"对。如果总是按照相同的顺序去完成任务，速度会快得多，忘记其中一个步骤的风险也会小得多。"他边说边拿开螺丝刀，"就像这把螺丝刀，如果不按照顺序翻动，不一定会发现它不见了。相反，如果总是按照相同的顺序来翻动，你就会注意到螺丝刀已经不见了，就会想办法去处理这个问题。这就跟生产一样，如果不按顺序，就容易产生缺陷；但是按照顺序，你就可能发现缺陷，并想办法去解决它。"

"说得对极了，"我说道。"你知道我是个很健忘的人，"父亲夸张地看了我一眼，"每次离开屋子之前，我都会按顺序去检查一圈，确保我已经关掉了炉子、电源，带上了我的钱包和钥匙，还有其他一些我容易忘记的事情。效果很好。"

菲尔建议道："如果能将顺序固定成如同例行公事，将更会有逻辑性。"

"的确是这样，如果总是以同样的顺序去工作，自然会逐步优化这个顺序。就像早上起床、洗脸、去厕所，接着意识到应该再去洗手一样。通过优化后的顺序进行工作，可以提高你的效率。"

"你可以在一个顺序中加入新的步骤，"我大胆地推理，"我同意我们大脑的容量有限。大家的理解是，每当学习新知识的同时，一些存在大脑里的旧的记忆会逐渐被取代。从实验得到的结果看，一系列活动与独立的事件在大脑中的储存场所不同，因此系列活动比较不容易忘记。"

父亲迷惑地看着我，"我从没有这么想过，但你是对的。仅仅按着顺序不足以形成一个成功的单件流，必须配合其他的工具，譬如节拍时间和标准库存。米奇，你说的很有道理。"

父亲同意我说的？不太可能吧！

"你的意思是，为了保证一个稳定的生产程序，我们要说服工人按照一定的顺序去加工吗？"菲尔问道。

"是的，那正是管理层的职责，"父亲回答说，"而且说服的工作不仅仅局限于工人，它应该应用在公司里所有重复性的工作上。"

我指出："甚至专家所引以为豪的看家本领，也都是经过反复不断地练习才渐渐领悟到其中诀窍的。例如，一个有经验的油漆工知道下一步应该涂哪种油漆，多少厚度，才能使外观更吸引人！"

"顺着这个逻辑，"父亲掰起手指头，"生产力提升的第一步是……"

"避免工人在生产时采用不同的程序。"菲尔如实答道。

"嗯，第二步，为了减少变数，我们需要……"

"消除不能增加价值以及扰乱生产程序的动作。"艾米凑上来说。

"好的，那么第三步呢？"他问道，伸出第三个指头，"第三个？"

"啊哈！让工人们总是按着同一个顺序来工作！"艾米聪明地接下去。

"完全正确。一个单件流成功的秘诀，在于减少生产中各种不同的操作程序。做到这一点要靠标准化操作。而标准化操作的定义是，按着一定的顺序去执行工作。这包括前面提到的节拍时间及标准库存等。"

"但是你说过工人不是机器，你怎么能期望他们总是按照相同的顺序去工作呢？"我问道。

"这是最大的挑战，也正是我为什么要强调人际关系的重要性。我们必须使他们确信设定的顺序是正确的。"

"听起来就像是进行军事训练！"

"这和在前线打仗一样，"菲尔指出，"一切按规矩行事。"

"但是我们不是军队，而是工厂，必须要让工人了解哪些是标准化操作。"我补充说。

"喔，天哪！我可以猜到这份工作会派给谁。"艾米像泄了气的皮球，突然冒出一句话。

"我想你猜得对。标准化操作能够杜绝浪费，并且不让旧的生产方式死灰复燃。基本上，我们必须要让工人积极参与，才能使标准化操作成功施行。"

"所以，标准化操作包含了节拍时间、工作顺序，还有……"

"标准库存吗？"菲尔问道。

"对，还有其他吗？"

我突然灵光一闪，"还有你一再强调的，在产品设计及生产线上可能产生缺陷的种种情况。"

"想得很对。下面还需要注意，"父亲说道，"生产过程中可能危害到工人安全的一切措施。工程师们在设计的时候，往往忽视这些问题。工人安全也是标准化操作中很重要的一部分。"

"讲得真好。"艾米嚷道，"有谁真的这样做吗？"

"在丰田的体系里，"父亲解释道，"建立和实施标准化操作是经理们最重要的工作。此外，他们还需要培训新来的员工遵循标准化操作，并且预估可能发生的种种问题。"

"如果想要把这些标准化都实现在我们的工厂里，那可难于上青天。"菲尔说道。

"不是立刻就要全部执行，"父亲安慰菲尔道，"标准化操作不是强迫人去遵从一纸命令，它是一种工作的方式。就像在这艘船上，每一个绳结都有一定的要求，也只有一种方法来打这个结，这完全是为了安全。我可以很快地检查这些绳结，如果都是对的就不用担心了。"

"你不能够把标准化强加在工人身上。那样他们只会讨厌你，一旦你走开了，他们又会回到原来的工作方法上。必须让工人们积极参与，确实了解到标准化是最有效的生产方式。"

"好的，"菲尔很同意父亲的这些说法，"但是我接下来该怎么去执行呢？"

"我在参观你们工厂的时候，看到很多关于 5S 的海报，"父亲问道，"你一直在倡导 5S 吗？"

"不是我们，"菲尔答道，"是以前的管理层。他们卖公司之前，大力推动 5S，使得工厂看起来比较整齐，以便多一些卖点。我们接手后，发现很难继续下去，到现在，几乎没有再进行了。"

"什么是 5S？"艾米问道。

"日本人的一些管理方法。让我想想……第一个 S 是'整理'。"菲尔说道。

"日文的 Seiri，"父亲确认道。

"整顿。"

"Seiton。"

"清扫。"

"Seiso。"

"清洁。"

"Seiketsu。"

"纪律。"

"Shitsuke。"

"对了！整理、整顿、清扫、清洁和纪律。我知道最前面的三个，但是大家对'清洁'和'纪律'的了解都比较模糊。"

"那并不奇怪，"父亲很理解，"对很多人来说，5S只是意味着'打扫干净车间'而已。"

"我也是一直这么认为的。"菲尔附和道。

"第一个S，整理，含义非常明确，"父亲指着那堆杂物说，"也就是我正在做的事。每一个工作环境，时间久了自然会累积垃圾。这包括生产车间、办公桌上和电脑中，等等。"他对着艾米说道，艾米连连点头。"每个人每过一段时间，都应该整理一下长期以来的囤积，并且移开那些没有用的，就像我现在做的事。说起来简单，但真正做的时候往往会取舍不定。"

"母亲就曾提醒你，该整理车库了。"我插嘴说。父亲瞪了我一眼，继续说："很多人抱怨扔东西是件麻烦事，但是大家却又同意这是件好事。从某种程度上说，整理可以应用在很多不同的层面，包括过时的产品。"

"譬如停产DG直流断路器。"菲尔扮了个鬼脸。

"或者是应用在人事问题上。一般说来，管理层经常忽略了整理最重要的意义，不仅仅是清除垃圾，同时它也是一种选择、一个决策。"

"我不太明白。"菲尔咕哝道。

"听起来很傻，但是从工人的角度来看，讨论垃圾的处理、征求一下他的意见是表示对他的尊重，这远比清理垃圾的意义大得多。如果他觉得还可以有别的用处，那时候我们就要考虑是否忽略了生产过程中的一些问题。我还记得有一次在生产线上发现一个土豆，结果发现工人在生产线上用了一种特殊的粘胶，这种胶只有在切开的土豆上抹一遍才能见效。所有其他工程师建议的方法都试过了，无效，因此工人只能寻找适合自己的'非正式'方法。或者他认为这些土豆应该丢掉，这是一种选择，是工人对自身工作环境负责的表现。"

"你们把整理说得太严重了，"菲尔说道，"它不过只是一般的清洁打扫。"

"是的，但重要的是工人开始对他们自身的工作环境负起了责任。扔掉垃圾这个简单的行为是一种选择。换句话说，这是一种权利，但同时也是一种责任。"

"我需要好好想想这一点。"菲尔皱眉道。

"第二步是整顿。"父亲接着说,"一旦我挑选出这些杂物,就需要给每一样东西找个安身的地方,这是一件令人头疼的事。举个例子,在船上有紧急的状况时需要钳子,慌忙中没有时间去找,所以必须很清楚地知道它在哪里。观察一个船长的能力,我首先就是看他能否将船上的一切安排得很有次序。"

"和在厨房一样。"菲尔赞同说,他有时将烹饪当作一项业余爱好。

"说得对极了。整顿对于工人来说非常重要,因为你会发现工位里没有什么设备可以帮助他们维护次序:没有架子、没有搁板等。所以整顿需要管理层参与。我们所谈的不是什么大的投资,而是架子之类的小设备。"

"你说得很对!"艾米叫道,"在车间里,工人们常抱怨没有这些设备。"

"当然会抱怨,因为他们每天会有八小时待在工位里。其实这是一个很好的测试,看看他们愿不愿意承担管理自己工位的责任。工人们以前认为管理都只是说说话,而不会采取实际行动,所以当你告诉他们要一起整顿的时候,他们会想要马上看到一些变化,否则,就会对你失去信心。"

"在某种意义上,你如果想把工人们吸引到你这边来,"我说,"首先,请他们参与决策,决定什么该保存,什么该丢掉;接着讨论他们提出来的建议;最后获得大家一致同意的实施方案。这样的做法实在高明。"

"最终我们要帮助他们完成生产指标,这是大家都关心的事。"父亲点头说道,"整顿的目标是把机器和工具'定位',以便最有效地运用。因此并不需要花费很多的经费。从较少预算开始,然后看该怎么做下去。"

"我从没有见过这样的做法。"菲尔有点困扰,"那么'清扫'呢?"

"清扫这个名词常让很多人混淆。清扫不是简单地打扫车间,它其实重在维护。"

"怎么这么说?"菲尔好奇地问道,全神贯注地看着父亲。

"嗯,你想想为什么军舰上总是能看到水兵们在涂漆和打磨。究竟是为什么呢?"

"军队要求军人要有纪律,那纯粹是形式主义而已。"我笑着说。

"认真点儿,年轻人。清扫实际上是检查裂缝和其他可能缺陷的最好方法。记住，我主要关心的是当我出海的时候，哪一个部件可能出现问题，以便赶紧换掉。通常问题总是出现在最坏的情况下，也就是船处于波涛汹涌的大海中时。如果那时有部件坏了，那么船会处在非常危险的境地。所以在平时，就要进行涂漆和打磨，并且换掉所有过度劳损的部件。清扫对于维护来说是一个必要的步骤。"

"这又和人联系在一起了！"艾米又直觉性地冒出一句话来，我们都望着她。

"她补充得很对，"父亲说，"好好想想。担心了硬件设备后，又要开始担心人，尤其是那些有关工人的制度。大家对于维护总是觉得很麻烦，所以当要求工人将设备按规定保持整洁有序的时候，你可以看看哪些人是在认真地执行，又有哪些人是在推推拉拉地拖延。"

"一个团队精神不统一，无形中就埋下了一颗定时炸弹。相对于整顿来说，持续维护的意义更为深远。它是一个管理工具。我们并不是在讨论有的人天生爱干净，有些人则不是；这里说的是工厂里的职业行为。"

"我现在知道了为什么我从没真正体会到 5S 的价值，"菲尔有些遗憾，"我以为它只是一个整洁的问题。我猜，这也就是为什么我从来没有搞清楚最后 2 个 S 的意义的原因。"

"持久清洁是前面 3 个 S 执行后的成果。举个例子，每次出海回来，船必须从头到尾进行清洁整理。或者说是做过一顿饭之后，厨房必须要按照以前的秩序整理好。"

"那就不好玩了。"菲尔承认。

"对业余者来说不好玩，但对专业人员来说，这是非常必要的。你想一个大厨能够忍受他的厨房被弄得乱七八糟吗？清洁是工作程序中不可或缺的一个环节。每班工作结束之后，一定要清洁一次，重要的是大家一起来打扫，慢慢养成习惯，使之变成自然而然的事。"

"始终循着相同的顺序？"我问道。

"当然。这正是要介绍给工人们的理念。建立 5S 规则是标准化操作最好的实践，我们可以采用标准化的清洁值日表，这是大家非常熟悉的作业。"

"这无形中会把工人引导到一个新的方向，使他们对自己的工位负起责任来。"

"对。责任不是命令，是一种荣誉。你不能命令任何人去负责；但可以引导他们自己主动去承担责任。这么做的时候要运用技巧，因为你并不想制造十多个独立封闭的单元，实际上是要维持集中的领导和控制。这就是为什么5S是强有力的一个工具。"

"此外，还需要全面管理。"艾米总结评论道。

"第 5 项，纪律。"父亲接着说，"确保 5S 的贯彻绝对是管理层的职责。在我的企业，我会把这个责任下放给小组长。譬如，无论哪一种机械装置，最关键的就是保证每天维护，于是不管下雨还是刮风，小组长都要负责审核。"

"我承认，以前我从没有认为 5S 是一项重要的管理工作，"菲尔坦白说，把他的眼镜往后推了推。

"这就是问题的核心。在 20 世纪 80 年代后期学习精益生产非常热烈的时期，我们和一个日本的咨询机构合作，在开始做项目之前，他们让我们做了2 年的 5S 活动！当然，我们有很多抱怨，但是我们咬着牙做了，学到不少东西。你们应该庆幸我没有把这样的经历强加在你们身上。他们一直强调标准化操作其实是包含在 5S 执行中的一部分，接受过训练以后，当我们面临突然的布局和单件流改变时，冲击大大减少，因为工作已经标准化了。后来我们偷懒，试着只做 3 个 S 来缩短时间，结果反遭到了挫折。因此我花了很多年时间去领悟 5S 的重要性。"

"标准化操作。"菲尔嚷道。

"不仅仅是那样。"

"员工的参与。"艾米说道，"要让员工在改变之初就了解改变的道理。"

"对。这是最难学的课程之一。我们一直受旧的、顽固的泰勒氏（泰勒，工业工程之父）的影响，不仅为工人设计工作步骤，还接着让工人按照这个专家制定的步骤执行。这也就是大卫今天在生产线上所用的方法。"

父亲伸了伸腿，他下巴上的白色短茬，在微风中被吹起的稀疏的头发，带油污褪了色的工作服，使他看起来就像是多萝西娅（Dorothea）在 20 世纪30 年代经济萧条时期所拍摄的相片中的人物，却不知何故走进了温斯洛·霍姆（Winslow Homer）温馨的油画里。他环视了一下海湾，继续说了起来。

"当然我们对人际关系、X 理论、Y 理论等，都有一点了解。但是就我所知，我们试着学习的日本人的这套办法却不在其中。他们的情况其实和我们一样，工人也是遵循着工程师的设计去加工。但是我们却花了很长的时间才弄明白，工人们可以根据他们实际的经验提出建议，协助工程师们完善他们的设计。工人们的参与使他们赢得了工程师们的尊敬，同时也为公司增加了很多价值。"

"你的意思是，"艾米有些犹豫，"要我和工人一起推广 5S，直到实现生产的目标吗？"

"同时还要制成标准化操作表。"父亲补充说。

"但是那不应该是葛兰的工作吗？从你刚才说的来看，那应该是生产线主管的工作。"

"你是对的，但我们要想快一点见到成果，就需要你来直接领导。"

"我双手赞成。"菲尔说。

"这只是一个开始。"父亲叹口气，"我最好在天黑前把这些杂物收拾好，"他起身道，"我建议你们明天早上过来，我们继续讨论。明天我们谈改善！"

"沙琳对你周末还继续工作不介意吗？"我们回去的路上，我悄悄刺探菲尔说。

"她已经习惯了。"他简短地回答道，我想我也发掘不出太多其他的情报了。

万事皆在人

第二天早上，当我到俱乐部的时候，停车场几乎已经满了，我在接近草地的碎石地上勉强找了个车位。我看到艾米站在她的车旁，若有所思地看着海湾，就向她走了过去。

"嗨"我打了声招呼，"怎么闷闷不乐的？"

她转过身，由于刚才全神投入于思考中，没有听到我走过来，所以有些惊讶，但随即露出了她一贯的笑容。港湾里帆船四处停泊着。"明天是帆船比赛的日子。"我说。

"什么？哦，赛艇，是啊。"

"你好像在很认真地想事情。"

"没有，待会就要和你父亲见面了，"她回答道，"我刚才是在消化前些日子咱们谈到的有关车间工人的一些措施。它就像一个潘多拉盒子，一打开就有数不完的问题。我发现我们不知道工人们对公司有些什么想法，但是，我相信我们管理层看起来一定像一群傻瓜！"

"与员工沟通不正是人力资源部经理应该做的事吗？"

"就像傻瓜一样？"她若有所思地回答道，"因为我们负责招聘和解聘的工作，通常员工都不愿意和人力资源部打交道。这也不能怪他们，我自己也不愿和人力资源部打交道。"她边说边笑着。

"起码，他们愿意和你沟通，这就很好了。"

"是啊，这是件好事，但有时也很难进行。譬如你父亲的沟通方法就与众不同。"

"你也看出来了？"我惊讶地问道。

"在商务课上，老师教我们怎么样去区分出泰勒的理论。那就是工人为了工资而工作，公司就像一台机器。"

"这听上去就像我父亲常常说的。"

"哦，另一个理论是人际关系，公司就如同一个小社会。这两种方法就是所谓的 X 理论与 Y 理论。如果我们把工人看作是可以自我激励和富有责任感的一群的话，他们就可能真的会这样，但如果用让他们感到畏惧的方法来管理，效果就会相反。"

"我明白你的意思，父亲也曾这样说过。用他的话来说，工人的工位就是他们的世界，在那个领域中，管理层必须建立工人自己的责任感和对他们的信任。"

"是的，他强调过 5S 的观点就是工人自身的参与，我能理解这样做的好处。"

"对于一些观点你不能太死板，太教条主义。"我劝她说，"心理学家们认为，有用的就是有效的办法，应该按照这个办法去做。"

"也许你说得对，"她微笑着说道，"我们走吧，看看你父亲还有什么新的'指令'。"

我们找到父亲时，他已经在俱乐部酒吧的一个角落里和菲尔热烈地讨论开了。俱乐部是一些富有活力的人聚集的场所。一些人边吃着丰盛的早餐，边谈天说地；另一些人则背着装备为出海做准备。这个地方虽然也有些退休的老人，但却充满了朝气。

"你们迟到了。"父亲说，"来，让我给你们看点东西。"

我们穿过人群走下楼。我从来没去过俱乐部的一楼，它连接着水面。我们穿过一个很大的会议室，白板上有许多我看不懂的图表，而墙上也画满了粉笔画。父亲带我们进入了一个小房间，打开门与里面的人打了声招呼，我们安静地站在旁边。在房间里五六个船员正围坐在电视前，一个皮肤晒得黝黑的长者正在评说，看上去他的大半生都在海上讨生活。接着我发现他们是在看比赛的录像带。

"杰克，你那时怎么了？"那年长的人问道。

"对不起，我搞乱了。"

"大家留意时间！"时间显示在画面下方，杰克在画面中正在努力地去解开缆绳。

"那些夹子！"杰克咕哝道，"它们太紧了，夹起来和拿下来都很不容易。"

"嗯，那就换掉它们。克里斯，看你递包的方式，照你那样做的话，道夫要必须至少退5英尺才能接到。"

爸爸向我们点了一下头，示意可以离开了。我们轻轻地关上门，走上楼，并在门廊里的空桌边坐了下来。清新的海风缓缓地吹着，这感觉很棒，我懒懒地看着海面上的帆船。

"明天是甲组的比赛，就是那边的那些白色的船，"爸爸指给艾米看，"所有的队都用同一种船，所以更有看头。"

"我们刚才看到的是不是一个改进研习会（kaizen workshop）？"艾米问道，感觉像要抓住什么要点。

"是的，你很聪明，小姐！可以这么说吧。"

"他们是不是在分析比赛前的演习？"菲尔问道。

"是的，但是他们要找的是什么呢？"

"错误、问题和不恰当的操作。"我回答道。

"标准化操作！"菲尔瞪大了眼睛说。

"不止那些，"父亲补充说，"持续的改进。显然在比赛时，一个动作不只应该是标准的，更应该是尽可能的迅速。所以他们在找所有可能的变数，来节省时间，譬如那些太紧的夹子。"

"我觉得不仅仅指那些，"艾米沉思道，从她人力资源的角度上思考，"那个年长的人通过开会，想让他们在工作和思想上成为一个团队。"

"非常好，你注意到了他是在强调队员之间的互动以及任务之间的协调。那个人是船长，他以前是个奥林匹克选手，每两年就会在这里拿到一个奖杯。他真的很棒。"

"所以现在的关键是如何通过标准化来减少操作过程中的变数，从而增强团队的协调性？"我问道。

"这样的分析正是我们大心理学家的专长嘛。"

"谢谢你的夸奖，爸爸。"

"很少有团队能做得像他们一样好，因为很少有团队有一致的精神和良好的协调性。船长所做的事就是让每个船员坚守好自己个人的工位。如果有些设备不合用，就想办法换掉或者找出解决的办法。让船员积极参与，同时……"

"每个人承担自己的义务，确保比赛中的操作万无一失！"艾米脱口而出，"是啊，他们不只是为船长这样做，也为了他们自己。"

"也为队友们。"父亲点头附加道。

"是不是说改善是一个可以让员工积极参与的机会？"菲尔问道。

"改善就是持续改善吗？"我确认道。

"改善就是这个意思！"艾米点头说道，"我记得在西方社会里，人们很擅长做飞跃式的改变。"

"就如在技术方面，我们不断在努力开发新的真空芯。"菲尔插话道。

"但人们很少看重每一天的持续改善。其实，飞跃式的改变容易成为一次性的创造，其效果会随着时间衰减。但日本人认为迈出 10 个 10% 的小步，比一个 100% 的大步要容易做到。"

"我赞成。"父亲笑道，"刚刚提到的改善，其实就是采用'零投入'的理念。"

"零投入？"菲尔问道，一边又开始记笔记了。

"是的，零投入是一个管理学术语，是小投入的意思。这和下意识地对于每个问题，都引入昂贵却不灵活的设备刚好相反。工人们通常不卖力地去寻找更好的操作方法来改善生产，却总是想要用更多的设备、更多的自动化提高生产效率。"

"如果你觉得工人的建议没有用，那你现在这么说又是什么意思？"我困惑地问道。

"等一下，"菲尔颇有领悟地说道，"不是没有用，而是没有被重视。如果注意到工人的全部时间几乎都花在工作岗位上，就像每个船员所扮演的角色一样，那他们提出的每一个小的改进，都可能为工作的简化与改善做出巨大的贡献。"

"你说得对，菲尔，10 个 10% 就相当可观了，"爸爸赞同地说，"不要期望从工人的建议中一次获得很大的财富，因为大幅降低成本的机会，其实是在早期产品开发或生产过程的整体设计中的。但也不要低估了每个小的改进能带来的影响。如果能够持之以恒，时间久了就可以累积成大的财富。"

"因此我们要让工人参与到标准化操作和节拍时间中来！"艾米总结道。

"完全正确！你还记得我们如何平衡生产线和节拍时间吗？"父亲问道。

"总的工作时间除以节拍时间就是合理的工人数目。"艾米马上回答道。

"用葛兰的 42 分钟来计算，或者用你测到的最短时间，我不记得具体数字了。"

"39 分钟。"

"节拍时间是 11.25 分钟的话，你需要 3.47 个工人。"

"所以需要持续改善来减少工作内容！"

"我希望你们订下一个能在短时间内达成的改进目标，把精神集中于减少工作内容上面。如果能够做到，就可以减少工人的数目。"

父亲继续道："首先是尝试使用三个工人来操作一条生产线，要求小队长在他们落后的时候帮一下忙，看看结果怎么样，这样会为大家施加一些压力。然后再测量每个工位的时间，记得吗？记下每一个操作的顺序，并且测量所需的时间，反复 10 次，可能的话测 20 次。"

"我明白了。"菲尔翻着他的笔记本说道。

"好的，然后做一些有关工作内容的更具体的分析，把每一个动作的时间加起来，就像一个多层的蛋糕。每一个动作应该以秒计算，但在你的工厂里，应该以分钟来计算。"

"我们不是在平衡生产线的时候，做过类似的分析吗？"艾米宣称道。

"是同样的方法，但更深入一层，"父亲解释道，"每个工位通过执行5S，工人们理解了标准化操作的含义，就可以进行持续的改进，消除浪费。"

"每个工人都需要参与吗？"艾米问道。

"当然，因为每个工人的经验累积出了不同的专长与技术，但是往往没有被注意到。如果能够通过录像来分析每个动作；或者对调不同生产线的领班，组织改善研习会（kaizen workshop），通过每个人不同的角度，就能够更有效地找出改善的机会。换句话说，改善研习会的目的就是要通过改换新的工作环境，寻求更简化的工作内容，以实现标准化操作。"

"让我理一下这个逻辑。"艾米说道，"我们按照节拍时间生产一块块小金块，然后按着单件流的方法，让金块源源不断地顺着生产线流动。"

"没错。"

"为了做到这一点，必须先消除工作周期中的变数，尽量精简工作的内容。"

"继续说下去。"

"然后通过标准化操作来制定工作内容，每个工站所需的时间就是工作周期。"

"你说得完全正确。"

"更进一步，我们再通过改善来进一步简化工作内容，就能够达到减少工人数目的目的。"

"是的，在同样的节拍时间下尽量减少工作内容。"

"这现实吗？"菲尔一边问一边记了下来。

"最初的20%是很容易做到的，"父亲回答，"以后可能会越来越难，就像摘树上的果子，低的容易摘，高的就要爬梯子。但是一个常犯的通病，就是三分钟热度，明知道金子藏在生产线中，但是直到工人能按着节拍时间完成生产任务，我们才会看到金子流出来。5S和改善是将金子从生产流中筛选出来的工具。"

"天哪，就像是蚂蚁搬家！"菲尔惊叹道。

"但是你不是想挖掘'金矿'吗，孩子？没有人说过这很简单，想想那些采矿者在河中几个小时淘沙的辛苦工作，最后才获得一点点金砾。每个人都会讲出些道理，但是执行需要决心、毅力和耐心。"父亲严肃地说道。

"有效执行是最大的挑战。"艾米指出，"我们的目的是增加价值，因此鼓励员工积极参与应该是公司的优先任务！"

"这就是精髓！"父亲赞同道，"这是人力资源部门的一部分工作。我曾和一些员工聊天，他们听起来都乐意参与公司的改进计划。"

"我不明白你为什么老是强调改善的目的并不是降低成本，"我疑惑道，"如果我们踏实地去消除工作中的浪费，最终一定可以降低成本。"

"是的，但这可能需要几个月或者几年的时间。"父亲同意道，"记得我曾提过'Oh No!'这一个生产力改进的方法吗？当年丰田在不断成长，大野先生所持的态度是，产能的增长应该经由生产线上不断的改善精简取得，而非依赖新的设备投资。你可能迟早还是需要新的投资，但那应该是在你消除所有的浪费之后才去考虑的。记住当他在战后整建丰田公司的时候，日本的经济是建在一片废墟上，所有的材料都很紧缺。大野发现他需要有经验的工人在新的生产线上生产，所以当生产线稳定后，每天假如使用100个工人生产150个零件，他就会一次调走10%的工人去支援那条新的生产线。因为节拍时间不变，工人的人数少了，所以每个人的工作内容显著地增加。结果，他们就用晚上的时间来做改善的工作，想尽一切办法，将工作的内容精简到原来的水平。对于丰田，这就是生产力收获，因为他们只用90%的资源就能生产同样数量的产品。"

"假设使用100%资源来生产170个零件的话，也可以提高生产力。但如果市场只需要150个，那么过多的产品因为没有客户需求，就变成过剩的浪费了。"菲尔提道。

"所以，你可以使用节省出来的资源来增加一条新的生产线。如果持续30年都那么做的话，就像丰田一样，你可以想象它所带来的成果。所以米奇你是对的，总的来说，可以通过改善来降低成本。但是我不喜欢强调这个观点，因为一般来说，经理都希望在很短的时间内能够降低成本，但不经过改善的步骤是做不到的。"

"按客户的要求交货是第一位的，"菲尔推了推眼镜说道，"提高质量减少返工，提高生产效率及降低库存，这样才可以真正节省成本！"

"就是'Oh No！'方法！"我轻笑着，"你一定会变成你工厂里最受欢迎的人物！"

"如果我们也采用同样的方法，不知道工人会叫我们什么？"艾米笑着问道。

"我可以想到很多不同的名字，"菲尔说道，"没有一个会是好听的，但是我们必须改善。艾米，你能胜任这个管理车间的工作吗？"

"嘿，你了解我，我随时都准备好了，但我相信，这不仅仅是车间的问题，"她若有所思地说，"以我在快餐店工作的经验，我们要做许多配套的工作，譬如每个班次开班前的5分钟会议……"

"5分钟会议？"父亲惊讶地问道。

"每个班次，"她确认道，"班组长会讲解一下上一个班次遇到的问题，并讨论如何确保下个班次不会再发生。我们用一个白板记下所有的'要做'项目，像更换休息室里的日光灯。这真的很有效，因为问题一旦发生，便可以立刻采取行动解决它们。"

"我很高兴听到你所说的！"父亲说道，"事实上，这和我要告诉你们去做的完全一样。我们将来会再多谈谈有关领班的职责，但不是在今天。"他摆动着双手，说道："明天我要去帮着比赛，如果你们愿意，明天早上可以过来，我们继续讨论领班的角色。"

"明天是星期天，爸爸，"我抱怨道，"我们不能休息一下吗？"

"那看你们了。"他耸耸肩。

"明天很好！"菲尔说道，显然渴望从我父亲那里多学一点。"你怎么样，艾米？"

"反正没有更好的事可做，"她顺从道。或者那是个讽刺，我分辨不出来。

"那就这么决定了，"父亲说道，"早点来。"

第二天早上，当我抵达时，已经一片热闹了：汽车，人群，白色的帆船在清晨的阳光中闪耀。我好不容易找到一个停车位，认出爸爸的卡车紧紧地挤在主楼右边的汽车群中，但是找不到菲尔的橘色跑车。当我走进俱乐部的时候，里面已经挤满了人，但是我很快就找到了艾米，她在走廊一角的折椅上晒着太阳，埋首于一本书，并没有理会周围的嘈杂。

"在看什么？"

"嗨，米奇。"她给我看她手里的书的封面。

"《百年孤独》(*One Hundred Years of Solitude*)，"我吹着口哨道，"好一本严肃的书。"

"嗯，读得很慢。你父亲和其他人在楼下。"

"你在读英文版？"我叫道，在她周围找了个位子坐下来。

"呃？"她把太阳眼镜推到额头上看着我，"什么？"

"英文版？"我重复道，"这可是西班牙语的经典之作啊？你不是告诉过我你的父母来自于墨西哥吗？"我问道，话一出口，立刻发现有些唐突，这是个不该问的问题。她看上去并不介意，回了我一个微笑。

" Si Señor!"她用西班牙语回答我。"我的父母都在农村工作。先生，我能说流利的西班牙语，但还是阅读英文比较容易些。"

我理解地点了点头。

"我的男朋友对于拉美文学有狂热的爱好，"她耸肩解释道，"我并不那么热衷，但是他正在寻根、寻找传统，等等。所以我尽量配合他也多阅读一些有关文化的书。"她柔柔地笑道，"我的父母是从墨西哥来的，他们在加州南部的农场工作。我获得了奖学金，然后进入大学，得到学位后开始工作，我尽可能帮助他们，至于国籍，我只不过是另一个丑陋的美国人。"

哦，她已经有了男朋友。

"我可不认同丑陋这两个字。"我说道。

"我的名字也曾在这本书里出现过，所以我必须用心读一读。"

"阿马兰塔？我记得。"

"是的，阿马兰塔。其实我不是一个很喜欢阅读的人。"

"我喜欢阅读。"我自在地说。

"你当然是，你是一个高级知识分子！"

"好一顶大帽子！"我回应道，"我仍然记得书中每个主角都拥有非凡的特质，你知道，就像那个巫师。"

"是啊，还有那个疯狂的布恩迪亚。"

"奥雷利亚诺的伤感。"我回应道。

"雷梅迪奥的美丽。"她轻松地对答。

"阿马兰塔的热情。"

"是啊，阿马兰塔的热情。"她重复道，温柔地微微一笑，看着我。

就像一个天使飞过头顶，接着又有一群天使飞过，她黝黑的大眼睛让我一阵晕眩，就像被施了催眠术一样。

"你们在谈什么？"菲尔边问边拉过一把椅子，坐到我们旁边。

"孩子们！"爸爸手里晃着一叠俱乐部的快报，叫我们过去。"来看，他们马上就要开赛了。"说着，带我们来到俱乐部一楼的一个大房间，里面都是船员和航海用具。

"看呀！"

看什么？船员们列队上船，将船开出港口，停好在起跑线上。而比赛组委会的委员们正在低声地讨论一些细节。当房间空了以后，我发现昨天那位年长的船长还在航海图旁仔细地研究比赛航线。他头发稀疏，皱纹很深。船员们站在船长周围，船长仔细地说明了每一个步骤，并且要求他们牢记操作的每一个细节。例如，由于船舷短，他要求船员必须随时准备降下可能刚刚才升上去的大三角帆。

"他们在干什么？"菲尔问我父亲。

"领班首先要做的是，带领队员了解整个赛程，让他们明白一步一步要做什么。"

"哦，他们将所有的细节仔细地安排在一定的时间里。"艾米说。

"节拍时间！"父亲强调说。"大多数船员在操控时间的把握上有问题，他们总是慢半拍，即使是在危险信号出现后。海上许多意外就是这样发生的。"

在确保每个人都理解当天的航线后，船长要求每个船员在出发前相互提醒要点。他们很热烈地讨论着，大家都没有问题后才从容地经过我们身边，向帆船走去，言谈中带着一股兴奋。

"这就像我在快餐店里工作时每天的早会一样，工人应该注意些什么，每个人的工作是什么，"艾米说，"但是我们厂里的晨会却完全不是那么回事。"

"第一，人太多。一个领班负责好几条生产线，所有的工人都来参加，所以人比较多。"菲尔想了一下说。这时爸爸去找那位船长，并和他愉快地交谈着。

"是啊，会上谈的都是管理层想传达的信息。很少提到有关节拍时间或者实际生产的问题，"艾米说道，"我们目前的这种做法是错误的。"

"来吧，孩子们，咱们该上船了，我需要开船到第一个浮标处，那是我的工作岗位。我的责任是确认每艘船在绕过我的工位时没有碰到浮标，"爸爸拿起一副双筒望远镜、一个随身听，递给我一个塑料档案夹，然后大家就上路了。

当我们下了码头，走向父亲那艘小船时，我感到空气中到处弥漫着兴奋与紧张。船驶出了港口，张满的帆在风中悸动，人们欢呼着，每艘船都有次序地排列在起跑线上。这次比赛比我预期的要有趣。父亲非常兴奋地驾驶着那艘小船，偶尔向船边的熟人打招呼。海面看起来相当平静，但是风力足够扬帆。父亲解释说，松鸟型帆船非常轻，在平静的水面上只需要一点风就可以达到难以置信的速度。艾米坐在我边上。她的头发包着一条亮丽的丝巾，一缕刘海从前额垂下来，加上她那副太阳眼镜，看上去就像一个电影明星。菲尔将烦恼暂时撇开，咧着大嘴在笑。我们离开了港口，向集结在橘黄色的浮标旁的帆船群驶去，在浮标不远处抛下锚。一声枪鸣，回头望去，起跑线上热闹非凡，而我们正悠闲地沐浴在阳光里。

"你是说一个领班就像一个船长？"菲尔平静地接着问。

"更像是一个小船的船长，这其中有很重要的区别。"父亲回答道。

我们看着他，并不能完全理解他的意思。

"船长是船上的领导者，他做出的每一个战略决策都将决定全体船员的生死。小船上的负责人，特别是在像这样的小船，他自己本身就是一个船员，虽然在比赛中他会做出一些战术决策，但战略方向已经由航线本身决定了。

"我不知道我是否真正理解了，"菲尔说。

"好，那我们换种说法，船长就是传统意义上的管理层，而小船上的负责人就像一个领班。如果有人病了或不能胜任某一岗位，领班只能自己去取代那个空的岗位。而大船的船长绝不会那样去做，他们会立即找人接替那个岗位。再举一个例子，想想你看过的战争电影。带领一个排的排长，大都是刚从学校毕业的少尉，对战场指挥没有一点实际经验；但是排里的士官长，负责指挥布置每天的任务，他们是这个团队的实际领导者。"

我们点点头，想着那些很久以前看过的好莱坞战争片。

"当然，每一个层级都需要管理者，最高层是船长，他手下有许多人负责不同部门的事务。领班没有等级，是团队中的一员，他的工作就是确保生产准时完成；在一个排里，士官长就是领班，而不是军官；在车间里，领班属于每个生产单元，有时可能会披挂上阵。他们能够多得 5% 的报酬，也可能更多一点的奖金，但他们不是经理。"

"我们需要几位领班呢？"

"每 5~7 个工人需要有一个领班。"

"这样的话行政费用又要增高了，"菲尔问道，"那岂不是又要增加固定成本了吗？"

父亲只是笑笑："没错，孩子。如果额外雇用领班，那确实会增加你的成本，但是你不需要那么做。事实上，领班是生产单元中推行生产改进的那个人。一旦你实施了改善的工作，能够抽出多余的工人，其中最有经验的工人便能够扮演领班这一角色。"

"船来了！"我叫了起来。

我们可以听见从第一艘船上发出的号令，虽然有一段距离，但是从水面上传过来却非常清楚。当第一艘船靠近时，我们看见船长操控着舵柄，对着那些在甲板上的船员发号施令，准备一靠近浮标就冲过去。

"看上去这位领班知道自己在做什么！"艾米说。

父亲不屑一顾地说："他只知道如何起动以及对评审委员会提抗议。他的团队从没有赢过，总是怪罪别人。看，老船长来了。"

第一艘经过浮标的船离浮标不足一尺远，父亲认真地观察，确认没有碰到浮标。当他们经过时，我们看到船上的船员乱成一团，有的在升起大三角帆，有的冲过去降下船首的小帆。在紧跟的后面的船里，我们认出了早上见到的那位老船长。他并没有掌舵，只是站在舱门口，静静地观察水面和甲板上船员的动作。当他绕过浮标的时候，朝我们挥了挥手，爸爸也向他挥挥手。没有一个船员注意到我们，他们都在忙着自己的工作。顺利地绕过浮标后，他们的船就开始像箭一样的射了出去。远远看去，帆船起起浮浮地前进，像巨鸟一样向前飞去。

"看出不同了吗？"父亲解释道，"第一位船的领导者喜欢发号施令，他是全船的思想者，每个船员都被看成是他的臂膀。他下达命令，每个船员都跟随他的号令竭尽全力地工作。这就是传统的管理经营者。他们的大三角帆和桅杆出现了一些问题，但负责人并没有发现，还继续忙着下指令。在工厂里，负责人经常忽视生产线上的问题，还在继续生产作业，用他们个人的判断，来决定生产的方向。"

"大卫目前就是这样的做法。"菲尔赞同地说。

"但是结果既不能按时交货，也不能按节拍时间生产，这显然不对。"

菲尔没有说什么。"一个称职的负责人应该怎么做呢，就以刚才的老船长做个例子吧？"艾米饶有兴趣地问。

"他从一开始就计划好让他的团队成员做什么，船员们明确地知道在什么时候做什么事情。你们看见每个船员都是多么专注于自己的工作吗？他们根据彼此间的默契合作来完成所有的任务。"

"我明白了，"我打断道，"负责人不用什么事都亲自过问，所有的信息也不需要经过一个中间协调人。"

"否则这个负责人可能会变成瓶颈。"菲尔补充说。

"虽然老船长也在工作，但他把重心放在仔细观察四周的环境上，希望能在问题出现前找到解决的办法。"

"一旦看到有哪里不对，他立即采取措施，避免问题严重化，防止问题的扩大。因为船员们都忙于自身的任务，不能再要求他们分心去顾及那些不可预测的问题，那是领班的事。"父亲解释道，"一个领班的工作，就是确保他的团队成员们在适合的岗位上做分内的工作，并且能够及时发现问题，并设法提前解决。"

"训练他们，改善操作过程。"艾米说。

"让我来总结吧，"菲尔将这些重点快速地记在他的笔记本里。

"第一，领班要与工人对节拍和班内的生产问题进行充分沟通。"

"在许多情况下，可以用一块白板标出每小时的生产目标（合格产品的数量），"父亲从他的文件夹上撕下一张纸，画出下面的生产分析表。"就像这样，我们写下节拍时间，每小时的生产目标，一小时接着一小时，生产的数量，以及要详细地注明实际生产量与目标不符的原因。"

生产分析表			
时间（小时）	计划数量	合格零件	标注原因
1			
2			
3			
4			
5			
6			
7			
8			

$$\frac{\text{合格零件}}{\text{工人数目} \times \text{时间}} =$$

"工人们每天开班前用 5 分钟时间在分析表边上碰个头，全都站着，开个简短的会议，讨论一下前一天所遇到的问题。最重要的是有关安全的问题，其次是前一天碰到的生产问题以及今后几天可能会遇到的问题。"

"第二，领班要确保所有的设备都运作正常，并且要防范潜在的问题。"

"第三，领班负起贯彻 5S 的责任，并实施在职训练指导大家，以确保所有的工人都能在节拍时间内完成标准化操作。"菲尔总结道。

"领班必须确保员工尊重标准化操作和遵守看板设施，领班还要收集返工的信息。"父亲补充道。

"这就像管理快餐店的经理的工作一样！"艾米说道，当一个快速汽艇经过时，她依在我身上以保持平衡。"确保每一个人都做了自己应该做的事，在班次结束时组织清理，并做记录。"

"同时需要有人负责两班交接的工作。"菲尔补充道。

"并且鼓励改善，这是车间经理的工作。"父亲附加道，"另外，生产经理负责生产计划和进度。你们现在了解领班的角色了吗？"

菲尔回答道：

（1）每开班前开5分钟会议讨论当天的生产目标和前一天的生产问题；

（2）确保标准化操作；

（3）确保进度能够完成生产指标；

（4）处理返工和质量问题；

（5）确保维持贯彻5S；

（6）协助工人收集数据。

"这就是一个领班的工作！"我讽刺道，"那他一定是超人！"

"你什么意思？"菲尔皱着眉说道。

"想想他要做的所有这些事。艾米，你怎么想？"

"我可以预见到一些困难，"她谨慎地回答道，"我们需要进行很多的培训。"

"你可以循序渐进，"父亲回应道，"不需要一次做完，从五分钟会议开始。然后让领班在班次结束时协调5S，剩下的就会按部就班慢慢到位了。"

"那车间经理呢？"

"车间经理也做同样的事情，只是层次较高，诸如保证物流，并发掘潜在的问题。"艾米提议道。

"差不多，但是不要忘了标准化操作，车间经理的工作是确保工作的标准化，包括生产、物流及维修等。"

"所以车间经理不断推动改善，是吗？"

"以及在职培训。"父亲补充道。

"我对领班的任务还不是很明白。"菲尔说道。

父亲擦着脸说道："换个方法说吧，我希望在你的工厂里，领班不是一个经理，而是一个能领导工人、确保按时生产交货的人，明白了吗？"

"我想我懂了，但我们做得到吗？"

父亲利用两场比赛中间的休息时间，把我们送回了岸上，然后又回到他的观测位置。父亲对俱乐部的业务相当熟悉，就好像他已经在这里工作了一辈子。我看得出这是他喜欢做的事。我们回到餐厅，点了三明治和啤酒。从这里，我们可以看到另一批帆船的赛况。我坐在一张高椅子上，"那么，你打算怎么继续和我父亲打交道呢？"我问道。

"就如同我认识的他一样，"菲尔露齿而笑，"坦率直接。"

"是的，你可以让一个人离开海军，但不能将他在海军受到过的训练从他身上移走。"

"看看你们的谈话，"艾米嘲笑道，"我觉得他很有魅力。"她的眼睛闪动道。

"对你来说，他是的，"菲尔回答道，"你对他着迷了。"

"他很有魄力，"她有些不在乎地反驳说，"谁让我是唯一一开始就能明白他所说问题的人呢。"

"就算是吧，你可没有在他的军事化教育下成长！过去我和弟弟每天早餐回答时都要加一句，Yes，Sir！"

"不管怎样，"菲尔疲倦地擦着脸颊，"他的知识让我大开眼界，怎么从来没人教导过我这些方法呢？当你父亲谈这些问题的时候，听起来好像是显而易见的一样。"

"他一生都在不断学习，但是很少有人感谢他的忠言和建议。"

"我曾在管理课上学过一些皮毛，"艾米郁闷地说道，"但是一实施，就变样了，很多人为了达成目的不择手段。你的父亲也许不太注意表达方式，但他至少尊重员工。"

"我知道，我可能有些偏见。这些年来我仍然觉得他很容易发火，不容易沟通。"

"他是你的父亲，你还想期望什么？"

"我知道，我知道，我必须告诉你们，今天我们所讨论的我要好好想想。"

"想什么？"

"好了，艾米，谈谈我们该如何激励员工吧？"

"用胡萝卜和大棒的理论。"她回答，"胡萝卜是薪水，而大棒则是解雇。尽管这不完全是我们在大学里学到的东西，然而它反映了价值观和社会环境。但是我很少在商界看到这个理论的实际应用。"

"不要以偏概全！"菲尔争论道，"我个人相信尊重和信任是理想的工作关系的基础。"

"你太不了解办公室政治了。"她抱怨道，"有时候感觉你就像是活在另一个世界里！"

他明显有些不悦，回盯着艾米。

"你父亲鼓励参与的观点是非常好的，尽管很难解释清楚，但是我开始有一些领悟了。这不仅是胡萝卜与大棒，而且还包括了责任与态度。"

"他称之为公司文化，一种战斗精神，我还没能完全掌握。这些文化让工人感到他们被尊重，是团队的一分子，同时也有工作的压力。激励士气不是我的专长，我平时更注重推理和逻辑，我也曾想过，工人们对压力会做出什么反应。"

"你觉得呢？"

"不只是消极的压力，还包括积极的，比如个人的兴趣爱好或者追求更高成就的愿望，等等。如果压力太少，他们不会有所反应，因此就很难激励他们做事情；但是如果压力太大的话，他们会惊慌失措，乃至气愤，并做出不明智的事情。"

"这很有道理，你父亲所提到的直接参与其实都与人的处理压力曲线有关，"艾米说道，"一方面，达成节拍时间的压力，很可能使他们把安全放在一边，这是领班的责任；另一方面，我们需要帮助工人重树从事 5S 和改善的信心，让他们感受到责任与义务，管理自身的工作环境。"

"是的，这需要管理层的支持和参与。管理层关注的是工人的工作成效，这是一种压力，但管理层也要全力帮助解决问题，重树工人的信心。"

"这就是所谓的责任与义务，"她坚持道，"如果一个工人只是在那里摁信号灯，他便无法真正参与。但是如果通过清理和学习，投入到工作环境中，就像那些船员，他们会慢慢步入轨道的，对工作产生正面的影响。你父亲告诉我们，让工人在他的专长领域里发挥特长是非常聪明的。即使那个工人每天所做的仅仅是冲压孔洞，只要我们信任他，他就可以成为公司的冲孔专家！"

"哦，一个专业的专家！"

"就是这个意思，"她真挚地说，"想一想吧，工人就和你我一样聪明，只是没有相同的机遇。"

我不得不承认艾米的敏锐再一次给我留下了深刻的影响，而且我马上记起来，我的父亲曾说过，在日本，你可以找到任何方面的专家。我记得一部电影里有一个做面条汤的师傅，他是一个游民，但是却从全国各地的烹饪中学习到了做面条汤的绝活。"

"就是这样，冲孔专家，拧螺钉专家，等等。你或许认为可笑，但是要用一个全新的角度来看这些工作。"

"我并没有取笑，我十分信服。"

"至少我自己信服了，"菲尔说道，绷着脸，圈着双臂，他的模样确实有些好笑。

"事实上，已经有一些关于这方面话题的研究了，有些人正在研究工作中有什么事可以让人感到开心，并且研讨工作的挑战和个人能力之间的平衡点，太多的挑战会使你感到压力太大而焦虑……"

"你说的就是我！"菲尔举起他的饮料说道。

"如果没有压力，你会感到无聊，情绪低落。还有一点，人们需要一个可以合理解释在他们身上发生的事情的理论。猜一猜在心理学里这个理论叫什么？"

"说下去。"

"这个理论叫作'流'（flow），我没有开玩笑！"

"你胡诌出来的。"

"我发誓！"我慢慢地说道，"记得我开始学习心理学时，我们父子还为这件事争论过。他提出了一个有趣的观点，他说他的一位日本朋友曾教过他应该先生产员工，再生产产品。"

"先生产员工，再生产产品？"菲尔重复道。

"是啊，对我父亲来说是一个很大的启示，这把所有领导的角色联系了起来。他的理论就是管理层的职责在于启发员工，让他们把价值增加到产品中去。我同意这个论调，但我们争论的是有关执行的方式。你知道他说话的方式，做这个，不要做那个；不要问，只要照着执行就对了！"我说道，一边模仿着爸爸的声音。

"有点像你父亲说话的语气，"菲尔笑道，"我们过去在做 5S 和改善时就持这种态度，以后还会改进。"

"正如你父亲指导我们的那样！"艾米指出。

"好，那么，就让我们为员工们干一杯！"菲尔举起他的酒杯提议道。

"为伯父干杯！"艾米附加道。我们为父亲的健康而干杯，享受着阳光和浓郁的友情。

拉 动 生 产

我大概有几个星期没有和菲尔和艾米联系过，有一天晚上菲尔突然出现在我家的门口。

"有啤酒吗？"进屋后他问道。

"在冰箱里，"我回到书桌前，想继续捕捉自己刚刚找到的一点写作的灵感。

"你的书怎么样了？"他问道，并扔给我一罐。

"进展不大，我是一个坚持慢工出细活的人，"我疲倦地回答道，"你怎么样？爸爸最近还问起你。"

"一团糟！"菲尔抱怨道，"真正的乱七八糟。"

"不会比一个月前更糟糕吧？"

"好一些。虽然最困难的时候熬过了，我们最大的股东对工厂的发展很有信心。但工厂里出现了许多新的问题，大部分都牵涉到人的问题。"

"发生了什么事？开晚班的建议行不通吗？"

"根本没有实行，主要是因为车间主管葛兰将生产线改进得太好了，所以不再需要增加班次。她过去是 5S 的支持者，实行成功之后，她发现我们是玩真的，就全力推行，所以成绩很好。艾米负责管理其他两条生产线的价值流和车间规划，她们两人全力配合，将三条生产线管理得很好，消除了浪费，并成功地在现有的基础上增加了一条专做 STR 的线。"

"那不是很棒吗？"

"是啊，在正常情况下每天能生产 80 个 STR 断路器。固定成本没有增加，生产效率却提高了 20%。"

"那还有什么问题？"

"还是人的问题，艾米和葛兰是站在同一阵线的，她们就像你爸爸所比喻的船上的同心协力的团队，但是下游的组装线，尽管已经加班，工人却无法接应，因此零件区和组装区之间的库存越积越多。"

"那么就让艾米去组装区整顿一下呗！"

"没那么简单，葛兰和艾米硬逼着组装车间主任罗吉斯实施单件流，他是一个快要退休的领班，只会自己那一套，相当顽固，可以想象会发生什么事！大卫不愿意介入，因为他和罗吉斯是多年的好朋友了。同时艾米在零件车间的成绩让大卫觉得很没面子，他已经完全被晾在一边。大卫现在把工作重心放在了日程安排和计划上。他虽然执行了一些 5S，但都是按着自己的方式。"

"所以没有其他人积极参与，是吗？"

"对啊，虽然我们解决了零件车间的生产问题，可接而来之的是另一场战争。现在的问题在于工程部的经理嘉理，问题源于我们把乔希从他那里调了出来。乔希现在做得很好，非常积极，提出了许多改进生产的建议。"

"我可以想象得出这个问题的敏感性。"

"嘉理感受到压力了，艾米有时也稍显急躁，所以在经理工作汇报时，他开始批评艾米忽略了她本身负责的 HR 工作，诸如年度员工评审没能按时完成。"

"那么麦休站在哪一边呢？"

"麦休站在嘉理的一边。还有一位经理，凯文，他主管物流和采购，我曾为了红箱子的事和他讨论过，他的反应并不积极。他是改组后新招来的人，是嘉理推荐的。你知道公司的组织结构，麦休主管销售和财务，而我主管技术和生产，所以一旦我跨了界，情形就会紧张起来。"

他一边叹息一边喝了一大口啤酒，看上去比上个月没有睡好觉的晚上好不了多少。

"真正的问题开始浮出水面了，"他长长地叹气道，"虽然，这对于最终组装线的工人来说，工作量加大了，但是 STR 的生产也翻了倍呀，不是吗？"

我点头表示赞成。

"我们已经赶完了大部分订单，而且可喜的是，客户一拿到货就付款给我们，这缓解了下个月的现金危机。"

"那很好啊！"

"麦休还有许多客户等着买更多的 STR 断路器总成。"

"太棒了，这不是很好吗？"

"最近我发现一个新的问题，客户要求的改装产品被搁浅在工程部，就算我们做完了手边的订单，也无法开始生产新的产品。"

"哦？"

"从传统的运作来看，工程师总是埋怨说，他们为客户开发出了各种不同的产品，但生产部门却很少能在预定的时间内达成任务。我发现工程师们常常忽略了生产的要求，只是一味地出设计，导致日后生产线上要花很多时间解决问题。"

"就像乔希处理返工的问题一样。"

"是啊！那只是冰山的一角。我们还曾见过一个例子，图纸上居然没有设计洞，致使生产线上的工人要在产品上自己钻洞才能穿过电线。"

"所以怎么了，是不是嘉理有什么动作？"

"哦，他到处叫嚣，表现得很坏。他希望乔希回到原来的工作岗位，终止改革……"

"那你怎么想？"

"我的态度非常明确，只是……"

"只是什么？"

我今晚的原则是不管病人采取什么样的退缩模式，我要追问到底。

"只是，米奇，你知道我对处理这种正面冲突的事不在行，"他默默地求助道，"你知道我从来都不善于处理这种事，不管在家里还是在学校！我有的时候在想，我该不该让艾米稍微缓一缓呢？"

"你自己想怎么样呢？"我问道，"你认为最重要的是什么？"

"显而易见的是，我们要让这个公司继续营运下去。"

"所以？"

"我要继续推进这个项目。"

我们继续喝啤酒，但我可以感觉到他的压力和不安。

"你知道，菲尔，我觉得爸爸有一件事是对的。"

"他对的事很多，你说的是哪一桩？"

"老实说你不会喜欢听我要讲的话，但我还是要说。我觉得你目前的做法还是像在解决技术问题，把机器从这里移到那里，改一改设计。这种做法可以解决问题的一部分，但是……"

"什么？"

"你公司最主要的问题是人事问题，你面临的是领导力的问题，而不仅仅是生产力及商务的问题。麦休是个商人，他总在那里追寻新的订单，对生产管理不感兴趣，所以就变成你的责任。但是你又不愿意承担这个角色，因为那不符合你的风格，而且你讨厌冲突。"

"我同意你的说法。"

"艾米充满信心，极为聪明，现在她做得很好，虽然她把大卫挤下了舞台。我认为真正掌握公司技术的人是嘉理，他是个老手，知道公司的情况，而把乔希调开多少得罪了他。"

"是啊，"菲尔打断道，"我正想在工程部实施价值流的管理方法，让一个价值流经理管理一个产品系列，从销售、设计到生产再到送货的整条价值流。"

"如果你那么做了，那嘉理还有什么可做啊？"

"我们的产品、市场和客户，他都懂。"

"我不是问这个，我是说那他不是失去了权力吗？"

菲尔想要说些什么，但还是止住了，他安静地喝完他的啤酒，完全投入于自己的思考。

我们往往很容易发现四周朋友的问题，但是却看不出自身的问题。我相信菲尔已经抓到了以前没有领悟的领导角色，父亲对于这一点从一开始就是正确的。

作为一个心理学研究人员，我知道大部分的人都不喜欢别人告诉他们该怎么做。举个例子，被太阳晒久了，你一定不舒服。但是如果有人告诉你不要在太阳下驾驶敞篷车，你不会感到很受用。人有的时候似乎早就知道问题的解决办法，但是却因为种种原因而迟迟不动。

父亲一生中从来都把世界上发生的所有事，看成是一系列的问题和解决办法。他是一个真正的工程师，他的哲学是，如果你不解决问题，你本身就是一个大问题。我选择的职业刚刚相反，是不去接触真正的问题，而仅仅去帮助人，让病人感觉好一点。越是乱七八糟的时候，一般人越需要心理辅导。

为了帮忙解决菲尔工厂的问题，我开始对父亲的工作态度有了深一层的了解。菲尔公司的问题是现实的，可以解决，但是要想彻底解决这些问题，他需要有更多更大的勇气。菲尔到今天仍没有真正投入到一个管理者的角色中去，他还把自己看成是一个凭好运气成功的科学家，目前强压在他身上的领导角色是他从来没有想过的。现在他的处境看上去就像是赶鸭子上架。

当我稍后打电话给父亲告诉他菲尔的近况时，父亲大叫道"他们做了什么？"

"增加了一条新的STR生产线，每天仍维持一班制。"

"所以他们让两条平行的生产线生产STR？"

"是这样的。"

"告诉菲尔那样不是聪明的做法。"

"我想你最好还是直接和他谈谈吧，他就在这里。"

"不用了，告诉他们明天中午到太平洋购物商场来和我一起吃午饭。"

"在百货商场？"

"是的，晚安，儿子。"

在百货商场？菲尔和我都困惑地看着对方。

艾米原来期望能够受到表扬，结果反而被爸爸批评了一顿，显得不太开心。当父亲带我们穿梭于超市货架时，她还板着脸。爸爸在超市中寻找清洁器，边走边告诉菲尔增加一条平行生产线不是一个好主意。

"你的日生产量加倍了，是吗？"

"是的，我们现在一天可以多生产 20 个 STR 产品。"

"市场能够吸收这些多余的产品吗？"

"现在我们仍然在赶订单。因为过去总是迟交货，所以现在客户很乐意看到每个星期能为他们送两卡车的货，尽管迟早这些数目会减少，因为欠的货已经清完了。但是一旦新的产品开发出来，我们就可以用新的订单来消化多余的产能。"

"OK。那么 STR 的断路器的节拍时间现在是多少？"

"减了一半，大概五分半左右了。"

"艾米，你觉得该怎么做？"

"如果生产线的节拍时间减少了，那就要用更多的工人来进行生产。"她试着回答道。

"我懂了，我们应该用一条生产线，用较多的工人来减少节拍时间。"

"对啊。"

艾米因为最近处于压力中，所以不像平常那样常带微笑了。虽然她的努力取得了很大的成绩，但同时也受到了许多批评，我觉得她现在需要的是鼓励和认可。

"我不明白的是为什么两条平行生产线有问题，我们不还是按照同样的节拍时间生产吗？"

"对呀，为什么一条生产线没问题呢？"父亲回问了一句。

"让我来回答这个问题。工人喜欢他们已经习惯的工作方式，当我们把生产动作分解成许多小单元时，他们会不容易适应，"艾米解释道，然后问父亲"你明白我想说什么吗？"

"当然明白，最有效的标准化操作，是让每个周期低于一分钟。如果你的节拍时间可以降到 5 分钟以下，那会带来很多好处！工人会少犯错误而你也可以更有效地提高生产效率！"

"我明白你的观点了，"艾米回答道，"但你不是那个需要面对工人，告诉他们又要改变生产方式，现在要把工作分解成更小单元的人！"

"我没有说你的工作很简单，"父亲回答道，"我还有另外一个理由，可以解释为什么一条生产线比两条平行的生产线要好，待会儿在超市里我会为你们解释清楚。"

"怪不得要把我们带到这里来。"我这才明白。

我们到账台付账，收银员奇怪地看了我们一眼，要 5 个人来捧这一罐油漆？

父亲问道："你们看到了什么？"

我可以肯定菲尔、艾米和我一样不懂他的问题。我看到人们在账台前排队等候付账。一些店员在帮助客人们把东西打包，这是个很好的办法。在我住的附近的杂货店他们就没这样的服务，所以收银员需要同时收账和打包。这样客人就得在队伍中排相当于两倍时间的队，耽搁了货物的流动。

"想象这是一个工厂。"

"收银处就是最终装配？"菲尔问道。

"对，但你看到了什么？"

我们看了又看，直到艾米叫道："拉动，收银机拉动商店的商品，在工厂也是一样，组装线拉动整厂的生产。"

"是的，所以？"

"应该用货架仓储，"她好像又找回了自信，"在货架上放好固定数量的库存，好随时补充。"

"不错，那与现在谈的有什么关系？"

"我还没想清楚，"她咕哝道，咬着她的下嘴唇，"我们要让输送员把需要的零件送到最终组装线，并在货架上储放一定的量。"

"你和组装部门的关系如何？"

"哦，不要提起那个怪物罗吉斯，你知道他在厂里怎么称呼我吗？他叫我'小女生'！"

"现在不要去理会那些枝节，先找出问题。"

她以一种足以让人倒退一步的眼神看着父亲，父亲也正面回看着她，眼睛眨都不眨一下。

"好吧，"过了一会儿父亲说道，"我们来谈另一个问题。菲尔，你目前最主要的问题是什么？"

"货品的流动。"菲尔回答。

"你指的是生产线上的价值流，对吗？"

"这正是我们要解决的问题。"

"你知道你的价值流在哪里被截了下来吗？"

"我发现三个截流点，大批已完成的成品库存、传送带上的在制品库存以及各个工位上的库存。"

"运输带很容易塞车，"艾米指出，"大卫一直用量产的方式。譬如说他安排一整天都生产 QST，所以 STR 就积压起来了，一天的 STR 可以达到 80 个，因此库存增加得很快。令我难过的是，我们辛苦改善的成果却变成了增加库存的祸首。"

"这的确是个问题。"父亲回答道，"为什么大卫一天只生产 QST？"

"因为我们不是超市，"菲尔大胆说道，"我们从客户那里得到每月的订单，而后按周来安排生产。罗吉斯每天可以组装 50 个断路器总成，如果需要交 100 个 STR、50 个 QST-1、50 个 QST-2 和 20 个 DG 断路器，他就整个星期一和星期二都生产 STR，星期三生产 QST-1，星期四生产 QST-2，星期五生产 DG。"

"为什么要这么安排生产？"

"我猜大概是因为他们一向都这么生产，工人们可以一整天都生产同样的产品。他们认为这样比较容易，也较少出错。"

"那是他们的理由，但结果呢？"父亲问道，试图让我们来找出答案。

"当他们生产 ST 或者 DG 时，STR 就在组装线前堆积了起来！"艾米惊呼道。

"是的，你们把做好的断路器一股脑儿都送到组装线上，等候生产这种断路器的计划时间，不然断路器的库存只会越堆越多。"

"再加上组装线的活儿做得比较慢，有时候增添了 2 名 DG 的组装工人来帮忙，还是不能完成任务。"

"那是另一个问题，现在把注意力集中在刚刚谈的库存问题上。艾米，你把 STR 断路器都推给了组装线，这和你在超市看到的有什么不同？"

"我看不出什么关系。"

"这就好像收银员对顾客说，'对不起，我不能帮你结账，我必须等结完了所有买黄油的顾客后，才能结算那些买面包的。'"她突然沉寂下来，而我父亲则轻声地笑了起来。

"来吧，"他说，"找地方喝杯咖啡吧。"

"你的公司现在采用计划经济的方法来管理工厂，"父亲啜着咖啡说道，"这样对生产者来说非常容易，某些天只卖糖，有些天只卖清洁剂，诸如此类。长此以往，你的库存自然会堆积起来！你们今天就是在采用这种大型的集中计划——MRP（material requirements planing）来计划生产。"

"MRP？"我打断道。

"MRP 是一个电脑的物料需求计划系统。"父亲解释道，"我说到哪里了？对了，某些零件太多，而另一些则不够。"

"你的意思是罗吉斯应该按照需求来安排生产？"菲尔问道。

"对，菲尔，还记得大野耐一先生吗？当他听说了美国的超市，并弄明白其经营方式之后，他开始进行一项大的改革。在超市里，顾客们从一堆商品中选取自己所需的东西，而并不需要销售员的帮助。超市里会随时补充那些已经卖掉的商品。我不知道他到底有没有去过一家真正的美国超市，但是他清楚地看到了两个主要的暗示。"

"客户光顾并带走他们想要买的商品。"

"还有呢？"

"就像做汉堡一样！"艾米惊呼道，"只生产那些已经被消耗的产品。在午饭时间，会有很多人挤在柜台前。"她兴奋地解释道，"我们按不同的汉堡分类，像芝士汉堡、双层汉堡、鸡肉三明治等。每个架子上只能放 7 个汉堡。当顾客买了一个芝士汉堡后，销售员就会从货架上拿一个汉堡给他，这样我们就知道必须再做一个放回架子上来补充。"

"OK，这是一个非常好的例子。事实上，有两种拉动，一种是补充。例如某种汉堡，就像需求量大的芝士汉堡，你需要有一个小的库存，来满足高峰期的需求，因为如果 5 个人同时点芝士汉堡，你不可能马上就做出来。"

"完全正确，"艾米兴奋地惊呼道，"就是这个样子。"

"另外一种拉动的情况是对于特别的需求，像没有蔬菜酱的芝士汉堡，你就不能够事先预备了，因为客人不常点，如果你有太多的库存，就会不新鲜。"

"那会造成生产过剩！"菲尔插话道，脸上现出豁然开朗的神情。

"完全正确，所以适量生产能满足需求就行了，那才是明智的做法。"

"但是由于每班只有固定的人在制作汉堡，"艾米说道，"因此有时会因为一下子涌进了很多客户要求特别定制汉堡，而变得很忙，可有时却又无事可干，这是一种变数。"

"原来如此，"菲尔说道，他看上去好像这时才理解了变数。

"是的，这就是不平衡的浪费（MURA）。"父亲非常同意艾米的说法，"解决不平衡的方法是妥善运用小库存。当有特殊订单时才进行个别的生产，平时只要补充那些高需求的商品就可以了，这样可以平衡工作的负荷量。大野先生带给丰田两个重要的概念，第一，下游工位像超市顾客一样从上游工位提取产品；第二，供应商只生产有需求的产品，不管是补充，还是按订单生产。"

"拉动系统！"

"是的，这样能够减少产品交付的时间。现在回到我们的工厂，不管是人工系统或是通过 MRP，每周都安排生产计划，然后向每一个相关单位发出生产指令。"

"STR 得到的指令，是每天'生产 80 个断路器'，别的产品也一样。"艾米说道。

"就像计划经济一样，你为 STR 生产了 80 个断路器，然后将它们放到传送带上，而组装组却正在生产 QST-1，所以形成了库存。第二天，你又为 STR 生产了 80 个断路器，但是今天组装 QST-2，所以便有 160 个 STR 断路器的库存。"

"你最好还是不要换算出库存的价值，那会让我受不了的。"菲尔惊叹道。

"啊哈，但是三天以后，组装组突然开始生产 STR 断路器总成，而且很快就用完了库存。这就像一群年轻人在汉堡店全都要点烤鸡肉三明治一样。"

"他们一下子清空了库存，这时应该做的就是加紧生产，但这需要时间。"

"这就是罗吉斯目前的实际情况，组装线一下子要求生产大量的 STR 断路器总成，过后又什么都不要，"菲尔总结道。

"对，以我们工厂目前的设备，要想一次完成大宗订单的交货，你只能通过……"

"库存！"我回答道，对自己终于能参与到这场对话中感到得意。

"完全正确。这就是为什么在组装发货前，会有这么多'金子'被滞留在价值流里的原因。"

"我们需要修正，并按照订单来生产。这样可以减少库存？"菲尔反问了一句，"但是，这可不容易啊。"

"当然不容易！"艾米回应道。

"是的，"这个咖啡屋里坐满了人，到处都是人们大声的谈话声，但是父亲完全不受影响地继续说。

"在丰田生产系统里，他们称之为'heijunka'，译出来就是'均衡化'。"

"这是什么意思呢？"

"基于客户的需求，生产不同的产品。目前你们的客户需求是多少？"

"我们每周生产 100 个 STR、55 个 QST-1、50 个 QST-2 和不多于 20 个的 DG。"

"那么工厂的产能有多少？"

"如果我们加把劲，每天可以生产 50 个。"菲尔回答道。

父亲在一张餐巾纸上边写边说：

"星期一：50 个 STR；

星期二：50 个 STR；

星期三：50 个 QST-1；

星期四：5 个 QST-1 和 45 个 QST-2；

星期五：5 个 QST-2 和 20 个 DG。并用星期五来解决这一星期内，由于各种原因导致的滞后问题。"

"通常达不到这个计划，"菲尔说道，"有时需要加班生产。正常的情况下，每个星期三送货。"

"由于 1 个 STR 需要 4 个断路器，从星期三到星期五每天需要积存 80 个断路器，"艾米指出，"那就是 240 个！"

"星期一要消耗 200 个断路器，但每天只生产 80 个，那么还需要 120 个。星期二又要消耗 200 个断路器，而你却只生产了 80 个，又缺 120 个。所以为了确保组装线不缺货，星期一早上最好有 240 个断路器的库存，这正是你从星期三到星期五生产量的总和。"

"事实上，"艾米打断道，"还有许多其他的问题，导致每天根本无法完成 50 个总成。"

"等一下，"父亲说道，"其他细节固然重要，但让我们集中关注一件更重要的事，那就是消除不确定的变数。你们目前的做法还是推动，将产品推到传送带上。理想的做法应该是反过来，根据生产的需要来拉动生产，就像超市一样。"

"我想我明白了你的方法，"菲尔回答道，"但是我们实际中应该如何操作呢？"

"按照客户需求。"父亲回答道，"让我们一起来寻找这个答案。"

"好，我们可以通过月计划来订周计划，"菲尔沉思道。

"按照节拍时间！"艾米惊呼道，直觉地跳了起来，"需求可以从节拍时间获得，是吗？"

父亲只是笑了笑，又在另一张餐巾纸上写着，"看这个：

产　品	周　需　求	日　需　求	节拍时间 450 分钟 / 天
STR	100	20	22.5 分钟
QST-1	55	11	40.9 分钟
QST-2	50	10	45 分钟
DG	20	4	112.5 分钟
总计	225	45	10 分钟

从这些数字，你可以很明显发现完成一件产品平均需要 10 分钟。"

"一天 45 件，每星期 225 件。"菲尔说道。

"那么，让我们列出一个 10 分钟间隔的计划表。"

时间	10 分钟	10 分钟	10 分钟	10 分钟	10 分钟	10 分钟	10 分钟	10 分钟	10 分钟	10 分钟	10 分钟
传送											

"节拍时间最长的是哪一个？"

"当然是 DG，"艾米回答道，"我们 112 分钟才需要一个。"

"好，让我们按每 100 分钟生产一件 DG 总成：

时间	10 分钟	10 分钟	10 分钟	10 分钟	10 分钟	10 分钟	10 分钟	10 分钟	10 分钟	10 分钟	10 分钟
传送										DG	

那么，倒数第二慢的是哪个？"

"QST-2，每 45 分钟一个。"

"好，填进去：

时间	10 分钟	10 分钟	10 分钟	10 分钟	10 分钟	10 分钟	10 分钟	10 分钟	10 分钟	10 分钟
传送				QST-2				QST-2		DG

"我明白了！"艾米惊呼道，"下面安排 QST-1。"

时间	10 分钟	10 分钟	10 分钟	10 分钟	10 分钟	10 分钟	10 分钟	10 分钟	10 分钟	10 分钟
传送			QST-1	QST-2			QST-1	QST-2		DG

"剩下的时间用来生产 STR！"菲尔高兴地说。

时间	10 分钟	10 分钟	10 分钟	10 分钟	10 分钟	10 分钟	10 分钟	10 分钟	10 分钟	10 分钟	10 分钟
传送	STR	STR	QST-1	QST-2	STR	STR	QST-1	QST-2	STR	DG	STR

"大致就是这样。"父亲同意道，"将来你们可以更进一步地平衡生产的顺序：

时间	10分钟	10分钟	10分钟	10分钟	10分钟	10分钟	10分钟	10分钟	10分钟	10分钟	10分钟
传送	STR	QST-1	STR	QST-2	STR	QST-1	STR	QST-2	STR	DG	STR

"如此类推，应该尽量配合节拍时间，有序生产，每20分钟就可以生产一件STR总成。"

"感谢上帝！"菲尔摸着下巴，颇有心得的样子。

艾米说道："这看起来太简单了，轻而易举地就平衡了生产，并带动了整个价值流，这对我们解决堆积如山的外壳冲压件将有很大的帮助！"

"那么，你打算和罗吉斯讨论一下这方面的事吗？"菲尔问道。

"哦，那不是我的责任，那是你做老板的事。"

"难道这个计划不受任何变数的影响？"菲尔问道。

"好问题。"父亲夸奖道，"目前生产计划是以几个星期前对客户需求的预估作为基础的，但是预估是不确定的，最可靠的是节拍时间。我们应该将一个平均的节拍时间作为生产指标，并努力去接近这个指标。"

菲尔猛记笔记，看起来还有些疑惑。艾米正拂着头发，用心地在思考。"一步步来吧，"父亲安慰道，"你们已经完成了每个货架上装满20个断路器的任务，是吗？"

"那是你告诉我们要那么做的，"艾米问道，"难道有什么问题吗？"

"当然是库存问题，"父亲靠到椅背上，"如果每天能够均衡生产20件STR、11件QST-1、10件QST-2和4件DG，总共45件，那么20件STR总成就需要80个断路器。那就是4个架子的断路器，这比你们从前12个架子要好得多。"

"如果一次生产了20件STR总成，那三四个小时内就会用到80个断路器，"菲尔边想边说，"这意味需要80个断路器的库存，同时再为第二天生产80个，对吗？"

"对。总的来说，在流水线上你最多留80件断路器的库存，"父亲同意道。

"哇，那库存明显就下降了。"菲尔显得很兴奋。

"就是这个意思，"父亲同意道，再要了一杯咖啡。

"如此这般，我们便可以实现只生产消耗掉的断路器，就像超市一样，"菲尔高兴地说，"这太明智了。"

"讲起来容易，"艾米打断道，"但是细节却很繁琐。"

"暂时不要去想那么多，"父亲劝道，"能从每周批量生产改进到每天生产不同的产品，已经是一个大跃进了，这样你的在制品库存一定会减少许多。但是要注意到，除了要掌握客户的要求和供应商的供货能力之外，还需要有一个小量的库存来确保准时交货。库存是因上下游两个生产过程流量不同而造成的。一旦你能实现平衡化生产，持续拉动就不再需要太多的库存了。

"是啊，"艾米怀疑道，"但这只有在没有突发事件，譬如没有停机的理想状态下，才能非常准确地按节拍时间生产。"

"没错，突发事件随时都有可能发生，"父亲回应道，"因此我们需要一个小量的缓冲库存，保证准时交货。如果你们不朝这个方向努力，那就只有维持现在的大量库存。"

"我们已经有了很大的进步，事在人为。"菲尔有信心地说，"我们会解决这个问题的。"

艾米爽朗地笑了。

"我终于明白你为什么反对艾米和葛兰关于增设 STR 平行组装线的方案了，"菲尔合上他的笔记本，说道，"你确实教过我们，在现有的生产线上通过减少工人数目来提高生产效率，比让同样数量的工人生产更多产品要来得容易。"

父亲盯着他，仍保持着原来的姿势。

"你刚才说的要点提醒了我，那就是仅仅减少工人在生产周期中的变数是不够的，还需要搭配上平衡化生产？"

"完全正确，实行平衡化生产后，库存会随之降低。但是紧接着，你要处理上游的冲压车间的问题，因为他们要生产许多不同大小的冲压件，同时还要按照节拍时间将产品送到各个工位。"

"这我可做不到，除非你先摆平罗吉斯。"这时艾米对菲尔说道。

"好吧，好吧！"菲尔深深地吸了口气，"让我来试试，我觉得我们应该做得到，必要时还可以让 DG 线上多余的工人来帮忙。"

"继续努力，孩子，你们一定做得到的，"父亲高兴地鼓励说。

"可不可以让我再重新复习一遍我们刚刚讲的，"菲尔一边回想一边说道，
"节拍时间是关键，对吗？"

"当然。"父亲回答。

"所以，我们假设每天固定生产 20 件 STR，11 件 QST-1，10 件 QST-2 和
4 件 DG，共 45 件，所以平均节拍时间是 450 分钟除以 45，是 10 分钟。"

"每件 STR 总成需要 4 个断路器，QST-2 要 3 个，DG 要 1 个。要想顺利
完成当天的生产指标，STR 每 22 分钟需要 4 个断路器，QST-1 每 21 分钟也
需要 4 个，QST-2 需要 3 个，每隔几个小时 DG 才要 1 个。"

"完全正确。"父亲同意道。

"将来我们可以考虑用两条生产线，以 5 分钟为节拍时间，一条线生产
STR 总成，另一条生产 QST-1 和 QST-2。"

"通过缩短节拍时间和生产周期，可以匀出时间做进一步的改善。"父亲
循循善诱地说道。

艾米转动着双眼，保持沉默。

"目前我们在两条 STR 断路器生产线上有 8 个工人，"菲尔说道，"一条
QST-1 线上有 4 个人，另一条 DG 和 QST 线上有 5 个人，总共是 17 个人，
假设 STR 和 QST 断路器的工作量需要 8 个工人。"

"那你要假设每个工人都愿意接受量小，但产品更换频率大的工作方法。"
艾米提醒道。

"目前每天生产 74 个 QST 断路器，每个 QST-1 需要 4 个断路器，一天生
产 11 个总成，共需 44 个断路器。每个 QST-2 需要 3 个断路器，一天生产 10
个总成，共需 30 个断路器。所以断路器的节拍时间大约是 6 分钟——450 除
以 74。那么目前 QST 线上 7 个人就够了。"

"现在，"菲尔继续道，"实际上 DG 不需要建立生产线，只需要一名员工
每天组装 4 个 DG 总成就可以了。"

"我同意你的说法，事实上 DG 线迟早要被淘汰掉。"父亲道。

"我会朝那个方向努力的。不管怎样，那里需要一个人，万一无法达成指标，还有两个人可以派去支援。"

"如果这么做，生产的情况就变成这样了。"艾米边说边画了一张表：

		之　前	之　后
STR 总成所需的断路器	产量（个）	40/ 天	80/ 天
	人数（个）	6	8
QST-1、QST-2 和 DG 总成所需的断路器	产量（个）	70/ 天	78/ 天
	人数（个）	12	7＋1

"这样，生产效率真的大幅提高了。"

"这还不是最重要的。菲尔，重要的是你在不增加任何成本的情况下能够按时交货，收回现金。这也就是从'金矿'里挖到了金子。"

"是啊，我们不再因为不能按时交货而缴罚款，金子会顺着价值流顺利地流出来。"

"你的下一个挑战不再是提高生产率，而是在制品库存，这就需要实施平衡化生产。"

"等一下，"父亲正招手准备结账的时候，艾米说道，"我对你所说的都了解，但对执行心里还是没底。照你的说法，如果我们采用 2 条而不是 4 条生产线的话，工人周期可以缩短，这样更容易减少不确定的变数，对吗？"

"没错，但是，如果觉得一下子冲击太大的话，你可以逐步改善以后再慢慢进行。"

什么？父亲居然肯让步？这简直匪夷所思。

"你刚刚说，"菲尔补充道，"我们需要实施平衡化生产来减少库存。"

"但是如何模仿超市的做法呢？"艾米插口道，"你一直强调不喜欢仓库的架子，那用什么来代替呢？"

"我不知道，你说呢？"

大家都若有所思地看着父亲。

"艾米，如果把超市的收银员和你们组装线上的工人相比较，你觉得他们之间有什么相同点？"

"是不是都有装载了不同产品的货篮？每个篮子里因为需求的不同，装载了不同的产品。"

"所以呢？"

"如果传送带上的每个工人都是超市的消费者，在理想情况下，每一个货篮里都应该装着他需要的断路器。对一个 STR 总成来说就是 4 个断路器。"

"一个特殊的篮子？"菲尔问道。

"她是对的，菲尔，你们需要开始考虑使用小型的货篮或者货匣，每个里面装有一件总成所需的零件。"

"那不是又要增加成本了吗？"

父亲耸耸肩。

"物流部门会发疯的。"

"继续说你的，艾米。"父亲转向艾米。

"如果这样做的话，匣子需要放在生产线上工人可以够得到的地方，当他们需要零件的时候，只需要从面前的匣子里面拿出来就可以了。"

"就是这样，"父亲面带微笑夸赞道。

"但是，具体怎么实现？"

"一个匣子要能够装四个断路器……"

"如果是 QST-2，匣子就只需要装三个，"菲尔略有领悟地插话。

"每当组装完成一件成品，另一个装满断路器的匣子会通过一个滚动的通道送到工人面前，这样工人就可以按生产的顺序取到所需要的零件了。"

"哦，所有的零件都应该这样供应！"

"这是最好的办法，以你们的情况，为了减少库存，我建议直接用装有轮子的匣子。"

"你又要让我们改变生产线了！"艾米惊呼道。

"那又怎么样？"父亲回答。

"没什么，只是再进行一次改善罢了。"

"我明白了，"菲尔附加道，"当然，我同意这种观点。"

"想想金子，菲尔，想想你的金子就流出来了。"

"太美了!"

"好吧,先生们,"艾米有气无力地说道,"那我们开始进行吧。"

我离开了几个星期,在东海岸做一个研究项目。回来的当天晚上我打了个电话给菲尔。过去我曾经不愿意花太多时间参与这件事,但现在我却非常希望知道事情的进展情况。

"完全是一场战争,兄弟,太精彩了!"

"什么意思?"

"负责组装线的主管罗吉斯,说他不可能听任一个'小女生'的摆弄,不能让'小女生'来告诉他该怎么管理组装线。"

"那怎么办?"

"虽然我施加了很大的压力,但他总有说不完的理由来拒绝实施改变。"

"可能他有其他的想法。"

"就算是吧,但比起生产线上的库存,那些想法就微不足道了。工人们已经掌握了装配4种不同产品的技术,现在只需要更改生产的顺序。我相信没问题,但他们不听。"

"然后呢?"

"我告诉罗吉斯,这是我的决定,他如果不能执行,那么我就换人。"

"你要解雇他?"我吃惊地问道。

"是的,他马上问如果他离开公司可以得到什么补偿"

"你玩真的啊?"

"嘿,生活就是这样,充满了惊奇。我请麦休出面来处理这个烫手山芋,罗吉斯那个星期就离开了。"

"你们还有现金给他补偿吗?"

"但是长痛不如短痛。麦休给了他一笔双方都能够接受的钱。这个家伙本来就快退休了,他可能早就不想做了,或有别的计划,天哪,谁知道?"

"你还干了些什么惊天动地的事?"

"听着吧,"他兴奋地说道,"葛兰与艾米选了一个新的领班,她是组装线上的一个资深工人。"

"不可能吧！从生产线上找一个没有受过高等教育的工人？"

"我们终于认识到了一件事。那就是有些人很快就可以接受新的观念，并愿意尝试，这种开明的态度非常重要。葛兰与艾米知道谁能够胜任这个位子，她们推荐了小艾。她已经开始按照你父亲的建议，每天生产不同型号的产品，尽管生产线还没有完全理顺，但毕竟已经走出了第一步。"

"你的意思是？"

"先生产 20 件 STR 产品，再 11 件 QST-1，再 10 件 QST-2，然后是 DG。"

"这对库存有帮助吗？"

"当然！断路器的在制品库存明显降了下来，虽然还没有达到我们预期的效果，但是这是迟早的事。另外一个好消息是，我们即将生产另外一种新产品 STR-X，我很有信心。"

"艾米一定很高兴！"

"你知道她做了什么，她说服了设计工程师参加解决 QST 生产线的返工问题，真不简单！所以大伙最近忙得不亦乐乎。大致说来改革进行得相当不错。对了，她还问起你呢。"

"问起我？为什么？"

"我哪里知道，她可能对你有意思。"他笑道。

"别胡扯了！我打电话是告诉你，我爸爸邀请你和沙琳星期六晚上来吃饭，他有一个朋友来看他，是商学院精益生产的教授，他想你可能有兴趣来聊聊。"

"好啊！"菲尔兴奋地回答，"让我问问沙琳有没有别的计划，谢谢你爸爸邀请我们。"

"确定后告诉我。"

"你想不想我请艾米一起来啊？"他轻松地笑着问道。

父亲发出邀请时我感到有些惊讶，但我能想象得到今天晚上讨论的话题。

当我到达时，菲尔已经很热乎地与一位戴着深度近视眼镜、穿着格子西装、一副学者模样的先生聊了起来。史蒂夫是密西根商学院的教授，他的主要研究方向是精益生产。

我一直以为精益的理念和词汇是丰田生产系统的专利——但是我发现我错了，客观点儿说，很多精益的知识可以追溯到老福特时代。制造业的先驱一直在不断地改进，第二次世界大战后，丰田公司又为它注入了新的活力，这才成就了今天的精益体系。

父亲与史蒂夫是在第一次去日本时的一个学习小组中相识的，从那时开始他们成为了好朋友。史蒂夫从学术理论角度研究精益生产系统，而我父亲则致力于实践的操作。他们经常交换工作中的想法和心得，是最了解精益生产的一对搭档。史蒂夫有时为一些公司做咨询，每次到我们家附近，他都会过来探望爸爸。他们俩一谈起精益生产就没完没了，总是让母亲受不了。父亲认为今晚是为菲尔上一节课的好机会，所以特别找我们吃晚饭。

"你还记得我们第一次去日本吗？"史蒂夫问道，喝了口白兰地，他是个秃顶，大肚子、不拘小节——典型的学者。晚饭中，母亲和沙琳一见如故，并自然而然地谈到了母亲的影评工作。沙琳看上去精神愉快，菲尔看上去也挺放松的，所以我揣测他们之间的问题已经消除了。

吃完甜点后，妈妈和沙琳去电视房聊一些新的电影，我们就开始聆听两位精益生产老兵缅怀往事。

"那真是段有意思的日子！"父亲开心地说。

"你记得那些法国工程师吗？他们第一次见到看板卡片的时候说，这些日本人太不聪明了，干吗不将这些程序电脑化呢！"

"老实说，史蒂夫，我们也懂不了多少。"

"我承认，是所知不多。"

"你还记得我第一次接触到精益生产的时候吗？"父亲回忆道，倒上了一杯史蒂夫带来的白兰地。

"是的，"史蒂夫笑道，"这两个年轻人也许有兴趣听听。"

"第一次接触到丰田生产系统时，我正在负责一家规模不小的汽车零件供应商。那时丰田和通用在美国西海岸成立了一个合资公司，选定我们供货。因此，丰田把我的工厂当作试点，成为它丰田供应商发展计划的一环。"

"丰田顾问到工厂后，提的第一件事就是装零件的箱子太大了，要求我们将体积减小一半！'为什么要减小体积？'我问道，'这只会让搬运工人多花一倍的时间运送同样数目的零件？'"

"那位顾问只回答说'没错，'就没说其他的了。当时我们在同一条生产线上，为他们生产两种不同的产品，他们要求我们减少换模的时间。'是为了生产更多不同的产品吗？''哦，不，'他们说，'是为了能更频繁地换模！'那时候我真恨不得把这个疯子踢出我的工厂。"

"现在我才明白，你为什么会同情大卫了。"我笑道。

"我认为频繁换模是为了小量生产，对吗？"菲尔用心地提出问题。

"正是为了小批量生产。"史蒂夫点头同意道。

"这是一项非常难执行的任务。你的工厂里用自动运输带组装加工，所以换模次数不多。可是等你到冲压车间，换模次数多了，你就知道换模的辛苦了。"

"但我还是不明白，"我有点困惑，"为什么小批量生产可以减少浪费？"

"呃，"史蒂夫感叹道，"这是一个很有深度的问题。经典的比喻是湖水和岩石的例子。湖水的水位代表库存，岩石就是浪费。当水位高时，浪费被藏在水面下。当你的生产在高库存、低效率情况下时，一定有很多浪费。如果水位降低了，岩石，也就是浪费就会露出来，逼得你必须有效地解决这些问题。这样做下去，效率会越来越高，浪费会越来越少。"

"我以前听说过这个说法，"菲尔同意道，"但太理论化，我了解了这个道理，但用不上……"

"是的，"史蒂夫很有学者风范地说，"大多数人对老福特的流水线印象深刻，但忽视了它真正的成就。当他刚开始制造汽车时，每个从机器上取下的零件都需要修改，使其能与相接的零件装配在一起，通过不断地改进，老福特减少了这些修改的工序，从而形成了流水线的工作方式。"

"你说的是零件标准化？"菲尔说，"但是这和小批量生产有什么关系？"

"福特的大规模生产方法与精益生产并非不能兼容——它只是一个特殊的案例。大规模生产通常只能生产一个型号的产品,没有其他选择。"

"如果客户只要黑色的 T 型汽车,他们想要多少福特就可以生产多少。"

"反观丰田,在其初创期间没有这种条件,必须发展出适应当时环境与需求的方法。"史蒂夫提示道。

"我很抱歉,"菲尔摇了摇头,"我不明白这和减少浪费有什么关系?"

"这是丰田生产专家的秘密,我来告诉你,有纸吗?"史蒂夫环顾着问道。

当菲尔意识到他没有随身携带记事本,而感到遗憾时,我起身到书房去拿了纸和笔。

"谢谢,米奇,让我想想那是怎么画的。"史蒂夫继续道,"假设你用同一台设备生产三种产品,如方形、圆形和三角形。"

"要注意听着,"父亲提醒道,"如果你没有实际接触过的话很难明白这个道理,这与那个湖水和岩石的哲学一样,需要花很多时间去体会。"

菲尔努力地盯着史蒂夫画的图,想发掘精益的秘籍。

"假设你正为一个 OEM 供货,用同一台机器生产 3 种产品■、●和▲,每次生产不同零件时需要换模。由于换模需要较长时间,所以他们采取了下面的方法进行批量生产:

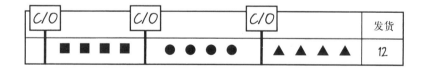

一天结束时,生产出 12 个零件,4 个方形、4 个圆形和 4 个三角形。为了能按时发货,需要有 12 件库存。那应怎么做才能减少库存呢?"

"那很简单!"菲尔回答道,"减少批量。"

"对,我们把换模的次数加倍:

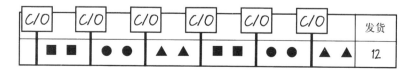

很好，但是并没有降低库存量，"史蒂夫说道。

"为什么？"我困惑地问道，"我还以为我已经弄明白了减少批量就可以减少库存的道理。"

"事实上并没有减少库存，还是 12 件库存。"

"我明白了，"菲尔茅塞顿开地叫道，"要减少库存，必须要增加发货的次数。"

"完全正确，"史蒂夫回应道，"让我们来试试看。"

C/O	C/O	C/O	发货	C/O	C/O	C/O	发货
■ ■	● ●	▲ ▲	6	■ ■	● ●	▲ ▲	6

"就是这样，"菲尔兴奋地紧追道，"加倍发货的次数。"

"是的，"史蒂夫说着，又画了下面的图表：

	发货		发货		发货		发货
■ ● ▲	3	■ ● ▲	3	■ ● ▲	3	■ ● ▲	3

"看出什么线索没有？"

"当然，这就是为什么即使你每周只送一次货给丰田，他们却仍要求你模拟拉动，那是一个明智的减少在制品库存的方法。"

"这里面还有文章呢！"史蒂夫双眼炯炯有神，"你没发现吗？如果你回到你的 4 个零件的批量生产，并增加装运次数的话，会发生什么情况呢？我们来试试看。"

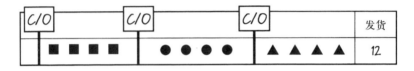

"设立一个缓冲库存，你就不需要照着需求量来完成任务了。"

	C/O		C/O	发货		C/O	发货
生产	■ ■ ■		● ●		● ●	▲ ▲ ▲ ▲	
缓存库存	▲ ▲			6	■ ■		6

"你是说，以4个零件为单元来生产，但是保留两个作为缓冲库存，这样早上就可以送出两组方形、圆形和三角形的产品，在下午再送出两组？"菲尔疑惑地喊道。

"是的，你看，在早上，你比需要的量多生产两个方形，然而，在下午你虽然不生产方形，但还是可以发货。"

"这样就降低了库存，因为现在我们只有8件库存，而不是12件。"

"你很聪明，"史蒂夫肯定道，"下午你可以用两个方形的库存，并继续生产需要的三角形，为第二天早上发货准备，有需要的话，你还可以进一步增加发货的次数。"

	C/O	发货	C/O	发货	C/O	发货		发货
生产	■ ■ ■		■ ● ●		● ● ▲		▲ ▲ ▲	
缓冲库存	● ▲ ▲	3	■ ■ ▲	3	■ ■ ●	3	■ ● ●	3

"我明白了，"菲尔兴奋地说，"如果每次装运一组方形、圆形和三角形，但只想要有4件库存，每天就增加换模到6次、发货到4次。就是这样：

	C/O	C/O	发货	C/O	发货	C/O	C/O	发货	C/O	发货
生产	■ ■	●		●	▲ ▲		■ ■	●		● ▲ ▲
缓冲库存	▲		3	■		3	▲		3	■	3

如果每天运送4次，就只有4件库存，很不错吧！"

"这可以用表来简单地解释一下。"

菲尔正用心地研究着这个问题，我简直可以听见他脑子里不停转动的声音。他十分认真仔细地重画了史蒂夫的示意图后，突然说道："OK，我明白拉动了。通过它我们可以减少库存，但是又怎么能帮助减少浪费和降低成本呢？"

基于每天发货次数的库存的多少			
换模次数	发一次货	发两次货	发四次货
3	12	8	6
6	12	6	4
12	12	6	3

我父亲和史蒂夫盯着他，并默契地给了他一个有趣而宽容的微笑。

"如果每天送货一次，"史蒂夫说道，"上午生产时出现的问题，可以有时间处理一下，只要晚上发货前赶上进度就可以了。但如果每两小时送一次货的话，根本就没有办法处理出现的问题，因为……"

"没有多余的库存可用于调节，"菲尔惊呼道，兴奋地吹着口哨，"就是湖水和岩石嘛！"

"让我讲一个我的亲身经验，"父亲插话道，"几年前，一家已经实行了及时生产的工厂卖给了另一个集团，当新的管理者到任时，他们不理解这种精益的方法。当时生产周期非常短，要不停地换模，他们觉得浪费了宝贵的生产时间，很愚蠢。认为原来运用的小容器导致了频繁地运输，不如大批量来得有效率。于是他们又回到传统的自以为是'节约型'的大批量生产。"

"这家工厂一天3个班次，当我担任主管，实施及时生产时，如果一台机器在晚上出现了问题，半夜2点领班也会打电话给生产经理。生产经理问还有多少库存，回答最多3个小时，他立刻开车去工厂解决问题；自从实施大批量生产后，生产经理仍会问有多少库存，回答大约两三天，而他一定会骂，那你打电话吵醒我干什么？我明天早上再去解决问题！"

"后来，"父亲总结道，"工厂又恢复到了传统的生产方式。"

"你们讲的听起来很容易，"我疑惑道，"但是工人能够承受得了这样的压力吗？"

"我的心理学家儿子，"父亲回答，"刚开始时我也提出过同样的问题，'这可行吗？工人能承受得了吗？'"

"'非常好！'我的丰田导师回答道，'现在你明白了湖水和岩石的道理了。'

他随手将批量画成湖水，将低效率画成岩石，岩石被库存掩盖住了。"

"那是些'美好的回忆'。"史蒂夫欣慰地笑道，"我记得有一位曾在丰田工作的美国人，他给我讲过一个关于三个经理的笑话，其中一个是法国人，一个是日本人，另一个是美国人。他们在秘鲁进行一个建厂项目，但是不幸被暴徒劫持了。他们被告知由于他们是资本主义的代表，所以会被枪毙，但是暴徒容许他们留下临终遗言。法国人喊完'法兰西万岁'后慷慨就义。接下来日本经理喊道，'我要和你讨论湖水和岩石。'这个时候，那个美国人跳向暴徒，揪住他的衬衣对着机枪喊道，'如果让我再听到湖水和岩石，那还是先杀了我吧！'"

"我也是这么想的，"我父亲大笑，"如果让我再听到湖水和岩石的理论，还是先杀了我吧！"

"但现在你不是又传授给我们了吗，爸爸？"我笑着，试图模仿哲学家的语气说，"所以，这一切都是在强调发现问题，立刻解决问题。"

"事实上，"史蒂夫同意道，"最近有人想把精益的理念程序化，想让所有的工厂都按部就班地操作。但这是行不通的，因为精益的出发点是训练人用正确的态度来面对问题，并解决问题，仅仅有程序而没有正确态度是没有用的。"

"要先找到问题的根源，并且根除它。"父亲点头道。

"这实在太精彩了，"菲尔低声说，"考虑得深而远，真是令人佩服。"

"其实精益最终还是围绕着人性。"

"归根结底都是人的问题。今晚我们已经讨论的够多了！"我提醒大家，"我们最好去加入两位女士的谈话，不然待会麻烦大了。"

"那么，伯父，"当沙琳坐入轿车的时候，菲尔站在车门边说道，"谢谢你的邀请，如果我没有理解错的话，我应该在厂里用更小的箱子来装零件，对吗？"

"就是这个想法，孩子。你还要多想想那些关于拉动的方法。如果你有什么不清楚的，可以到我这里来，大家一起研究。"

我意识到，又有更多的周末要泡汤在均衡化生产和节拍时间上了。

"把那个聪明的女孩也一起带来吧。"父亲使了个眼色。

"哪个女孩？"当菲尔坐进车里时，我听见沙琳问他。

这就是爸爸使的花招！

———♪———

几个星期之后，我们又重聚在一起。那天早上，我因为去理发，所以到得晚些。他们在甲板上散着步。这是一个雾气缭绕的清晨，空气中有一丝凉意，看不清远处的大海。港湾是溪流的入海口，对岸的松树在晨雾中若隐若现，宛若一幅中国的水墨画。

"米奇！你总算把那令人讨厌的胡子刮掉了！"

"这样看上去比较年轻，"艾米咯咯笑道，"也没有那么严肃。"

"我正在休年假，不需要用胡子来代表经验和智慧，去增加学生对我的信心。"

"坦白告诉你，伙计，"菲尔打断道，"那胡子一点也不好看，只会给人邋遢感。"

"你怎么到现在才告诉我，真不够意思。我们今天来是要讨论我的胡子？"

"我们正在讨论那些方形、圆形和三角形的生产练习。"

"祝你好运！"我坐了下来，盯着他桌上的餐巾纸，上面画满了相互交叉的各种图形。父亲坐在旁边享用早餐，菲尔在向艾米解释湖水和岩石的意义。

"哦，我明白了，"她说道，"较小的批量，更频繁地送货可以减少库存，这应该没什么问题。"

"是不难。"父亲笑着同意道。

"但是实际操作起来却不那么容易，"菲尔皱着眉担忧地说，"现在我们正在开发新的 STR-X 产品。"

"STR-X？"

"是啊，我们终于赶完了滞后的订单，所以客户要求我们一周送 50 件 STR 成品，他们每天派卡车来取走 10 件 STR 成品。新的 STR-X 终于研发成功了。新的产品使用与 STR 同样的断路器，但它只需要三个，而不是四个。

虽然 STR-X 不像 STR 那样功率大，但比较便宜，并且对某些机器更适用。"

"终于做出来了！"艾米不太友善地说，她不太喜欢开发部的员工。

"能出来就不错了，"菲尔回答，"麦休希望能够拿到每星期 40 件 STR-X 的订单，如果拿到手，我们就可以全力开动了。"

"你预备怎么生产这些新产品呢？"

"我们计划让葛兰和一些有经验的工人在现有的 STR 生产线上组装。"

"这样很合理，"艾米说道，"现在有两条生产线，一条全天生产 STR，另一条生产 QST-1 和 QST-2，工人已经掌握了生产的技术——这两种产品的区别并不大。"

"你预备怎么实施呢？"

"我将按照均衡生产的方法来操作，"菲尔回答，"葛兰有不同的意见，她认为工人在从 QST-1 换线到 QST-2 的时候会感到一时适应不过来。目前，工人们是早上生产 QST-1，下午生产 QST-2。"

"你可以按照班次来生产同一种产品，这也是另一个办法，"父亲说道，"将来还可以慢慢进一步改善嘛。"

"我们会继续努力的，"艾米说道。

"每次换模需要多长时间，包括准备生产的各种步骤，也就是说从一个零件的生产转向另一个零件的生产，需多长时间？"

"大约是 10 分钟，我相信不断地练习，可以将换模时间逐步缩得更短。"

"这种无止境的改善能够成功吗？"我好奇地问道。在今天这个现实社会里，改善不可能永续不断，而且迟早会遇到限制的，这正是我们目前工作的写照。

"我正在努力将各个工位所需要的零件直接送到工人的面前，但还没做到理想的水平。我们还将不断地更换更小的容器。"艾米对父亲笑着抢着回答说。

"我可没想说话，小姐。"父亲轻笑。

"事实上我对推行不断改善的信心也不足，"她接着说。

父亲拿起一片薄煎饼并在上面浇了一些枫叶糖酱，抬头说，"你们做得很不错，但还有改进的空间。"

"我大致明白了不断改善可以提高生产线的效率，"菲尔说，"但针对厂里的情形，我们还该做些什么呢？"

"重点在于生产周期太长，用同一组工人生产不同的产品，需要的库存一定会增加。除非能够很频繁地换模生产。"

"如果换模生产的时间不规律的话，就会需要大量的库存来保证不会有缺货，"艾米轻声地吹着口哨说，"怪不得我们总是有那么多过剩的零部件。"

"你要知道，所有的物料需求计划 MRP 都是用同一个方程式预测出来的。但不幸的是，预测往往不能反映实际的需求，因而导致出现超过需求的库存。"

"就像一个乘法计算机，不断地将预测的数量一层一层地扩大。"菲尔总结道。

"你说的没错，菲尔。"

菲尔沉默了一段时间后说："我们可不可以谈谈换模的问题。你已经告诉过我们需要减少换模时间，但目前我们还没有做到。"

父亲回答说："依照丰田的准则，每件产品换模的时间应该是总生产时间的 10%。"

"你是说一天用来换线生产不同产品所需花费的时间？"艾米认真问道。

"是的，相当于总生产时间的 10% 应该用来换模。换得越快，你就可以在越短的时间内切换生产不同的产品，经过不断改进，直到换模时间能够满足单件流的方式，生产不同的产品。"父亲接着解释说，"这意味着，你的生产批量是你在换模时间内所生产产品数目的 10 倍。这是一个准则，我并没要求你们一步到位，只需要慢慢朝这个目标迈进就行。"

"为什么批量会等于换模时间内生产产品数目的 10 倍呢？"

"这是由一个方程式计算出来的，"父亲回答道，"将可用的生产时间，减去操作的时间，就应该是换模的时间。一般来说，10% ~ 15% 是一个合理的范围。把换模的权责交给工人，让他们来进一步研究如何改进。"

"照这个准则，"艾米说道，"我们目前换模的时间是 10 分钟，十倍于 10 分钟的时间应该是 100 分钟。那相当于生产 14 个断路器总成的时间。或许我们应该安排生产 14 个 QST-1，然后再生产 14 个 QST-2，这样连续运行下去，是吗？"

"对啊，这样可以实现最少的库存。如果将换模时间减少至 5 分钟……"

"那产品的批量就会减半！"她惊呼道。

"完全正确，这也意味着将你的 QST 库存减半。"

"在很多的情况下，这完全是理论，"菲尔叹息道，盯着父亲在垫子上涂鸦，"因为下游的客户，并没有跟着达到平衡。"

"完全正确，菲尔。"父亲打断道，"这就是你的挑战，下一步就是要将一个真正的拉动系统带到你的工厂里。"

"我们如何才能做到呢？"菲尔问道，"我原以为拉动系统就是将客户所需的产品生产出来。但是我们无法实施真正的拉动系统，因为我们的工厂只有在有库存或者客户急着要货的情况下才能按时送货。此外，我们无法知道客户什么时候需要产品。他们中的大多数都要求我们保留一个寄货库存，所以我们是为了客户才持有库存的。"

"这必须做一些改善！知道丰田的人让我怎么做的吗？尽管卡车每两个星期才来取一次货，但他们要求我们每两个小时便将产品运到装货区。这就是你们现在需要做的，接下来就可以在工厂里实施合适的看板系统了。"

"整个工厂采用超市化运作，是吗？"艾米说道，"我们需要精确设计每一种产品在发货区的摆放位置，并定期充实存量，这样不管客户什么时候要货，我们都可以满足他们。这就是缓冲库存的作用，就像超市的货架一样。"

"是啊，我称之为在工厂内部特别营造出的一个'完美的客户'，这个缓冲库存可以帮助我们模拟一个有规律的拉动。"

"如何实现呢？"

"虚拟卡车，"父亲微笑着说，"我们知道，正常情况下送货不一定很有规律，但我们仍希望尽可能平衡地拉动生产。所以，假设客户是完美的，他们会准时过来取货，小量但是有规律，就像每天提四次货。我们把产品分别存放到两个不同的区域。一个在测试和包装的地方，我们设定一半的库存；在发货准备区内放置另一半的货物。"

"这我就不明白了，"我问道，"这不是意味着更多没有价值的搬运吗？为什么需要两个区域？这不是很浪费（MUDA）吗？"

"你说得对，"父亲轻声笑道，"这是一种浪费，但是我们希望借此解决另一个类型的不平衡浪费（MURA）。哦，不要这样看着我，让我来解释一下。一方面，我们不能精确地控制客户的卡车什么时候来取货，另一方面，我们需要对生产有一个平稳的拉动，所以我们把货物分为两个区域存放。"

"我明白了！"艾米说，"运送超市控制生产，促成规律而平稳的拉动。另一方面，把货物放到卡车准备区，在那里我们可以处理客户取货时间上的差异性。"

"正是这样，尽量使我们的作业能应付不同的差异。"

"这意味着，"菲尔总结道，"我们应该先清空发货区中那些乱七八糟的存货。我们需要大卫的参与，因为他一向亲自处理这些事。"

"是的，在我们找大卫之前，"父亲说，出乎意料地站在了大卫一边，"我们最好弄清楚我们想要做什么。你们都明白超市系统了吗？"

"我想是的，"艾米回答道，"在生产线的每一个工序结束后，设立一个超市。"

"你在断路器生产线末端想怎么做？"我问道，加入到这场学习中去。

"我们需要在断路器生产线末端，配上一个类似流量架的装置，是不是这样？"菲尔揣测道。

"具体怎么做呢？"我追问。

"每种产品排一列，使用更小的装货箱，"艾米回答道，"还需要做到先入先出，本质上就像汉堡店那样，每一个品种都有一列，当在厨房做好了，它们就滑向前台。"

"非常好，"父亲鼓励说，"这就是补充拉动，在大多数情况下不见得有用，但是，在你们厂有用。你们需要在每个工序结束的时候，设立一个超市。"

"这样下一道工序的工人就可以过来取他们所需的产品了！"我大胆地说道，试着去明白这些观念。

"每个工人来取货会导致工作周期的差异。"菲尔不同意。

"那么安排一个人过来为他们取货！"

"我能理解断路器超市，"艾米说道，"我们需要在运送终端也运用同样的超市模式。"

"是的，"菲尔同意道，"但是我仍然对这个'发货准备区域'有点疑惑。"

"那是用来吸收客户需求时间差异的。"我申明道，意识到自己的理解能力还不错。

"是的，送货差异。"父亲同意道，"关键是尽量减少差异对工厂操作的影响。如果客户是理想化的，他们会有规律地来取货，但他们不是，这没有任何理由。如果我们不能有规律地从超市取货，那么上游的生产最终会停止。"

"所以我们要像客户一样，有规律地从超市取货。"菲尔小心谨慎地揣度道。

"一个理想化的客户。关键是在装货区清理出一块地方作为一次发货的准备区域。你们每个星期有多少辆卡车进出工厂？"

艾米正思考的时候，菲尔已经把它们全都加了出来。

"总共是……"菲尔说道，"我们可以假定每天有两辆卡车，来简化一下。每天通过送牛奶（milk run）方法[⊖]运送 20 个 STR 到 Richmond，但是下个星期开始每天减少为 10 个。然后，每个星期运送 20 个 QST-1 到 Sacramento，15 个到 Pittsburgh，20 多个到 Ontario；20 个 QST-2 送去隔壁的 Oakland，30 个到 Farmington；还有剩下的 20 个 DG 会被单独送到各个地方去。所以有 5 辆卡车 STR 的送货量，3 辆卡车 QST-1 和两辆卡车 QST-2 的送货量。加起来是每个星期 10 辆卡车的送货量，再加上小量的单个 DG 的送货。"

"每一辆卡车只送一个客户吗？"

"不是，Sacramento、Pittsburgh 和 Farmington 是同一家公司的分厂，他们混合地使用不同的断路器总成来生产种种不同的设备。事实上，QST 由于客户不同，机件的大小差异很大。Richmond 的 STR，客户用自己的卡车来取货。"

"没那么简单，菲尔，"艾米指出道，"并不是所有的 QST 都是一样的，

⊖ 一种加速材料在不同工厂间流动的方法。通过安排汽车行驶路线，可以成倍增加在各个工厂的提货量和卸货量。——译者注

我们至少有三种不同的 QST-1 和两种不同的 QST-2。"

"呃，是的，你是对的。虽然断路器是一样的，但是所用的箱体和仪器板是按客户需求设计的，这一方面，我们真的需要讨论一下 QST-1A、QST-1B、QST-1C 和 QST-2X、QST-2Y 了，至于 DG 没有两个是一样的。例如，Pittsburgh 需要一些 QST-1A、QST-1C 和 QST-2Y。"

"在你说的情况下，送货相对稳定吗？"

"差不多，"菲尔答道，"我们的客户大都是按照订单来工作的，所以我们很早就知道要将货物送到哪里去。我们越有规律，他们越高兴。"

"我们清空了工厂的装货区，现在在地上画六个小区域，每个区域放一种型号的产品。"

"现在你需要有规律地从超市中拉动，并把最终的产品运到规划好的发货准备区域里。"父亲解释道。

"你说我们需要在运送线的终端，按产品分成 7 列？"

"让我们算算，"父亲若有所思地说，"我们需要为 STR、STR-X、QST-1A、QST-1B、QST-1C、QST-2X 和 QST-2Y 设列，总共是 7 列。如果我们还需要一列 DG 的话，事实上是 8 列。再回到超市想想，有品牌的和自制的面包都放在一起，但是你仍然能够在架子上不同的地方找到。因此 DG 产品可以放在同一列，虽然没有两个是相同的，但是它们的量很少。"

"很好，"菲尔说道，他正努力地想解决这个问题，"所以我们在生产线终端设置 8 列产品架，在装货区可以用 7 块准备区域。尽管客户的卡车每周只来一次，但我们却每天要用起重机将最终产品运送到卡车准备区去。听起来真的很奇怪！"

"你们应随时准备好送给客户的产品，"父亲接着道，"当客户的卡车到达时，所有的货物都在准备区，要确保找到正确的货，并把它们装到卡车上去。"

"还有一些优势是显而易见的，"菲尔表示同意，"如果生产量达不到需求，我们马上就可以发现。举个例子，我们每天将送去 Pittsburgh 的 QST-1B 的货集中起来，每个星期四装货，星期五将两箱 QST-1B 的货放到卡车准备区，星期一两箱，星期二两箱，星期三两箱，星期四再放最后的两箱，就可以完成一星期 10 箱的订单，然后卡车就运走了。如果在星期三的早上没有看到 6 箱货的话，我们就知道要有麻烦了，这太聪明了。"

"恭喜你，你刚刚操控了一个虚拟管理。"父亲微笑地赞许道。

"太多事要做了。"艾米发表她的看法。

"并没那么难，慢慢来，"父亲平静地说，"不要因为卡车在等，就想一下子移动所有的箱子，在一星期的时间内有规律地改进，没有那么复杂。"

"是的，我了解这个逻辑，"艾米笑笑，"我们需要多久去超市一次呢？"

"这个问题你得自己回答。"

"我猜是节拍时间。"

"完全正确，这就是一个理想的客户会做的，他们会在节拍时间到超市去取货。刚开始时，你可能做不到，所以你可以将货集中起来，采用一个较长的节拍时间。丰田最初让我们每两个小时取一次货，但是我们马上就减少到 20 分钟了。"

"在我们的情况下，"艾米说道，"没有必要将总成堆叠到叉车上，这样既没效率，又很危险。"

"那么，我们可以让起重机每 10 分钟将断路器总成从超市运送到卡车准备区。"

"这需要改变运输部门目前的工作方式了，我敢保证他们不会同意。"

"那是必然的！"她忽然低笑着。

"因为他们认为这样会增加工作量！"菲尔叹息道。

"需要做更多的工作。"艾米既像对她自己，又像对我们说道。

"如果你不介意的话，有一件事我想问你，伯父，"菲尔谨慎地问道，父亲挑了挑眉。

"你怎么会知道我们下一步需要做什么呢？我的意思是，为什么现在需要开始拉动呢？为什么不能等一等？我们已经做了很多改进，你不认为应该让员工休息一下吗？"

"这是你的工厂，孩子，所以由你决定。就我所看到的，在你的工厂里仍然存在很多库存，所以资金状况不会有什么大的改变。"

"是啊，你又说对了。"

"听着，菲尔，这还和那些令人讨厌的湖水和岩石有关系，只要还没有推行拉动系统，你就不能确保改进可以持续进行。当然，却也不会回到你们开始改革的地方。万事皆在人，还记得吗？不是机器与设备！"

菲尔点点头，摘下了他的眼镜，疲惫地搓着脸。

"关于我如何知道你们该怎么做，我只不过按照丰田导师多年前教我做的那样告诉你该怎么做，我已经在许多工厂里进行过类似的工作了。只要愿意尝试，不管相不相信，都会发现这个方法很有效。这些过程可以总结为：

第一，尽可能找出质量问题，包括故障时间和其他不稳定因素，并让工程师认真解决这些问题；

第二，确保零件流动尽可能连续，这包括建立 U 型单元（U-cell）和市场区域，避免工人的工作周期变化等；

第三，倡导工作的标准化，并确保不同工序的内容达到平衡；

第四，展开拉动，直到需要零件和物料时，才启动。这就是我们现在需要做的事，包括建立一个内部的理想客户，关注生产进度表，并将周生产或者日生产订单用看板卡片来代替；

第五，通过减小装货容器的容量，加快内部送货节奏，平衡内部需求，来完成生产流量；

第六，不断进行改善和提高质量，当它最终达到完美的时候，就可以为'Oh No!'做准备了。"

"那从来没有失败过吗？"我略带怀疑地问。

"这个方法？没有，为什么会失败呢？只有当人们放弃，并选择另一种阻力较少的方式的时候才会失败。它就像一般的练习法则，没有努力，就没有结果。"

"是啊，没有付出就没有收获！"菲尔咕哝道，他在本子上涂鸦，而艾米在椅子上伸懒腰，悠闲地展示着她美丽的双腿。但是仔细一看可以发现，上个月他们为了工厂改造付出了很多。艾米的双眼微闭，高高地仰着下巴，尽管如此，她看上去仍然很疲倦。

"我知道你说过你不肯，"菲尔最终说道，抚平了他内心的争论，"但是我想如果我们还想进一步发展的话，我们真的需要你回到工厂来。"

父亲盯着他，但是没有反对。

"从我的理解来看，这基本上和生产计划及进度有关。你刚刚提到过的看板，现在我已经有一些思路了，但是我不知道有谁真正知道如何操作看板。我们从前请的咨询顾问不知道，虽然他们也谈到过它，但是当发展到实际的运用中……"

"菲尔，我曾经告诉过你……"

"如果，"菲尔举起他的手打断道，"如果我能说服大卫了解这样做的意义，并要求他与我们合作，你会不会给我们一个机会？"

父亲什么都没有说，只是皱着眉，让人有些沮丧。

"如果大卫不愿意，我就解雇他，"菲尔简洁地说，"我相信这也是解决问题的一种方法，而且我再也不想回到过去几个月那种痛苦的日子了。我将要求设计部的人员一起来解决质量问题，所以我需要生产能正常进行。我已经做好准备了。"

我疑惑地看着我的朋友，这有那么容易吗？依我这些年的了解，菲尔是一个逃避冲突的人，但现在他听上去完全不同了，看上去也完全不一样了，严酷而坚定。一瞬间，我已经从他的脸上看到了多年来我在父亲脸上看到的那种坚韧。我常将领导能力放在第一位，现在感觉我在我的工作中也没有充分地掌握。

"不用那样做，孩子，"父亲安慰道，"大卫是个全身心投入的、重视忠实的员工的人，他很有经验，所以如果他准备再干的话，我愿意给他再试一次的机会。我答应你，你们的超市完成后，我会过去看看的。"

"这真令人欣慰，"艾米蜷缩在她的椅子中欢呼道，"我不会再单独一个人与工厂的惰性斗争了。我喜欢听到这个消息。"

"别想得那么美，我只负责宣讲，而你要领导战斗！"父亲会心地笑了。

第 7 章 The Gold Mine

看板系统

虽然距我父亲第一次到工厂最多也只有两三个月的时间，但工厂已经焕然一新。刚刷过的白色墙壁仍散发着油漆味，使得我这个没经验的人，也能看出 5S 的成效。

"我们认为，如果真空芯工厂可以做到整洁，"菲尔解释道，"那么整个工厂也可以做到。你们觉得 5S 的成绩如何？"

"工人们在背地里叫我们'巫婆'，"艾米咯咯笑着，谈论着自己、葛兰与小艾组成的三人铁腕小组。小艾是总装车间的新任领班，同时也是一位有多年传送带工作经验的墨西哥裔美国妇女。"我们每隔一周就用 5S 审计方法对各部门进行评分。"

"记得我们当初实施三个 S 后，都不知道下面接着该做什么，"菲尔补充道。"小艾随时找我观察某个生产单元，尤其当他们从一个 S 进入到下一个阶段时！"

"这表明你非常关注员工，亲爱的老板！"她调侃道，"难以置信，现在大家居然那么认真地看待 5S，我有时还真怕工作量会吓到他们。"

"是啊，你就常吓到我！"我开玩笑地说。

"你应该来车间见识一下我的威力，"她回击道，"我原以为罗吉斯事件以后，会有更多的工人抗议，但事实上工人们挺合作。我们已经和资深工人们开始推行新的改善工程。只要不要求他们写计划报告，他们总会有许多非常好的想法。哦，我们的目的地到了。"

断路器装配区完全改变了。工人们将装配流水线搬到了传送带正后方，随后又把四条断路器装配线整合为两条。工人们的工位排列紧凑，在每个工作台前都只有很少数量的零件。

"为了满足这种需要，"艾米说，"我们会定期补充各种需要的零件。"

一条宽过道将两条装配线分开，这使得零件能快速地补给给工人。

"你们到底怎样补给呢？"我问道。

"用一个双向架柜系统，"艾米回答说，"每个零件都放在工人前面的架子上。工人们从一个小塑料盒中拿取所需的零件。在这个盒子后面有另外一个装满零件的盒子。当用完盒子里的零件后，他们就把空的盒子向下推到下面的滑道。这是一个信号，通知物料员要补充零件了。"

"谁负责零件供给？"父亲问。

"应该是物流部门，"艾米皱起了眉头回答说，"但到目前为止，我们还没有完善这套运作体系，所以暂时由葛兰负责。谢天谢地的是，尽管每个工人需要很多不同的零件，也要求我们用很小的容器，但我们还是可以按照节拍时间，每 7 ~ 10 分钟完成一件，因此架柜补给的时间不是太频繁。"

"葛兰可忙得够呛啊，"父亲关心地问，"她是不是还负责返工零件的活儿？"

"我明白，但目前非她不可。"艾米说道，"此外，我们正在尝试每小时补给一次零件，但……"

"在我今天离开前，记得提醒我跟你们再说说关于补给的操作。"父亲插嘴说，然后继续向前走。

工作站之间有一个空间，是专为产品返工而设置的。我现在才明白了父亲所说的，工人优先，一切都按简化工人操作的原则来安排。工作站是重心，物流补给被安排在其周围。

"正如你所看到的一样，"艾米指着一块白板说，"我们已经为每条装配线配置了一块生产板，每天早上的第一件事就是开一个 5 分钟会议。在会上，检查上一班每小时的产量，并预估下个班次可能会遇到的问题以及考虑应采取的相应措施。在每天工作结束的时候，葛兰听取每条装配线负责人的汇报，并记录下所有的问题；接着她要与相关部门和工程师沟通协调，使得这些问题不会再重复出现。"

"我看见你已经开始记录无事故发生的天数。"父亲满意地说道。

"是的，这是我从汉堡快餐店学来的。"

"安全第一，非常好。"

"到目前为止，一切都还进展顺利，但是最近遇到了一个很大的困难，"艾米很沮丧地说，"就是那些高傲的工程师们。除了乔希常去车间外，其他人从不到生产线上，去实地看看工人们如何能把他们那些不合理的设计制造出来。工程师们总是托词太忙而不到现场。他们根本没把工人放在眼里，真是可恶！"

我们都笑了起来。

"生产新的 STR-X 是一场噩梦。刚开始时我们不断向红箱子里扔有缺陷的零件，多亏乔希没日没夜地工作，才保证生产没有间断。即便是他，也没有从同事那里得到多少帮助。菲尔和我看到各部门送上来的绩优名册，几位工程师居然也名列其中，真是不可思议！"

"哎，你居然还真在干人力资源的活儿，"我开玩笑地说。

"别臭我了，"艾米扫了我一眼说道，"这是断路器超市。"

"你们看那儿！"当我们到达传送带的时候，父亲大声叫道。

在总装配线前是一个断路器超市。比起我们家社区的超市，这里的货架长很多。事实上这些倾斜的货架一直并排向后延伸到两条断路器生产线。这些断路器由传送带直接送达装配工位，然后由装配工做最后的组装。工人们要从他们身后的架子上，把所需的零件从箱子里搬到工作站。我以为父亲会批评那些不必要的移动、转身、拿零件、走动等动作，因此等着他发表关于怎样把无价值动作转化为有价值动作的大道理。但是他并没有提这一点。他似乎都将注意力集中到那个装断路器的货柜架上去了。

"那儿，"父亲说，"为什么那个货柜架那么大？"

当大卫盯着父亲看时，艾米和菲尔使劲地摇头。在一片紧张的气氛下，父亲表现得很平静，外表看起来没有任何敌意。菲尔相当倚重大卫，尽管他对新的生产理念有时并不认同，但他工作很努力，他把一生都献给了工厂和他的工人。大卫的行为是一般中层管理人员不热衷于改变所表现出的正常现象。菲尔相信，只要精益生产执行得有成效，他有把握大卫会转变态度。

"我的意思是，它的功能是对的，但太大了！"父亲说。

葛兰和小艾这时一起从传送带那里加入我们的谈话，艾米急忙在葛兰的耳旁说明情况。

"你知道我们为了这些改变付出的努力吗？"菲尔有点激动，"仅仅让麦休批准添加塑料零件箱，就费了我半天口舌！"

"不错。"父亲还继续追问，"但是为什么这么大呢？"

"你知道为什么，"艾米不情愿地回答，"因为我们的在制品库存太多了。"

"让我来解释吧，"大卫试图缓和气氛，"你现在看到的在制品库存是我们过去的一半。目前的设置是零件直接滚到总装配线，减少了运送中无附加值工作的时间。"

父亲坚持不懈地问："但是为什么不能做得小一点呢？"

"因为我们还没有搞定运送线的平衡问题。"艾米插嘴道。我能够隐约感觉到一股火药味。

"嘿，你的进取精神到哪去呢，小姐？"父亲反驳道，"刚刚在装配线上看到的冲压机……"

"冲压机床又怎么了？"大卫有点激动，像是又要爆发另一场冲突。菲尔赶忙用手拽着他的胳膊。亲爱的上帝啊，父亲为什么不用比较和平的方式与人沟通呢。

"伯父，"艾米回道，明显地提高了她的嗓音，"我明白最终目标是单件流生产，我们应该能完全取消这种流动货柜。但是，我们只能逐步向这个目标迈近。按照你教我们的，我们不能冒失去顾客的风险！要首先满足交货，所以才会有这么大的超市货架。"

"我同意。你做到了，很好！"父亲夸奖道，"但是现在我们得想想怎么改进它！"

艾米叹了口气，但没说什么。

"好吧。那你告诉我你现在怎么补充零件吧？"父亲问葛兰。

"最初，"她解释道，"我们想用一个箱子装下一个断路器成品的所有零件，但发现装满后太重，工人搬不动。所以我们换了一些较小的塑料盘子，每个盘子容纳一部分零件。新的断路器测试完毕后，操作员把它放到盘子上，然后再把盘子放到流动架上。看，我们已经贴上标签了。然后，等待运输工人把盘子推到工作站那边。"

"我明白了。但工人怎么知道要制造哪一种断路器呢？"

"按照我们日常的作业程序，"葛兰耸了耸肩，"遵循生产进度表来生产。每天生产各个型号的产品，一号线上午生产 STR，下午生产 STR-X。二号生产线上生产 QST-1 和 QST-2。根据订单需求，在另一个工位上装配 DG。"

"所以你们还是推动生产。"

"是吗？"艾米问，看起来很疑惑似的，"传送带上的操作员在拉动零件，就像超市的购物者一样。"

"是很像，但是他们并没有根据被消耗的零件的顺序来生产。"

"你能重讲一遍吗？"我打断道，"对我来说太快了点。"

"及时生产，"父亲解释道，"仅仅生产被消耗掉的产品，同样的数量及顺序。尽管传送带操作员正在从超市里取货，但生产线上仍源源不断地将各种不同的断路器推向超市。你的生产线产量一定不很稳定。"

"是的，"葛兰肯定地说，"这就是我们需要把货柜架做得大一点的原因。"

"我好像明白你的意思了。"艾米皱了皱眉，"我们一直按照生产计划安排生产，而没有去补充消耗掉的产品。理想化的作业应该是，每当一个断路器被组装后，我们就应该开始生产同一型号的另一个断路器。"

"你的理解是对的。"

"这时候是不是应该用看板管理呢？"菲尔问道。

"对，"父亲回复道，"这就涉及看板了，问题是怎样做。按照你的直觉说说看。"

"好，"菲尔说道，"如果想每次生产一个新的断路器，前提是有一个已经被运走，我们需要将信息反馈给上游的工序，通告从超市取走了哪些断路器。可能是电脑信息，也可能是其他的方式。"

父亲用心聆听着。

菲尔停了下来，细想了一会儿，接着补充说："这样，想象你是一个农夫，根本不懂电脑……嗯，我不知道，总之是某种信号。"

"艾米你呢，葛兰呢？"

没有人出声。

"其实，你们需要的是一些简单的标签，什么样的都可以，塑料片或纸板，总之任何可贴在断路器货柜箱子上用来区分不同零件的都行。当总装配的工人取走箱子时，他必须把标签留下来，然后将它送回断路器组装线，并按次序放好。"

"所以我们可以借由标签来知道生产了多少零件及其先后次序。"葛兰推理说，"高明，为什么我们没有想到这种方法呢？"

"你一定不知道，大家费了多少脑筋才找到这个简单的方法。"父亲说，"我们通常用一些非常简单的卡片。比如，在一张卡片上标明箱子里的零件类型和数量，然后把它们排放在一起。"

"别看我，葛兰。"菲尔开玩笑地说，"我没有接受过培训，所以想不到这样简单可行的方法。"

"等等，"当笑声慢慢停下时，艾米说，"这就是说我们每次要制造4个断路器。"

"是的，我知道。"父亲咧开嘴笑了，"假设要一次生产20个STR断路器，因为每次生产不同的型号时要换模，所以要把卡片集中起来，直到有20个STR断路器的批量。"

"用一个盒子收集被送回来的STR卡片，另一个盒子放STR-X卡片。如果有20个STR，那么，当你收回20张卡片时，就把他们夹在一起，然后投入待生产的匣子。就这么简单。"

"让我试试，看我是不是完全理解了，"葛兰慢慢地说，"工人从断路器超市拿走一个装STR的盘子，把卡片从盘上抽出来，然后把它放在'STR卡片盒'里。当有 20 张卡片在盒子里时，我把它们用回形针夹起来，并拿到断路器生产线上按列排好，是这样吗？"

"是的，所以当他们看到夹子的时候，工人就知道有 20 个 STR 已经运走，下面要尽快再生产 20 个 STR 断路器了。"

"听你这么说，倒挺简单，"葛兰表示同意。

"告诉你吧，"父亲笑着说，"还有更简单的办法。你可以建立一个有 20 个卡槽的卡片盒，所以一旦有 20 张卡片在盒子里，你马上就能看出来，并送回生产线。"

"我的天，这太不公平了！"艾米结结巴巴地说，"这么简单的方法，我为什么想不到。"

"我知道。我当年也觉得很沮丧，我们往往想得太深奥。"

"我还是有些不明白，"菲尔打断道，"你说每次生产一定数量的同种断路器？"

"是，目前的批量是 10 倍于换模时间的生产数量。"艾米说，"计算下来大约是每批 15 个。"

"这没有问题？"菲尔问，"每件 STR 成品需要 4 个断路器，但 STR-X 仅需要 3 个断路器。照你的做法，如果我们每批生产 15 个，那不会造成多余的库存吗？！"

"并非如此！"葛兰回答说，"这仅仅意味着 15 张 STR 的卡片会比 STR-X 的卡片来回更频繁。所以你发现，STR 比 STR-X 的生产率高，我说得对吗？"

"完全正确，"父亲表示赞同，"批量并不能清楚地反映传送带另一端的消耗信息，但是如果在生产线上用卡片排列显示顺序，就可以清楚地知道传送带的出库顺序。明白了吗，菲尔，这就是你的看板。"

"这听起来太简单了！咨询顾问们总是提出非常昂贵的解决方案，他们为什么没想到这个方法？"

"如果不考虑咨询费用的话，我所说的方案和那些顾问专家们提出的解决方案是一样的。只是他们的方法总是比较复杂，不然，怎么能显得出他们学问大呢！"父亲微笑着开玩笑道，"你需要把所有的资料记录在卡片上，比如部件名称、数量，每箱有多少部件，每批有多少箱，循环中有多少卡片，等等，但基本上还是挺简单的。生产和运输用两种不同的看板卡片，但原理是一样的。看板管理的第一准则就是，下游工序从上游提取所需的产品零件。"

"第二准则呢？"

"上游仅仅生产下游工序所提走数量的产品。这就是你的超市当前所面临的困难，所以目前正是应用看板管理的最好时机。"

"很好，"菲尔总结道，"我们将会继续改进，来使传送带上的产品流得更加顺畅，并且尽可能平衡生产。"

"从推动到拉动，我们已经可以用看板来决定每个工位什么时候生产什么产品，"艾米对葛兰点点头。

"这种庞大的货架还是少用为好，"父亲说，"你们在车间建立超市，是很大的进步，值得庆幸。"

"好，我们继续努力。"

"好吧，让我去看看你们是如何为顾客提供优质服务的。"父亲若有所思地离开装配区，向传送带走去。我发现大卫立刻紧张起来，红润的面颊上掠过一丝绯红，但他仍然表现得很镇静。在装配传送带的末端、测试和包装工位的正后方，他们腾出一个很大的区域，可以放置 10 列待装载的成品。明显的标志从屋顶上垂下来标明每一列产品。当我们走过时，一个工人正好为一个成品箱贴好标签，并把它放在传送带上，然后把其他的成品向前推。有些产品的架子是空的，另一些则堆满了存货。

"我清楚你想说什么，"大卫发话了，"但在这里好像行不通。有时候断路器成堆地堆在墙边；但有时候，一些传送带上什么产品也没有。"

"我看到了。"父亲平淡地回应了一句。

"对了，这三条传送带是我们预留的，"菲尔回答，"为日后的新产品。"

"好，看看这里，为什么堆满了过剩的 STR 断路器？"

父亲的问题令大家坐立不安了，但艾米表现得异常冷静。我怀疑他们在这个问题上已经争论多次了。

"你们准备怎么样把产品从这里装上车呢？"

"按照你的建议，"大卫继续说，并指给大家看靠近装卸窗口的一块地方，地上圈出了七个长方形的区域，大部分都是空着的。

"这是装货准备区，每种产品一块。"

"为什么他们都空着呢？"父亲问。

大卫耸耸肩，葛兰和小艾沉默着相互看看对方。他们明显知道一些事，却不肯说。

"因为卡车每周只来取一次货，所以材料搬运工人不肯每天从产品超市搬一次产品到装货准备区。"艾米回答。

"他们是这么想的吗？"父亲假装吃惊地竖起眉毛问。

"这是物流部经理的想法，"大卫说，"我无法改变他们。"

"我和他们讨论过多次……"艾米破口而出，听起来有些气愤。

"轻松点，艾米，"父亲非常和蔼地说，"没有几个人能一开始就理解这里要做的改革。"父亲直直地盯着大卫，"你能领会这些道理吗？"

"我明说吧，我知道你想做什么。但是，不知道这会对公司有多大帮助。再说，我真的不知道应该怎么动手。"

"好吧，让我们一件事一件事来谈，"我父亲极有耐心地说。"但是，"他向菲尔皱了皱眉，"别指望我去处理物流部经理的问题，你应该尽快去解决。"

菲尔点点头。

"首先，你知道超市为什么会存在问题吗？"

"因为没有实现均衡拉动！"艾米有点不耐烦地看着大卫，似乎又要爆发一场持续的争论。

"如果不定时地从超市大量取货，"父亲慢条斯理地解释，"你就不可能维持一个有序的超市。譬如突然有一天这我需要为50个朋友准备食品，因此到当地超市去，一次拿掉货架上的所有食物，在那种情况下，超市要想及时补充存货都相当困难。"

"这道理我明白，"大卫说，"但将不同类型的断路器混合在一起生产，如果能做到，或许可以帮助降低库存，可这将增加装配线上的人力与时间，每个人都知道现在厂里的生产效率是最重要的。"

沉默了一会儿之后，我父亲回话了："你想过为什么冷饮在度假胜地要比普通商店里贵两倍吗？"

"这两者之间有关系吗？"大卫反问，随后又补充道，"我猜，他们是想趁机捞一把。"

"那是一部分原因，但主要还是因为他们一年只有一半的日子在工作，所以他们要借度假期赚回成本。我同意你说的装配成本会增加，但那不是产品的总成本，仅仅是一部分。"

大卫困惑地看着父亲，安静地听着。

"当高产能遇到一个需求低谷时，你会有很多存货，同意吗？"

"同意。"

"你需要有足够的存货来应急高峰需求，剩下的时间里没有这个需要。但你不知道下次高峰需求什么时候会来，所以只好准备库存以防万一。"

"这个我明白。如果一旦库存不够，"他会意地看着菲尔，补充说，"新的订单来的时候，我们就可能脱销了。"

"是的，而且你必须将库存的成本加到你的产品成本中。"

"我同意你的说法。"

"你会遇到客户需求的高峰和低谷，那么，你的供应商也会遇到同样的情况，因此你的供应商也要存货。实际上，这些库存虚构了生产率的提高，因为你并非根据顾客需求而生产，而只是增加库存，增加成本罢了。"

大卫没发表意见，但我能看出他挺不自在。父亲赢了这场辩论。

⁃⁌

"你要我们每隔十分钟从成品超市将成品送到装货准备区域，是吗？"大卫疲惫地说。

"假设你有一个虚拟客户，"父亲同意道，"按照他消耗的节拍来提货。"

"不管用什么方法送货？"

"按照生产节拍往装货区送货，其目的是建立一个小库存以平衡客户需求的变化。如果每周仅运送一次，实际上是人为地造成了需求高峰和低谷。所以，我们采用节拍时间来均衡产品的供需。"

"有一定难度，但我们可以试一试，"大卫耸耸肩说，"但首先我要能说服物流部门。"

"我会全力去推动，"菲尔坚定地说。

"你的意思是推动拉动生产，不是推动生产。"艾米笑着纠正道。

"还有，我还是不知道怎么去告诉物料工人每次该搬运哪些箱子。"大卫皱着眉说道。

"不用愁，"父亲说，"物料搬运工人会清楚地知道什么时候搬什么东西的。我们再演示一次看板吧。"

"像前面用的看板吗?"艾米问，"我不觉得可以用得上。"

"嗯，以前用的是生产看板，现在我们要用提取看板。"

"你是说不止一种看板?"我吃惊地问。

"是的，米奇，最少两种。"父亲说完转向大卫。

"我们先排列一下你所有的产品。按照菲尔所说，有两大主要的产品系列，STR 和 QST。"

"因为每位客户往往要求不同的仪器面板和不同大小的外壳箱，"大卫解释道，"平常我们生产 7 种不同的 STR 和 QST，再加上少量的 DG。如果按产品分组，日产计划应该分解为 10 件 STR，8 件 STR-X，5 件 QST-1A，2 件 QST-1B，4 件 QST-1C，4 件 QST-2X，6 件 QST-2Y，以及不定量的 DG。"

"暂时将 DG 放在一边，先考虑主要产品。艾米，你会怎样安排生产线呢?"

"我们需要一个搬运工开着叉车，来回于成品超市和装货区，将成品从超市送往装货区。"

"来回一次要多长时间?"我问道。

"我不确定，"大卫看着艾米回答，艾米摇着头，估算道:"大概 2 ~ 5 分钟吧。"

"工人怎么知道要从超市里取什么东西?"

"用看板卡片?"菲尔不太确定地说。

　　"没错。把你的记事本借我用一下。假设每半小时，工人要将一件产品从成品超市运送到装货区。我们首先找一个柜子，取名叫生产均衡柜（heijunka box）。柜子里为每半小时隔一小格，一天 8 小时就有 16 个格子。我们可以画一个像这样的有 7 种产品的表格。"

产　品	8:30	9:00	9:30	10:00	10:45	11:15	11:45	12:15	13:45	14:15	14:45	15:15	16:00	16:30	17:00	17:30
STR																
STR-X																
QST-1A																
QST-1B																
QSR-1C																
QST-2X																
QST-2Y																

　　"那 DG 怎么办？"艾米问。

　　"DG 先放在一边，我们会单独处理。假设卡片随着产品的装货匣移动，尽可能均衡地安排运输，就像这样："

产　品	8:30	9:00	9:30	10:00	10:45	11:15	11:45	12:15	13:45	14:15	14:45	15:15	16:00	16:30	17:00	17:30
STR		■		■	■	■		■	■		■		■			■
STR-X	■		■		■		■		■		■		■		■	
QST-1A	■						■			■			■			■
QST-1B				■					■							
QSR-1C		■				■			■				■			
QST-2X			■					■			■			■		
QST-2Y	■			■			■			■			■			■

　　"这样搬运工就知道每 30 分钟从超市取什么货了？"

　　"你是说 8:30 时他们要运送一件 STR-X、一件 QST-1A 和一件 QST-2Y 吗？"艾米进一步问道。

　　"然后 9:00，要运送一件 STR-X 和一台 QST-1C，"菲尔接着说，"他们可以同时搬运两三个成品，就这么简单。"

　　"搬运工人只需按时取出卡片，从成品超市里取出相应产品，然后搬运到对应的装货区。"

　　"如果他们同意用这个方法，当然没有问题了。"艾米答复说。

"记住，这是他们的工作。你想要往卡车上装货，就必须依靠他们，"父亲缓慢而坚定地说，"用这种方式可以避免许多经常发生的问题，包括找不到零件在哪里，等等。"

"听起来像是我们每星期一装货的情况。"菲尔咧开嘴笑了。

"如果这些搬运工能遵循标准化的程序，"艾米说道，"那么就可以帮忙提高物流效率了。"

"这正是均衡生产的另一个好处，"父亲赞同道，"但你很快就会发现，你们现有的搬运工人数太多了。"

"不太可能吧，"大卫插嘴道，"我们在需要的时候，总是一个搬运工也找不到！"

"大卫，"艾米高兴地说，"如果他们遵循标准化的程序作业，我们就可以准确地知道他们什么时候在哪里了。"

"工人怎么知道到哪里去取货？"我问道。

"每辆运输卡车都有一张取货单，清楚地说明需要到哪里取货，"父亲回答说，"生产均衡柜决定了搬运工人的工作量和顺序。任何时候，工人们都清楚下一步应该提取什么产品。"

"到目前为止，你教给我们怎样去组织搬运工，使其与顾客的要求同步，"艾米说，"但是你还没告诉我们，怎样去管理传送带上的生产。"

"一起来想想看。"

"我知道，为了补充成品库存，传送带上的产品应该与消耗掉的产品同一节拍。"她不眨眼地回答，"但我不知道实际中怎么操作？"

"你觉得该怎么办？"父亲问大卫。

"我用你的方法把每周的需求分解到每天，并制定了一张传送带进度表，然后送给小艾照着执行。艾米和我曾讨论过，每天生产不同型号的产品；但目前还是每天生产 10 件 STR 后，再生产 QST 等。"

"可以，这是个开端。你觉得有用吗？"父亲问小艾。小艾没急着回答而是仔细考虑着。

"马马虎虎。因为经常缺少一些零件，所以无法执行原定的计划，"她慢慢地说，"每次一缺货就不得不停止生产线。"

"我这么说吧，"大卫回答，"我们现在看到了许多过去没有遇到的问题，所以尽量修正弥补，以免耽误了交货时间。"

"不错，"菲尔说，"最近我很少收到客户的投诉。"

父亲想了很长一会儿，然后深深呼了口气。

"好吧。你们应该按照成品超市消耗的顺序，来安排传送带上的生产。这才是稳定维持最低库存的方法。"

"从最终装配线开始？"我建议道，菲尔和艾米转身看着我，显然不同意。

"我觉得应该从装货区开始！"艾米表示支持父亲的说法。

"很好，客户第一。"父亲露齿而笑，表示同意。

他从菲尔拿着的便笺纸上撕下一页纸，折成四块。

"我来到生产均衡柜前，拿一张取货看板卡片，要提取一箱STR。"他说着走向存放STR的超市，手上拿着取货看板。

"我把STR取走了，同时给传送带发出一个生产指令，告诉他们应该生产一件STR产品，来补充我刚刚取走的产品。有没有问题？"

"没有。"菲尔说。

"下一步呢？"

"生产指令？"菲尔认真说，"应该送一张生产看板回传送带生产线。"

"很好，"父亲同意道，"当成品运到装货区，我们从成品箱上取下看板卡片。然后，送回到生产线。"

他用菲尔的笔在另一张纸片上画了一个很大的"十"字，然后把这张新制卡片放在STR成品箱的上面，并把先前的卡片交给大卫，"替我先拿着。"

"现在，我是一名搬运工，"父亲说，走到大卫身边，接过他手中的卡片。"我刚从生产均衡柜里拿走取货看板，"父亲说，在空中挥了挥卡片，"这告诉我应该从成品超市里取走相应的成品。我找到对应的箱子把它放上叉车，"父亲一边说一边模拟动作。"我现在取走贴在箱子上的生产看板，"他说着走回到STR箱子前，取走箱子上的卡片，"然后用我手里的取货看板去替换这个生产看板，清楚了吗？"父亲问，交换了那两张卡片。

"然后你把生产看板送回生产线下达生产指令！"艾米恍然大悟，"就这样啊！"

"当然，看板卡片要集中在一个地方，可以设一个信箱，搬运工收集卡片后送回来。"

"那取货看板呢？怎么办？"

"取货看板会随着产品进入下一个工序，就现在的例子，取货看板会被送往装货区。"

"好的，我想我有点概念了。"菲尔说，"第一点，下游工序到上游提取零部件；第二点，上游工序仅生产刚刚被提走数量的产品，对吗？"

"嗯，大野有六条看板准则，我们可以逐步实施。为了能贯彻你所说的前两条，工厂里需要确保没有生产看板就不能启动生产，没有取货看板就不准提取产品。工厂中每个断路器成品或零件箱都应该有一个看板。当然，零件箱中只能允许有零缺陷的产品，因为缺陷件会影响到整个流程。最后，要逐步减少每张看板上产品的数量，也就是减少批量。这样才能增加生产线的灵敏度，当然你不需要从一开始就用上所有准则。"

"让我试试，"艾米高兴地总结道，"这些准则是：

（1）下游从上游工序取货；

（2）上游工序仅生产取走数量的产品；

（3）生产和取货一定要有看板指令；

（4）工厂内不允许出现没有看板的零件箱；

（5）不接受有缺陷的产品；

（6）随时间逐步减小批量。"

"哇，真棒！"菲尔眼睛看着每一个人，"那我们开始干吧！"

我们约定几个星期以后在俱乐部相聚，那天是个工作日。事前我没有收到菲尔的电话，所以我想一定进行得很顺利。当他走出他的宝贝跑车时，他看起来轻松又潇洒。父亲已经在酒吧里和艾米、哈利等人愉快地交谈上了。哈利穿着他的水手装，潇洒地戴着他的海军帽。

当我和菲尔在桌旁坐下时，哈利大声说："听说你已经成功地转亏为盈？"

"工厂车间是有了很大进步，在没有增加成本的情况下提高了产量，"菲尔骄傲地说，"解决了供货的问题，并争取到了新的订单。"

"嘿！"艾米嚷道，"我们的成绩还多着呢。把过去的生产流水线改成了生产单元，生产率提高了 30%，质量也提高了一倍，并且建立了成品超市。"

"库存量减少了吗？"哈利追问。

"我们面临一些看板的问题，"艾米坦白地回答。"因为物流部门不合作！"她补充说。

"噢？"

"物流部经理不愿频繁地从成品超市将产品运送到装货区，他认为这样会增加搬运工的工作量，增加物流成本！"

哈利和父亲相互交换了个眼色。

"物流部经理说他明白看板的方法，以后会慢慢实施，"艾米补充说，气得脸都红了。我觉得她生气的样子也蛮好看。

"那个家伙真可恶！"她坐在椅子上，把太阳镜拿了下来。我发现艾米的情绪变化很快，有时候我几乎还没有反应过来，她已经恢复了平日的笑容。

"所以工厂还没脱离泥沼，鲍勃？"哈利咯咯地笑个不停。

"你可以这么说，但这次可不是我领军。"父亲心平气和地回答。

"事实上，我知道我不应该问，"菲尔盯着我父亲，措辞严谨地说，"但如果你能再回来告诉我们错在哪里，我们会非常感激。"

父亲阴着脸说："我已经不再烦心工厂的事了，再告诉你一次，我不愿意再回到工厂去了。"

"我知道，但我们真的很需要你。"菲尔坚持道。

看到菲尔这么坚持我很吃惊，他不肯轻易放弃，这种执着远超过我的预期。

"今天不谈这些，我要和哈利去钓鱼。"

"不要这么扫兴嘛！"哈利嚷道，没想到他会帮菲尔说话。"我很想看看这些天你们到底干了什么，"他朝艾米看了看，"菲尔，你愿意让我去参观你的工厂吗？"

"当然好。"

"孩子，"父亲提醒菲尔，"你不知道你答应了什么，哈利过去常常把比你们大得多的工厂当一碟小菜吃。"

"啊，不要婆婆妈妈，鲍勃。走吧，去看看他们的工厂！"

"不钓鱼了？"

"鱼还是要钓的，回来再去。"

"帮帮忙，伯父，我们需要你来看看我们的看板。"

"好吧，菲尔，"父亲勉强答应了，"这是你自找的。"

物流部经理凯文领着哈利去参观工厂，我们直接走到成品超市。葛兰不在，小艾走过来打招呼。她没有葛兰的强悍，是一位低调、丰满、话不多的女人，有一双饱经忧患的眼睛，一头黑短发，脸上总是严肃的神情。她对艾米亲切地笑了笑，艾米拍了拍她的手臂。

"看板的问题出在哪里？"

"我们曾努力去尝试，但整个流程还是不流畅，"大卫坦白地说，"我想问题是和物料管理部门没有达成共识。我在生产装配线上设立了生产均衡柜，有些时候运行得很顺，但有时候又不能够完全掌控这套系统。"

"举个例子来听？"

"主要是缺乏零件。你认为我们应该停止生产吗？"

小艾指着一大堆悬挂在传送带上的外壳柜，抢着说："需要的没有，其他的一大堆，另外有些部件，譬如电路板也缺货。"

父亲看了看传送带，什么也没说。

"因为缺货不能够按计划生产，就只有生产那些不缺零件的产品。"大卫补充说。

"这就是为什么需要安装看板的原因，"艾米总结说，"缺货导致传送带上的不均衡生产，从而导致对成品超市的冲击。"

"我同意艾米的说法。"大卫说。

"很好，你们既然知道问题所在，"父亲缓缓说，"要我来这干吗？到底是怎么回事，菲尔？"

"我也是刚知道这个问题，"菲尔有点无奈地说，"大卫？我们到底缺多少零件？我怎么没有听说关于这件事的任何消息。"

"你最好去问问物流部门。"大卫苦苦地说。

"什么意思？"

"去问凯文。"艾米叹了口气。

"到底是怎么回事？"菲尔苦恼地问。

"那不是我的责任范围，所以我不会去碰它！"大卫回答说。

"艾米呢？你怎么说？"

"我所知道的是，"艾米认真起来，"因为看到成品超市的库存，所以麦休就给凯文下了个指示，要减少外购件的库存。我还没有深入调查，并不确定这个消息的准确性。"

"所以为了减少库存，却导致生产线缺货。"父亲一阵大笑，"好吧，在整顿外购件之前，我们最好先将冲压线理顺，大家还站在这儿干吗？到外壳箱生产线去看看吧！"

～∽

哈利参观工厂回来，后面跟着没精打采的凯文。凯文是一个年轻人，一副消瘦的面孔和一头红色短发。他是领导班子的一员，麦休从外面雇他来取代前任经理。他一看就是个精打细算成天搞数字的人。他曾在两家工厂负责物流和采购，他的头衔好像是"供应链经理"。

"真是值回票价,"哈利淘气地眨着眼睛说,"鲍勃我看你的魔法失灵了,你有没有去生产外壳箱的生产线上看看?一团混乱!那些机器设备需要大力整顿!"

"机器怎么了?"大卫紧张地问。

"一团糟,漏油,碎屑,你们以前没听说过 5S 吗?鲍勃都教了你们些什么?"

"我们已经在那个区域实施过了 5S 管理!"艾米回复说。

"在机器周围环境的 5S 是还不错,但机器本身呢?机器是用来生产的,你们之所以跟不上生产进度,是因为机器有一半的时间在停机!"

"你等一等,不要信口雌黄,"大卫红着脸说。

"你看到他们的冲压件库存了吗?足以垒成一堵墙。如果是我,绝不会选这样的工厂做供应商。我还以为你已经改造了!"

父亲没有任何反应。他看起来很平静,不发表任何意见。

"我告诉过你停机的问题!"凯文指着大卫的脸说,"如果冲压件赶得上进度,我们就可以按生产计划进行!"

"如果你进度安排合理的话,我们起码可以有足够的时间安排生产。"大卫言辞激烈,艾米和小艾互换了眼色。

"听好,我自始至终都按及时供货的原则来安排生产计划!我削减了 10%的外购件库存,依据客户订单计算出了经济规模的订货量,尽量避免过度采购,节约现金。"凯文一边扳着手指列举他的成绩一边说,"目前正准备要求供应商及时运货,所以不要跟我提任何关于生产规划的问题。你们不能按计划生产可不是我的责任!"

"你根本是自以为是!"大卫不客气地打断说,"就是你的规划把大家都拖下了水。前些日子因为生产单位不断努力,才能按时为客户供货,你明白吗?现在你两头压挤生产线——一方面外购件缺货,再一方面做好的成品运不出去,我们整天缺这少那,怎么能够按计划生产。你怎么就不用你那精于盘算的头脑多想想呢?"

"嘿,好伙计,我不知道你在做什么,如果你不能够按计划生产,就别责怪供应商，我正在计划实施供应商看板！"

"哦，看板？"父亲问。

"听好，鲍勃，这就是精彩的地方。"哈利旁若无人地说。

"看板个鬼，"大卫大叫道，"我们从没有缺过这么多外购件。我希望公司把你的奖金跟缺货挂钩。"

"我不要在这里听你胡言乱语！"凯文大声回答。

"别吵了，你们安静一下，我们需要好好了解问题出在哪里。"父亲非常平和地说。凭我多年的经验，我知道下面有好戏可看了。在这场吵闹中唯一不沾边的是哈利，他像个孩子一样快乐地在看戏。

"首先，有关外购零件库存的问题你怎么处理？"父亲问。

凯文回视了一下，但没说什么。

"他告诉我，他调低了 MRP 外购件的安全库存量。"哈利插嘴道。

"你说什么？"菲尔气急败坏地问。

"我们正在努力减少库存，"凯文反击道，"我调查了 MRP 系统中的安全库存的数量，觉得太高了，所以全面调低。"

"你不担心缺货造成停产吗？"

"为什么要担心呢？我们的平均库存量相当高！"

"你指的是平均值吧？"

"当然。"他笑着回答。

"你知道平均库存意味着某些部件过剩而某些部件缺货吗？"大卫像疯了一样大叫，"只要缺一个零部件整条生产线就要停工！"

凯文没说什么，只是盯着大卫。

"那供应商看板又是怎么回事？"父亲平静地问。

"嗯，针对重要部件，拿 MRP 计算每日需求，然后发送电子看板给供应商，及时供货。"

哈利突然大声笑起来。

"你从来没有告诉过我们这些呢！"艾米冷冷地说。

"我还没说完呢，"凯文反击道，"这是物流的业务，不关人事问题。"这句话真是火上浇油。

艾米没说什么，但她薄薄的嘴唇和眯起的眼睛已经道出她极度的不满。小艾跟大卫窃窃私语，可能在劝他平静下来。

"这些重要部件，你们不缺货吧？"父亲继续说。

"我没有特别去调查，"凯文不确定地回答，"我曾在以前的公司实施过供应商看板。当初我加入公司曾准备实施，但没人愿意听。"

"当然，"哈利说道，"你发给供应商的订货数量很少会有波动。所以，他们只需在相同的时间间隔里，发送相同数量的货物。"

"他们为什么要这样？"凯文结结巴巴地说，"他们及时供货主要是满足客户的不同需求，不是吗？"

"那你怎么执行的呢？"父亲心平气和地问。

"我计算出 MRP 每周的消耗量，然后发出订购信息，供应商会有三天的时间运送我们订购的部件。当然远距离的供应商不在这个范围之内。"

"你每周给他们的订单相同吗？"

"当然不同，"凯文疑惑地皱了皱眉，"因为大卫的生产并不均衡，所以这周与上周的订单明显不同，这也就是供应商为什么需要及时供货的原因。"

"你不是每周都发给供应商们下面两个月预备生产的数量吗？"

"那有什么用？大卫只生产他愿意生产的产品。"

父亲和哈利交换了眼色。

"那到底外购件有没有缺货呢？"

"可能有，"凯文回答，"但那是供应商的问题，如果他们不能柔性生产的话，我会要求他们维持一定的库存，或者用快递送货。这是他们的问题，不是我的问题。"

"你考虑过库存和快递都会抬高成本吗？"哈利问。

"供应商能够供货，尤其是那些需求经常有波动的部件，唯一方法就是保存一个高库存，对吗？"父亲问。

"那是供应商的问题，"凯文回答说。

"你认为供应商不会把库存成本加到卖给你的货物的价格上吗？"哈利继

续追问。

"如果供应商不愿意增加库存，那就会缺货，直接影响我们工厂的生产。"艾米插进来补充说。

"嘿，搞不懂你们在问些什么，难道生产部与供应商之间的问题都是我的责任？"凯文生气地结结巴巴地说，"我得到减少库存的指示，我的职责是规划 MRP 的生产，我能百分之百地保证，我的生产计划一定可以执行！如果供应商不遵守承诺，或者大卫不能提供准确的信息，又或者生产部门跟不上计划，我能做什么？我的工作是让物流部门按时运输产品。"

"菲尔，我建议你在他还没有为工厂造成更大的损失前赶快将他解雇，"哈利切中要害，"相信我的话，不要再姑息这个家伙，你的麻烦已经够多了，迟早得让他走，听我的话！"

我们都吃惊地盯着哈利，凯文脸涨得通红，不知道哈利是在开玩笑还是真的。

"你说什么？"凯文气急地说。

哈利无辜地摊开手，"你强迫供应商们保存不必要的库存，并要求快递运送，破坏了公司与供应商之间的关系。实施不切实际的看板，影响生产车间的运作，这就是事实。菲尔，作为领导你应该直话直说，就事论事。这个人在公司待得越长，造成的危害越大。"

令我惊奇的是，父亲叹气道："又是一桩人事问题！"

凯文面无血色地看着我们。吃惊的是，没有一个人，包括菲尔，替他说一句话。他只是站在那儿，嘴巴一张一合，像一条钓上岸的鱼一样，眼睛从菲尔到大卫到艾米一路看过去，而他们都避开与他正视。他看了一圈然后气愤地离开了。我自始至终一直都屏住呼吸，非常紧张。

"这样做实在没有必要！"艾米大声说。

"那你为什么不说话呢？"哈利回答。

"我同意大卫所说的，这个家伙需要转变态度，但我们没有必要这样公开羞辱他。"

"嘿，小姐，"哈利耸耸肩，"如果你不能够忍受高温，就别留在厨房里。"

然后，他好像什么事也没发生一样，转过身来很高兴地问父亲，"鲍勃，你既然在这儿起不到什么作用，那我们钓鱼去吧？"

我们都转向父亲，期望他说两句话，但他面无表情。

"走，"他回答道，"钓鱼去。"

"年轻人，"哈利对菲尔说，"多想想我的建议吧。你有太多的事需要处理，不值得花工夫与不上道的经理浪费时间。"

菲尔无言以对，只是呆看着。

"再顺便提一句，你们的冲压部门急需整顿，"哈利临走前抛给大卫一句。父亲看了我们一眼，耸了耸肩，没有再说什么就跟着哈利出去了。我们还没有来得及喘口气，他们已经走出我们的视线。工厂仍在继续运转，几个工人远远地朝我们这边张望。

"这可让我大开眼界了！"大卫深吸了口气说。

"如果你们不介意的话，我要回去工作了。"小艾看起来轻松自在。艾米对她浅浅一笑，表示她马上也会回去。

"为什么哈利要下这么猛的药呢？"艾米问道。

"可能这是他一向行事的方法。"我回答。

"这种世界级大公司的采购副总，你想他会怎么做？"菲尔说，"他虽然强势，但是他的做法不一定对。"

"你是凯文的领导，"艾米对菲尔说，"为什么你一句话都不说？"

"我应该说什么？"菲尔猛然回击，"你一直都在抱怨凯文不合作！你，还有其他人，都应该赞同哈利的建议。是你说的，凯文无药可救。"

艾米脸色转红，眼光扫过大卫，他也正看着她。

"我们都同意。凯文除了先前搞的 MRP 之外，就没干什么活儿，他与大家背道而驰。"艾米承认道，"但你刚才看到你的经理被当众羞辱，你居然一言不发！"

菲尔盯着艾米看，在回答之前仔细思考着。"你总是提醒我，让我在制定管理决策时要果断，这是很好的一堂课，我要多多向哈利学习。"

"什么，你真要炒凯文鱿鱼？"艾米不相信地问。

"当然不仅仅是基于哈利的建议。如果还想留在公司，他最好彻底改变他的态度。"

大卫没说什么，但看起来有点累了。我打赌，他也意识到他平日的态度如果不改，不久也会步凯文的后尘。"好了，"他轻轻地说，"我要赶紧去看看那些冲压机了。"

我的脑子不停地转，想我多少次听到父亲在家抱怨公司里的管理问题。他很少责备工人，但对管理层却有一大堆埋怨。我常听到父亲对母亲诉苦，他想开除某人，但没有权力。这次我终于长见识了。我很庆幸有一份不需要做这种决定的工作。对我来说，给我班上的学生打不及格已经很难了。

"那么下一步该怎么做？"菲尔急切想知道答案。

那天下午凯文没有回办公室，连夹克和公文包都留在办公室里，他头也不回地离开了工厂。后来菲尔也从嘉理那儿听到一些抱怨。当晚，我勉强同意带艾米和菲尔到我父母那儿，跟父亲谈谈今天发生的事。"你们在演双簧吗？"当父亲开门让艾米进来的刹那，她迫不及待地问。

"我敢打赌你们是计划好演这场戏的。"艾米继续道，"哈利扮黑脸，你扮白脸。"

我也这样怀疑，很想听听父亲怎么回答。当我跟他说我们晚上想跟他谈谈的时候，父亲没有反对。我们坐在厨房里，看着父亲烤他下午跟哈利一起钓到的鱼。

"我没有导演这场戏，我们也没有事先讨论过。"父亲回答。

"但你看起来并不吃惊。"我指出。

"我是不吃惊，因为我认识哈利多年，他以前也曾这样做过。"

"你想过这件事造成的影响吗？"艾米抱怨地看着菲尔，而菲尔看起来若有所思。像其他许多人一样，艾米并没有真正地了解菲尔，总是把他逃避冲突的做法，误解为软弱。菲尔是不喜欢冲突。事实上，我记得很早以前菲尔在面对冲突时总显得呆呆的，但这并不意味着他会放弃原来的主张。

"不要认错了你的敌人，小姐，"父亲突然说，"也不要低估了哈利。不要被他的举止戏弄了，他曾经是大公司的最高主管，他知道他在做什么。"

"那么，到底是怎么回事？"菲尔附和着艾米问。

父亲叹了口气，然后去翻烤他的鱼了。

"首先，凯文是个问题，将来还继续会是个问题，记住我的话。第二，哈利是针对我而来的。"

"为什么？"菲尔奇怪地问。

"孩子，他是做给我看的。他认为要么我不涉足你们工厂的事，如果要帮忙要积极帮你们脱离苦海。照他的看法，我目前的做法会将你们拖入泥沼，越陷越深。"

"他行事的方法的确很古怪。"艾米嘲弄道。

"哈利并没有恶意，艾米，"父亲平和地回答，"他希望看到成果。他直接地或间接地想让我更深地介入此事，让我一定要到 gemba（现场），打开门来解决问题。"

"Gemba？"我大声叫出声来。

"是的，这是个日本字，意思是'实地'，事情发生的地方。我曾试图从旁边帮助你们，但我不得不承认，不在现场无法深入。"

"那和凯文有什么关系？"艾米追问到底。

"关系大了，必须要有正确的态度，才能实施看板系统，不仅仅是技术和方法。"

"什么意思呢？"

"物流技术的成功与否，不单靠看板本身，它涉及做事情的积极态度。最令哈利不能忍受的是，这个家伙只关心他自己狭隘的职能部门，而不理会公司的整体利益。更糟的是，他只会怪罪别人，认为任何错都与他无关。事实上他是罪魁祸首。"

"他擅自减少库存，牵扯的面太广了。"艾米想了想，大声说。

"是的，我自己也思考过，"菲尔也同意。"调节性库存帮忙解决了生产线上的变数，所以如果减少调节性库存，却又不去探讨解决变数的原因，生产线一定会缺这少那。保存库存主要的目的是保证车间的运行不中断，缺货是绝对不能接受的，我们之所以要建立外购件库存，就是因为不能有效地控制生产线上的变数。凯文的擅自做主使得我们转眼就缺货了。"

"我想可能不只是他一个人做出了这个决定，"艾米指出，"我相信嘉理也有一份。"

"不管怎样，"菲尔很不自在地回答，"关于供应商看板的事我们要怎么进行下去呢？"

"不要急，一步步来。你为什么要使用看板呢？"

"为了保证生产的是客户已经消耗掉的产品。"

"这还不够。"

这时候所有人都聚精会神地听着，但没有人自告奋勇地说出答案。

"还要按消耗的先后次序。"

"如果我生产一种产品，"菲尔说，"就不可能在同一条生产线上，同时生产另一种产品，当然，这又回到了均衡生产的理念上。"

"如果我现在需要供应商为我及时供货，必须先发出订单，告诉供应商为我供货，对吗？"

"除非我们的生产进度均衡化，"艾米认真地回答，"否则我们发给供应商的订单每天的量都会不一样。"

"如果只要求运输部门达成最大效益，按经济批量生产，可能会发生什么后果呢？"

"供应商可能接到的是一份数量波动很大的订单，或者是定量但却不定时、两者都无法准确地预估。"

"其实，供应商往往两种订单都可能收到，因此他们完全不能确定客户的订购数量，也不知道什么时候该送货。想保证及时供货的唯一途径，就是保存能满足客户最大需求的库存。绝大多数的供应商都不会这样做，因为代价太高了。"

"那该怎么办呢？"

"当收到订单时，供应商立即装运手头上库存中有的产品，但如果库存不够，那就只有等了。同时他会按照已经安排好的计划进行生产，运气好的话，可能提前生产我们需要的产品，否则就要等一段时间。"

"那我们缺的货怎么办？"艾米问道。

"那只有等，因为错不在供应商。他无法预测你突然提出的要求。从另一个角度看，问题也可能出现在工厂内部，如果你的看板系统没有按部就班地运行，上游工位就可能交不出货。"

"会这么严重吗？"

"当然。看板卡片归位时，一定要有一个定点，可能是一个柜子，也可能是一个文件夹。按回来的顺序安排生产。"

"对了，生产的顺序是以消耗的顺序来安排的。"菲尔说。

"很多工厂用一块木制的布告牌将回来的卡片按顺序排列起来。譬如将STR 的看板卡片排成一列，STR-X、QST-1、QST-2，每个产品一列排下去……然后在看板上画出三个不同颜色的区域：绿、橙、红。"

"我懂了，"艾米很快就理解了这个方法，"回来的每一张卡片都代表传送带上消耗掉了一个外壳柜，对吗？所以如果卡片在绿色带区，并且布告牌上的看板卡片不多，这就表示仍然有大量的外壳柜在线上，所以没有必要再生产。如果卡片移到了橙色带区，就要开始注意了。如果卡片在红色带区，表示传送带上只有很少几个外壳柜，所以需要马上生产了，对吗？"

"我可以想象得到这个看板布告牌，"我琢磨着，问道，"如果所有不同产品的看板卡片同时都出现在红色带区，那怎么办？"

"你的问题很好，"父亲说，"早年我在学习看板系统的时候，也曾经历过这种情况，我们叫它'法国式看板'，"父亲开玩笑地说。

"为什么？"

"因为如果不能均衡生产的话，看板卡片来来回回，数目上上下下，就会像在跳法国大腿舞一样。"他咧开嘴笑着说，并用手比划着。

"总结说来，这些都是……"

"均衡生产！"我们异口同声道。

"要能妥善执行均衡生产，最重要的，还是取决于管理层的决心以及对工人的培训与管理。"

"工人如果能自主自觉，在每个生产单元内都知道下一步该干什么就好了。"

"那个时候看板系统就起到作用了。"艾米说。

"没错，这正是看板的作用。当生产顺利进行时，生产单元按着看板的序列进行生产，每天按着绿、橙、红的排列先后生产，工人可以自己决定下一步要生产什么。"

"你是指工人一旦理解了看板的原理，便能够决定下一步生产哪些产品？"

"你觉得他们做得到吗？"父亲浅浅地笑着，"至于生产多少，因为工人不清楚上下游的情况，因此需要车间领班随时掌握情况来做决定。"

"我明白了，"菲尔说，"看板可以配合 MRP，帮助安排生产。"

"以前有位专家针对领班的工作做了研究分析。他得出结论，领班们要东奔西跑，了解上下游的情况，才能决定下一步生产的数量。"

"好极了，"艾米恍然大悟，"采用看板系统，我们同时解决了两个难题。一是用生产看板来启动生产，二是车间工人清楚地知道下一步应该生产什么。这个系统真酷。"

"看板系统可以帮你决定生产顺序以及数量，"父亲强调，"关键在于，工人要知道下一步要生产什么以及生产的数量。"

"难怪一般主管不喜欢这个系统，"我评论道，"照你们所说的，这把车间领班和车间主任的权利给剥夺了。"

"不会的，因为主管们的工作从发布生产指令升级到了标准化操作和改善。"

"你的解释让我有了更深的理解，"菲尔说，"艾米是对的，看板系统听起来能够帮我们解决很多问题。"

"但是，"父亲提醒说，"别忘了执行看板系统的必要条件，是零缺陷的部件。"

"还要有好的领班及车间主任与工人密切合作，不断改善。"艾米说，"我对葛兰和小艾很有信心。"

"执行起来并不容易，"父亲赞同道，"当进行精益生产时，你会发现很少能从现有的班子里，找出合适的人来担任车间领班和车间主任。这又牵涉到人事上的问题。"

"每看一个问题，"艾米轻轻地叹气咕哝着，"总会发现下面还有更多的问题要解决。"

愉快的晚餐后，我们坐在父亲屋外的阳台上，品着咖啡和白兰地，抬头仰望着天上的星星，气氛相当温馨。连艾米也放松了下来，恢复了往日的活泼。晚上非常宁静，不冷不热，蝉在远方的树上叫着。妈妈的猫突然跳到艾米身上，享受着新朋友对它的抚弄。

"艾米，你有没有想过，我们的工厂永远也实现不了伯父刚刚描述的精益愿景。"菲尔笑着说："我也认为我们有了很大的进步，但好像总是进两步退一步。"

"为什么你会这么想呢？"父亲问。

"就像今天。我在理论上了解了看板的运作，但执行起来既要求零缺陷的质量，又要求有效的供应链不缺货，我们的现实情况并非如此。今天哈利说得对，我们的冲压部门问题很多，每隔一天就会有机器停机，有时还会生产出不合格的产品。更难的是，要转变大卫这一班经理们的思想与态度。"他盯着我的父亲说。

父亲看着他慢条斯理地回答："我想你理解错了，菲尔。看板不仅仅是用在完美的世界里，他能帮助你朝着这个方向走下去。想想看，如果在生产流程中发现大量的生产看板，这表示生产延迟了，可能有许多没有预测到的突发事件发生。譬如停机、缺货、缺人或者质量有问题，等等。看板让你清楚工作的方向与重点，帮助你发现问题。另一种情况是，你的生产看板卡片不够用，换句话说你的生产能力过剩，可能不需要那么多台冲压设备！"

"我期待那一天的到来！"菲尔满怀憧憬地说。

"看板是一个持续改善的工具。在生产流程中，不断地减少批量，就能凸现出那些没有效率的地方，过去被掩盖的问题也会浮出水面。所以我总是提到，持续改善能否执行好，主要还是人的因素。目前你的物流主管不愿意采纳这个方法，那是因为浪费的不是他的钱，是你的！"

"你是对的，伯父。我明白看板的优点，只是对工作的负荷量有些担心。譬如冲压机，我根本不懂冲压设备！"

父亲平静地问了句："明天星期六，工厂还开工吗？"。

"明天不开工，虽然我们偶尔加班，但明天不加。"

"很好，我们明天早上去看看冲压机的问题吧，让我们到现场去了解问题。"

"那太好了，谢谢你的帮忙和指导，我欠你的太多了。"

"不用客气。哈利是对的，我帮你只帮了一半，应该全力帮你渡过难关的。"

"又要在工厂度周末了！"艾米撒娇地说道，"我真不知道没有你们我明天会怎么过。绅士们，时间不早了，我先走了，明天见。"

我看着她向母亲礼貌地道了声晚安，然后提包走了出去。菲尔跟我妈妈热情道别后也离开了，我开始发现这小子也有他成功的一套。

"我常听你父亲提起艾米，"当我帮母亲收拾厨房的时候，她对我说，"她看上去蛮讨人喜欢，很可爱。"

"可爱？我可不会说她可爱，她做起事来比钉子还硬。"

"你父亲说她很伶俐。对她印象很好。"

"是的，她工作很努力，今晚回去后一定还会想看板的事。她有很强的悟性，她以前是干人事工作的，从没有做过精益生产的工作。"

"你父亲告诉过我，说她学得很快，已经掌握了许多你父亲累积了多年的经验。他还告诉我说你们蛮合得来的。"母亲狡猾地看着我。

"拜托，老妈，别瞎猜了。艾米是菲尔的同事。"

"好吧，反正我觉得她挺可爱的，"母亲说，"她富有磁性的嗓音，适合去做广播员。"

我正在叹息这个周末又要奉献给菲尔和他的工厂了，偏偏妈妈又提起艾米的事，增加了我心里的负担。我的书还没有动笔写多少，假期也快完了，真该加把劲了！

爸爸送我们上车，等菲尔上了车，爸爸在他的肩膀上拍了拍，轻松地笑道："看板不错吧，但你知道比这个系统更高明的是什么？"

菲尔想了想，无奈地摇摇头，"我投降。"

"那就是不用看板！"父亲笑着说。

菲尔疲惫的脸上也绽开了笑容："明白了！单件流，如果我们能做到单件流，当然就不需要看板了！"

"很好，"父亲和善地说，"你很有希望。"

"你给了我一个很好的目标，"菲尔咯咯地笑了，"让我们从看板开始！"

我关上他的车门，哼着鼻子说："去你的看板系统。"

T h e
G o l d
M i n e

第 8 章

现 场 态 度

第二天早上我到工厂的时候，菲尔已经到了。他斜靠在他的汽车上，正面对着空荡荡的停车场沉思。艾米也准时到了，她看起来好像有点疲惫，少了往日那份活泼。我想是由于最近工作的负荷太重的关系。她走到我身边打了声招呼。我们安静地晒着太阳，直到父亲的皮卡开进来。

"来帮帮忙，"父亲大声叫道，爬进卡车的后面，拉出几把折叠式的靠背椅，然后传给我们，没做任何解释。

工厂里很安静。没有冲压机的声音，没有叉车的轰鸣，没有讨厌的马达声。一股金属和汽油的气味混杂在最近实施5S留下的油漆味里。我们安静地走过传送带和生产线，经过外壳箱库存区，来到装配线的后面。

"这里的流程相当乱，"菲尔轻声说，尽管他的声音不大，但在寂静的工厂里听得很清楚。

"金属板被切割成型，在这台数控打孔机上打孔，然后，一块金属板被切割成两块面板。这些面板被送去弯曲成形，或者送到刚刚经过的储藏间。弯曲处理以后，会在那焊接，最后在传送带上做组装。

"听起来不难嘛！"我说道。

"至于门的生产方法稍有不同，因为要安上不同用户提供的面板。金属板被送到这台老式的机器上，来完成弯曲加工的作业。一般来说，四周的面板平均一片只需要一次弯曲，但门板需要四次弯曲。"

"然后焊接？"父亲问。

"是的。最后在传送带上进行装配。"

我用心思考着这套流程，并模拟工人从一个工位向另一个工位转移的情形。摆在我面前的是两台绿色的大机器和一堆在制品。

"你带的椅子是干吗用的？"艾米问道。她高昂的情绪，驱散了我一大清早心头的阴霾。她的自信与幽默，常使我的精神振奋起来。她不轻易受人支使，不论是哈利、父亲或我。

"我曾经参加一个小组，去访问不同的制造工厂，"父亲说，"我们非常幸运，因为同行的有一位世界闻名的日本全面质量控制专家，那时候他年纪已经不小了。"

父亲缓缓地打开他的折椅，把它放在车间的中央位置，然后坐下。他可以看见整条生产线及冲压设备。

"我记得很清楚，那家工厂有一位工程师，手里拿着帽子，很难为情地告诉我们，他最近没有新的改善项目。在这个世界汽车制造业中领先的工厂里，这件事留给我深刻的印象。那位日本质量专家什么也没说，只是要了几把椅子，并把它们放在车间的中央位置。他让我们所有人都安静地坐在庞大而又吵人的冲压机前，不带一支笔、一张纸。通过翻译向我们致歉说，请每个人都帮忙想想改进的方案，除非有人提出了实质性的改进意见，否则大家都不准站起来。"

"你们在那儿坐了多久？"艾米微笑着问。

"4个小时。我们又饿又累，背都坐酸了。工厂整个系统表面上看起来运行良好，刚开始也看不出什么名堂。直到那位老人指出，生产线上因为要等起重机来换模，导致其他产品停止了流动。因为发现了这个问题，工人们便重组换模的方式，因此减小了批量的30%。整件事简直难以置信。"

"我们不可能在生产系统都停下来的时候，去发现生产上的问题，"我说道。我情愿花几个小时坐在我的电脑前写书，也不愿在这里呆坐。

"没错。如果工厂运转起来，我们会看到更多的问题。"父亲同意说，"但经过昨天的事以后，我担心如果我们在场，员工会觉得不自在。现在即使停机，我们也能发现很多问题。"

"你那时真的坐了 4 个小时？"菲尔疑惑地问，他坐到椅子上，并开始环视四周，不确定到底想看什么。

"没错。我是坐了 4 个小时，但是这在精益的训练中并不稀奇。我的老师就曾被大野先生用这种方法训练过，他在机器前用粉笔画一个圈，然后站在里面，直到发现了改进意见才准出来。"

"你一定是在讲故事！"艾米大叫，并会意地笑了，"下一次我要对凯文也如法炮制。"这让菲尔笑了起来。

"这听起来很像是日本的教学方法，还记得《空手道小子》（*Karate Kid*）那部电影中为汽车打蜡的情景吗？"她愉快地说。

"还有擦地板的锻炼。"菲尔兴奋地回应。

"我记得那位师傅强调，输赢都没有关系，只要尽了全力，这样才能赢得别人的尊重，"我插嘴说。

"很不错的片子。"父亲欣赏地点点头。我们惊讶地看着他，"你们以为我不知道，那时你们十几岁，你和菲尔一遍又一遍地看那部片子。"

艾米咯咯地笑着，同情似的看着我们。

"是的，那部片子里面介绍了一些日本文化。给我最大的启示，是那个老人诊断出孩子的问题是态度问题。坏人之所以变坏，也都与态度不正确有关。"

"对，我也记起来了，"菲尔回想起了，"没有坏学生，只有坏老师。"

"老师的态度至关紧要。这也就是我们今天早上要谈的问题。昨天晚上，你问我为什么哈利那么尖刻地批评凯文，并劝你解雇他。"

菲尔挪了挪身体，还记得昨天的画面。

"我现在不急着回答你，因为这是我们今天要做的功课。这与态度问题有关。"

"什么意思？"艾米问。

"首先仔细观察，看看四周，再告诉我你们看到了什么。然后我们再讨论。"

我们坐在那儿一言不发，大约过了 10 分钟，直到父亲再次问我们："看到了什么？"

"一片混乱。"菲尔说。

"哪里混乱？"

"首先产品没有流动。"

"我同意，"艾米说，"整个车间到处都有在制品库存。"

"不仅仅是那些，"菲尔接着说，"好好想想。工人们在金属板上打孔后，或是把板子留在这里继续作业，或是送到那头的储藏间，之后再送到那边去冲压，再送回储藏间，之后再送去焊接。"

"不断重复地进行。"

"的确如此，"父亲表示同意，"就像早先断路器生产线没有改进之前一样，你们为什么不把那条生产线改进的经验应用到这里来呢？"

"是啊，用一个生产单元，"艾米说，"我们可以按生产单元来组织生产，实施标准化操作并定出节拍时间。"

"但是，单件流对于冲压线没有意义，"父亲说。

"为什么呢？"我疑惑了。

"那台数控切割机可以在一分钟内将一块金属板切成两块面板。如果要改变切割程序，需要花一两分钟时间。因此工人们一般都是一次切割 100 块左面板，再切割 100 块右面板，这就是为什么我们会有库存的原因。"

"一次 100 块？"艾米大声叫道，"那是可供外壳用两周的材料。"

"更糟的是，"菲尔承认，"我们有 8 种不同的外壳，每个外壳箱需要 6 块面板，因此要切割 48 种不同的面板。即使每次两块两块地切，也有 24 个单位的 100 块金属板要切割。"

"所以，你最少要有 2 400 块面板的库存，"父亲笑道，"那是 400 个外壳箱的材料，而你一周只生产 200 件产品，难怪我们不赚钱。"

"好了，好了，"菲尔承认道，"我明白你的话了，但我们该怎么办呢？"

"每件成品箱子6块面板，100个箱子总共是600块面板，"艾米边计算边说，"8种不同的尺寸，所以我们一共要生产4 800块面板的库存。天哪，那是4周的材料！"

"不要再说了，"菲尔嘀咕道，"我知道车间里到处都有在制品库存。每个冲压件都只需要20秒左右，但焊接装配却需要20分钟的时间。那么我该怎么做呢？"

"菲尔，"我父亲提醒道，"抓住主题，我们该从哪里开始？"

"标准化操作？"

"在那之前。"

"客户！"艾米叫道，"当然，是节拍时间。"

"我说过很多次了，什么问题都要为客户的需求着想。外壳箱的平均节拍时间是多少？"

"一周可以生产50件STR产品，40件STR-X，55件QST-1，50件QST-2，还有大约20件DG，加起来一共有不同形状的外壳箱215个——平均每天43个。"

"一天大约有450分钟的工作时间，"艾米继续说，"所以平均节拍时间应该是11分钟。"

"很好，"父亲停了停，思考了一会儿，"我要指出的是，虽然一分钟就能生产一个外壳，但你们却有好几个月的材料库存。"

菲尔没有回应，只是在便笺纸上记下这些数据。

"如果每半天换模一次，"父亲斩钉截铁地说，"那面板的库存一定不止这么多。我打赌你一定能在储藏间找到够用一年的切割面板！"

"那不可能的！"菲尔耐不住了，"明天我会向大卫问个清楚，我想我们一定哪里搞错了。"

"没关系。你待会儿再继续查证吧，我们的计算是有根据的。"

"为什么我们不外购这些切割件呢？"艾米建议，"那样的话可能更便宜。"

"我们也曾讨论过，"菲尔答复说，"结论是我们不想再增加一个供应商——依照过去的经验，供应商那边常出问题，诸如不按图纸生产，不准时交货，等等，太麻烦了。况且，这些冲压设备在我们接手的时候，已经折旧得差不多了。"

"不要把账面价值和经济价值混为一谈，"父亲叮咛道，"一部机器的价值是它的转售价，我同意，今天的设备价值可能不高，但不要因为这个题目搅混了现在的主题。"

"每个外壳箱需要六七个弯曲工序。就算 7 个吧，再加上每个门需要 4 个，一共需要 11 个弯曲工序。每次弯曲耗时 25 秒，总共加起来大约是 4 分半。照这个节拍的话，在三四个小时内，我们应该能完成 43 个外壳箱。"

"如果我计算得对，"艾米说，"为了要完成每天的生产任务，冲压机每天只需要工作 3 个小时。"

"听起来没错。"

"焊接耗时 20 分钟。谁来把所有的时间合计一下，好吗？"

我们都盯着面前的冲压机，一言不发。我没开口，因为我不想自找麻烦。暗地里打赌，一定又是艾米自告奋勇。

"我们可以设计一个流动的工序，"艾米充满信心地说。我猜得没错，果然又是她。

"怎么做呢？"菲尔疑惑地问。

"让我们反过来算一下吧。就以 10 分钟为节拍时间来计算。焊接时间为 20 分钟，因此需要两个焊接工，对吧？"

"是的，但怎么……"

"等一下。如果 1 分钟切割两块面板，那么 3 分钟就可以切 6 块，这几乎是一个外壳的材料。还需要 11 个弯曲工序，要 5 分多钟左右，合计一下仍然还在 10 分钟之内。所以，如果精明一些的话，一个工人可以在 10 分钟内完成冲压，然后再传送给焊接工。两个焊接工每人 10 分钟。你看，这条工序就这样流动起来了！"

"但是冲压设备不可能每 10 分钟才用一次。"菲尔质疑道。

"那不会造成影响，冲压设备实际上在按照一定的生产周期操作，只有在需要的时候才启动。"

"每个外壳在数控冲压机上，花2分钟时间加工。每次换模时，都需要重载不同的程序。"

"如果我们把穿孔机放在弯曲设备的前面，"父亲说道，"工人们可以利用重载穿孔机的时间，完成4个弯曲步骤，那是弯曲一个门所需要的时间。因此可以安排在切割的同时，进行弯曲工作。"

"这能行吗？"菲尔怀疑地问。

"我觉得可以。艾米是对的，现在不要先在机器上动脑筋。其实每10分钟启动一次冲压设备并不令我惊讶，因为该设备反正没有其他用途。如果在我原来的工厂，那就行不通了，因为注射成型的设备是生产的瓶颈，那是项大投资，我们必须尽量维持机器的运转。"

"善用资源，这很有意义的，"菲尔赞同道。

"正是如此！"父亲继续道，"我记得另外有一家工厂，他们盲目地把流动的教条发挥到极致，以至于在每条生产线上都装了一台1 500吨的冲压机。我告诉他们这是不划算的，应该保证冲压设备能发挥最高效益，其实只要一台冲压机就可以满足所有的需要。他们听了后，认为我不理解单件流，根本不懂精益。"

"那你是怎么做的？"

"对大多数注射成型的工艺来说，每台设备至少得配一个工人负责检查产品，并打包入箱。因为生产速度非常快，工人没有时间做任何其他可以增加价值的工作，因此得一机一人。6台设备就需要6个工人。我们改进的方法，就是安排一条传送带将6台机器的产品都用传送带送到一个工位，在那里由3名工人将其分类装箱，这样可以减少一半的人力。"

"真是了不起。"菲尔不假思索地说。

"还没完呢。我们意识到6台设备因为故障、怠工以及工作量的不稳定，很少能达到预计的负荷。如果能够确保设备规律化运行而不停机，并且每次换模能在10分钟内完成，我们就可以用5台机器来完成任务，省下一台冲压机可以供其他单位使用。一台冲压机的成本加上运作费用起码是200万美元，这足够一年的TPM（total productive maintenance）的经费了。"

"什么是 TPM？"

"全面生产维护，我以后会再说明。你们现在的情况恰恰处于另一个极端，一方面冲压不是生产的瓶颈，另一方面设备已经折旧完了，没有财务上的负担。再加上你们并没有把这台设备用于其他的用途，所以，一天里开动多长时间都没有太大的影响。"

"但你刚刚说，在你的工厂里，并没有把冲压机考虑在流程内。"我提醒道。

"你刚才一定没听明白，"父亲回答，"在我从前的工厂里，设备生产能力和成本都受限制。但目前我们并没有这些问题。精益的执行随着每个工厂情况的不同而有所变更，没有固定的准则，必须不断地追寻改进的机会，试着去解决问题。"

"我明白你的意思了，"菲尔思考后表示同意，"依我们现在的情况，可以设计一个外壳箱的生产单元。"

"还需要一个超市。"艾米补充说。

"换模怎么处理呢，"菲尔问道，"如果我们采用均衡生产，就意味着每生产一种产品，需要换模一次。每次换模要花一小时的时间，这不是很浪费吗？"

"听起来好像很有道理，但最重要的是，能不能把需要的外壳送上传送带去组装，如果不频繁换模，那一定会有大量的在制品库存，要不然就会缺货。"父亲回答说。

"我同意，但要平衡一个长时间的换模与一个很短时间的打孔冲压工序，那会要人的命。真要这样做的话，必须把换模时间降到 10 分钟以下，这样一定会搞得全厂天翻地覆。"艾米笑道。

"如果我们可以把换模时间降到 20 分钟，"父亲提醒道，"就可以采用小批量生产。"

"好的，20 分钟换模时间。照你的 10% 原则，应该进行 200 分钟的生产，那可以生产 20 个同一类型的外壳。这与我们每天的生产情况差不多，应该可行。"

"将生产指标与换模时间配合好，是生产的上上策，"父亲赞成道，"及时生产主张的就是每班都能生产每一种产品（every part every shift, EPES）。这是一个简明的目标。"

"好了，我们的主要目标是将换模时间降到 20 分钟以下，"菲尔说，"我听你提到 SMED，那是什么意思？"

"SMED（single minute exchange of die）的中文意思是快速换模。"

"快速换模？"菲尔重复说。

"其追求的目标是换模的时间降到 10 分钟以下。"

"我会把这个告诉负责冲压车间的领班。我等不及想看他听到这个任务后的表情。"菲尔咯咯地笑个不停。

"当然你不可能一步到位。10 分钟换模是一个大家通用的准则。需要注意的是，每个工人都要了解，不单单是要减少换模的时间，更重要的是要尽量加快整个换模生产的流程——减少从最后一件产品到换模后第一件产品的时间。"

"从最后一件产品到换模后的第一件产品。"菲尔重复说。

"快速换模（SMED）的关键是区分内部与外部的工作。内部工作指的是只有在设备停机时，才能完成的工作；外部工作是在设备运转时，也可以同时准备的工作。这个方法有六个步骤：

（1）测量当前的换模时间；

（2）认定区分清楚内部工作与外部工作；

（3）尽可能将外部工作在停机前准备妥当；

（4）减少并且消除不必要的内部工作，尤其是调整设备等，并将之标准化；

（5）减少并且消除不必要的外部工作，并将之标准化；

（6）将整个操作程序标准化，并持续改善。"

"听起来非常简单，"我父亲说，"这其中有一定的方法可循，但却是一份很艰苦的工作。"

"告诉你，菲尔，"艾米率直地说，"我绝不参与这个改进项目。"

"不要为这件事烦恼，有许多专业咨询师愿意帮忙的，"父亲回复道，"今天的重点是关于现场（gemba）的问题。"

"好，让我试试看，我是不是理解对了，"艾米说，"短期的目标是要把生产外壳的工序转变为一个生产单元，每天都要生产不同类型的产品，这样的做法会给车间造成巨大的冲击。"

"是的，艾米。机器不会在乎生产哪种产品，主要是工人能不能接受这种方法。你曾经用同样的方法，在断路器的生产线上实践了精益的效用。现在我们要做的就跟那一样，组成一个生产单元，并使工人明白其价值，使上下游流畅起来，实施拉动生产。"

"你说得对，"菲尔同意道，"我们已经做过一次，同样应该可以在传送带上实施，但先决条件是要解决均衡生产的问题，换句话说就是要实施看板系统。总的来说，我还没有充分掌握看板系统的做法。"

"不用担心，菲尔，"父亲平和地说，"艾米是对的，我们先从工作内容开始，再来组织这些工作，所以回过头来想想：

（1）每11分钟生产一个外壳箱，然后送到传送带，每天要生产8种不同型号的外壳箱；

（2）两名焊接工装配需要20分钟，因为两个人同时工作，所以每隔10分钟就可以完成一个箱子；

（3）每10分钟需要为焊接工位准备好所有的零部件，包括外购的以及上游生产的产品；

（4）设计一个装配辅助架，以便焊接工操作方便。"

"好极了，"艾米插嘴说，"目前他们浪费了大量时间，一方面忙着找合适的零件，另一方面忙着将零件放在适当的位置上。"

"理想的状态下，"父亲继续说，"这些装配辅助架可以协助焊接工，不仅可以节省时间，也可以改进质量：

（1）切割6块外壳用的面板；

（2）其中 5 块需要经过弯曲的工序；

（3）至于门，需要特别处理，每块要做 4 次弯曲。"

"据我估算，这些工作加起来大约 10 分钟。现在需要合理化的组织，让工人能熟练从数控打孔转到切割，再到弯曲成型，之后再把做好的面板放到辅助架上，经由传送带送到焊接工手里。这个时候可以开始考虑如何用看板来拉动生产。"

"我懂了，"菲尔满怀希望地说，"只要大家一起来思考，朝着生产目标来开展工作，我们可以做到的。"

"你现在抓到要领了，"父亲满意地说，"暂时将这些流程的问题放在一边。这不是今天讨论的重点。你们告诉了我你想做什么，以及生产流程，等等，但还没告诉我你们实际看到了什么。现在，用心看，你们都看到了什么？"

"相当干净，因为我们已经实施了 5S 管理。"

"不要尽讲些好听的，艾米。看一看，看到了什么，告诉我。"

我们无言地坐着，越来越感到失落和痛苦。

"我不知道你期望什么，爸爸，"我抱怨道，"对这些机器，我根本一窍不通。除了颜色很难看和油漆已经脱落外，我看不出其他问题。"

"很好，米奇，"他的反应始料不及，"你还有希望，继续。"

"好，那边地面上有漏油。"

"还有一些用来吸油的沙，"菲尔补充说，"还有一堆放在纸板上未加工的铁板。不知道为什么留在那里。"

"我看到管子用一块破布包着。"艾米说。

我们终于进入状况，开始触及问题。

"冲压机里层看起来不是很干净，还有油迹！"

"嘿，机器用的时间都不短了。"

"就是因为年代久了，更要加强维护。"父亲回话说。

"难道这就是哈利所指责的问题？"艾米问，"我们才刚开始在机器四周实行 5S，还没有触及机器本身。"

"某种程度上来看，这是哈利指出的问题，但他的含义更深远。依我来看，根本没人负责这台设备。"

"不会吧。"

"你能告诉我这台机器怎样运转吗？"

"我说不上。"

"如果你在这台机器旁边找不到维修记录的话，你能说有人负责吗？"

"大卫常抱怨机器经常停机，"菲尔同意地说，"我和麦休都常为添置机器的事与大卫争执，我们的回答总是没有钱，但是……"

"老天爷！"父亲吸了口气说，"他难道不明白应该把投资放在人身上，而不是增添设备上？大家应该清楚工厂现在的情况，还债还来不及，他还想买新设备？"

菲尔同意地看着我父亲。

"听好了，这件事很容易解决。我们只要花很少的资源就能确保机器的正常运作，提升机器的生产能力。"

"那当然最好，"菲尔说，"听起来不可思议。我该做什么呢？我对冲压机一无所知。艾米也好不到哪里去？"

艾米点头表示同意。

"我也不懂，孩子。我过去只用过塑料的注射成型，它跟冲压机相似的地方不多。但我可以告诉你们，这台冲压机没有好好地清理。清洁为什么很重要呢？因为可以消除掉灰尘和金属屑，而这些会造成摩擦、堵塞、渗漏、漏电等。"

"还有，地板上的沙和油，那边的积水、尘垢和淤泥。上一次检油是什么时候？没有适量的润滑剂，又怎能期望机器随时可以干活呢？一旦有漏油，整个机器就不可靠。"

"你看看，冲压机下面是什么？是的，就是那儿。"

"我没看到什么，"菲尔说，然后又马上更正道，"啊，我看到了一颗小螺钉。"

"我希望这是上次维修工人不小心从口袋里掉出来的，不然，这台冲压机的寿命不会太长了! 一颗小螺钉足以使这台机器瘫痪。松的螺钉会引起机器震动, 从而引发其他的螺钉松动, 从而发生更剧烈的震动, 一直到机器停产。

"菲尔, 我不需要了解冲压机就可以告诉你这里有很大的问题!"

"你建议我们做更多的5S?"艾米问。

"可以从5S开始, 但是不仅仅是清洁的问题。你还记得我们所说的5S吗?"

"当然记得。从你的周围找出不必要的东西, 并且把他们移开, 然后让每一样东西都各就各位, 用完之后放回原处, 接下来是清理, 等等。"

"很好, 在这里你们要严格地执行。譬如说, 机器需要的特殊工具该放在什么位置, 不仅要容易看到, 还要容易拿, 并且要按照使用的顺序排列。再进一步要保持清洁干净, 你需要和工人与维护人员一起想办法解决:

(1) 需要经常清理的有哪些项目?

(2) 怎样安全地清理?

(3) 谁负责清理, 什么时间清理?

(4) 怎样才算是合格?"

"我明白了,"菲尔说, "你现在说的, 显然是更高一个层次的5S。"

"即使做到了, 也还仅仅是个开始。接下来会有许多关于全面生产维护(TPM)的工作, 但5S是个好的起点。"

"又是TPM?"艾米问。

"是的, 全面生产维护,"父亲回答, "我们可能要在这个题目上花点时间, 让我先谈谈关于TPM的背景知识。全面生产维护里的'全面'实际上有三层含义。第一层意思是整体效益。第二层意思是全体员工。工人们每天清理机器, 并监控仪表盘, 就像每个人维护自己的车一样。维修人员负责修复, 排除故障; 工程师分析问题的根本原因, 以提高设备的可靠性。第三层意思是机器的整个生命期, 着重于设备长期的保养。就像一个人在出生及年老时, 需要的照顾最多。"

"当大家都专注于发展新的生产技术工艺时, 日本工程师抓住了重点。那就是, 当机器处于最佳状态的时候, 功能一定最好。TPM的目的就是要让设备一直保持在最佳的操作状态，从而能实现零故障和零缺陷。"

"怪不得有人说 TPM 也适用于人的身上呢。"艾米说。

"所以，人力资源经理常常会把人和机器混在一起。"我取笑她说。

"一点也不好笑。"她说着踢了一下我的椅子。

"我最搞不定的就是人事问题，但对 TPM 绝对有信心。不幸的是，很少有人对每天清理设备来改进现状的事情感兴趣，摆在我们面前的冲压设备就是个好例子。"

"工人每天都在操作机器，但却没有看到存在的问题。他们也花了时间试着解决问题，就像在沙坑里挖洞一样，挖得越深越挖不出一个洞。人的天性是每遇到问题就直觉地采取行动，不去追究问题的根本原因，也不管实际的效果。"

"我的经验告诉我，在灯光下寻找钥匙，要比在黑暗中容易得多。"我用我的逻辑来注解。

"你说的和我讲的一样。我跟丰田的第一次接触就是关于设备维护。那时我负责生产，我去拜访一家制造商，它是我们直接的竞争对手。我希望能参考他们的操作做个比较，虽然我记不清其中的细节，但记得就是 TPM。"

"我们生产塑料制品，在生产过程中设备出现了问题，常常停机。因为我们有多余的生产能力，那次的访问让我见识到它们在资金利用方面的高效率。我们有 11 台冲压机，由于各种原因，停机的时间在 15% ~ 20% 之间不等。换句话说，相当于闲置了一台机器。这个发现很快引起了总经理的重视，我们开始采用丰田式的生产管理模式，虽然努力地去尝试，但结果并不理想。"

"为什么没有成功？"

"我们确实在注射成型的设备上提高了效益，但是最终并没有节省出一台机器。管理层并没有体会到精益的真谛，他们还是一味地投资增添设备，花了不少冤枉钱。"

"全面生产维护到底为什么这么难呢？"菲尔不解地问。

"单单维护并不难，孩子，但是要坚持很不容易。每天结束的时候，对一些复杂的机器，你一次往往只能检查一项功能，也就是说要系统性地设定其他参数，才能完成这项检查。所以大部分工程师都不愿意花时间，去找问题的根本原因，结果往往治标不治本，过一段时间问题又会出现。"

"这个过程应该由工人们来负责，"父亲继续说，"工人精通机器，在停机前能够预测何时会出故障。维修人员维修往往着重于表面的问题。譬如保险丝断了，他们会换保险丝，而不去深入检查，所以最困难的是训练他们找出问题的根由。"

"所以，找问题不要停留在表面，要寻找根本原因。"菲尔重复说。

"非常正确。我告诉你，早年我开始实施精益时靠的就是推行 TPM 的方法。20 世纪 80 年代初，我们对日本制造业了解很少。工厂里曾接待过两位日本工程师，他们打算模仿我们的设备模具去生产同样的产品。我们根本没把这些家伙放在心上，带他们参观了工厂，并让他们实际操作一台机器。"

父亲从他脚边拿起一个丢弃的纸杯，我暗想，这下他又要批评菲尔的 5S 执行不力了。但父亲却说："假设这个杯子是你的产品，看到杯子上的这条线了吗？这应该是个缺陷。那个日本工程师问我们，'这条线你们是怎么做出来的？'我们有点尴尬，只好承认说这是个缺陷。'我们知道！'他们回答，'但怎么做出来的呢？'我们想，这个家伙真是白痴。所以我们再重复一次，告诉他说设计上并没有这条线，这只是生产上的一个缺陷。"

"后来，作为交流，我和一个同事去日本回访。那两位工程师热情地招待我们，他们设置了一台和我们一样的机器，"他指着机器旁边的一个杯子上的线，'看！'他们说，'我们克隆了你们那条线。'我记得当时的情景，我看着我的同事，心想这个家伙简直比我想象的还要愚蠢。但看了那台机器生产的产品后，我们发现没有一个做好的杯子有那条线，他们实实在在地解决了这个问题！"

"等一下！"菲尔说着放下笔，"我想我彻底明白了，任何缺陷都是经由某种原因才会出现的。"

"是的，"艾米继续说，"他们刻意去克隆这条线，找出怎样才会制造出这条线，这样他们就能保证那线不再出现！"

"正是如此。他们没有停留在表面，而是去追根问底。他们提出了一个不同的问题，是什么原因导致了这台机器在生产中出现缺陷。一旦他们知道了怎样克隆缺陷，他们也就能根除缺陷！"

"真是一个严谨的工作态度！"艾米看着那个丢弃的纸杯。

"另外还有一个精益的工具，你们听说过'五个为什么'吗？"

"又是五个？"我说道，"五有什么特殊含义吗？是日本人的幸运数字？"

"可能吧，"父亲用一种少见的幽默回答，"当遇到问题的时候，应该透过现场去找出问题的根由，并且彻底根除它。有一个著名的大野案例，是关于保险丝重复烧断的问题：

第一个为什么：为什么机器会停？因为超负荷，保险丝烧断了。

第二个为什么：为什么会出现超负荷？因为轴承润滑不够。

第三个为什么：为什么轴承会润滑不充分？因为润滑油泵工作不正常。

第四个为什么：为什么润滑油泵会工作不正常？因为泵轴坏了。

第五个为什么：为什么泵轴会坏？因为过滤器位置错位，让金属屑进去了。"

"这样不断地问为什么，直到找到问题的根本原因为止。这样可以彻底地解决问题，不然过两天保险丝又断了。"

"太伟大了！"菲尔兴奋得叫道。"五个为什么！"

"这需要对维护部门做更多的培训。"艾米叹息着。

"没这么简单，"父亲回答道，"TPM 是最难掌握的工具，它远比我所说的深奥。'五个为什么'的方法听起来挺简单，但事实上并不简单。"

"我听起来感觉没什么难，"我没深浅地说，"不就是问五次为什么吗？"

"是的。但是如果你不小心，你得到的结果会完全走样。'五个为什么'的答案都要能证实是切题的，并且能解决问题的。"

"这与你以前提到的缺陷分析有点相似。"艾米问，"你还有另外一个'五个为什么'的例子吗？"

"让我想一想。哦，对了，我从前工作的工厂，给丰田供货，他们不断地增加来取货的次数。结果在装货待运区出现了卡车和箱子堵塞的情况，情况越来越严重。第一个'为什么'很明显是由于没有足够多的卸货窗口，所以产生了排队等待。一个可能的解决方法是再投资建一个装货的窗口。但继续问下一个'为什么'就意识到，不仅仅是装货窗口的问题，而是每辆卡车停在窗口的时间太长了。"

"我明白了，一辆卡车装货，下一辆卡车就只有排队等候。"

"在下一个'为什么'里，我们发现卡车之所以会等很长的时间，是因为装载不够快。工人要去找货，搬运到装货区，再上货。最后，我们设置了一个卡车装货准备区，每次卡车进来以前把所有的货都准备好。这不仅让卡车花在窗口的时间减少，也使得运输流畅，所以在没有任何投资的情况下，解决了问题。事实上，如果我们真新建了窗口，堵塞的问题只会更加严重。"

"这是一个好例子！"艾米说，"这又牵涉到均衡生产。"

父亲点点头，"我们这才明白，丰田为什么要供应商设立装货准备区。我们以前从没有关心过这些细节。这又印证了米奇的理论，人只会注意他们想看到的。如果我们遇到难题时，不靠自己的努力去解决它，即使问题就在眼前，你也看不到。"

"所以你说，'为什么'的答案不容易找到。"菲尔大声地说。

"不错。一般而言，可能有许多潜在的原因，因此需要采用一个系统化的作业方式。维修员工往往被看成消防队员，只能帮忙解决表面问题。他们的解决方法有时行得通，有时维持不了多久。"

"所以应该做一套记录？"艾米问。

"那是必须的。工程师们除了要用数据去发掘问题，还要有一套严谨的分析方法。难就难在，大家都埋首于分析，花太多的时间在文字工作上，很容易忽略了核心的问题。"

"你是在强调现场吗？"

"是的。我们必须把注意力放在真正的问题上，这是我多年的经验。我记得有一次，我的工厂建立了一套全面的系统来解决停机的问题。我们从丰田那里拿到了一个新的订单，不幸的是生产线上却问题重重。"

"是不是当初模具没有做好？"我猜测道，"丰田要求你们做更具体的分析吗？"

"没有。丰田派了两个技术专家过来，他们只是站在机器前，除了观察和做笔记之外，什么也不做，站了两个小时。刚开始以为他们是哑巴，后来更觉得他们简直是疯子，直到他们指出问题在于操作的错误。"

"这又是现场？"艾米说。

"当然，"父亲回答，"所以我学会了在现场一遍一遍地观察工人的操作，直到找出问题。"

"听起来很合逻辑。"我有些天真地说。

父亲笑着说："但是我的老板认为，傻傻地站着观察机器是在浪费技术人员的时间。管理层和咨询专家们认为，唯一有价值的'解决问题'的方法，是在电脑前做分析和在会议室里开会。"

"但我认为现场讲的是，关于在车间内人和机器怎样配合工作的问题。"菲尔说。

"啊哈，"父亲说，"听起来你蛮有希望的。"

"TPM 不是我们今天讨论的重点，"父亲一边说一边站起来，折叠起他的靠背椅。我也跟着站起来，真希望今天的讨论到此结束。菲尔仍然坐着，不停地做着笔记。

"那重点是什么？"艾米问。

"你们告诉我。"

"态度，"我说，"在讨论《空手道小子》时，你曾提到正确的态度。"我暗自得意，心想心理学可是我的专长。

"为什么哈利认为应该炒凯文鱿鱼呢？"

"艾米，拜托，不要再提那档子事儿了，"菲尔说。看来艾米仍然念念不忘那件事。我不觉得她问得有什么不对，因为我也一直觉得，哈利在大家面前羞辱他，对凯文的自尊心一定会有很大的打击。我相信一定还有更好的方法来处理类似的事件！

"说了半天你们认为今天的重点究竟在哪里？"父亲又问道。

"人，"艾米回答，"全是关于人的问题。"

"那么今天早上讨论的主题是什么呢？"

我们沉默地看着彼此。

"先前米奇说什么来着？"菲尔翻阅着他的笔记本，"我们看不见我们不想看的？"

"非常接近，要学习观察，今天早上我们都观察到了些什么？"

"你不需要是个工程师，也能够发现一台设备操作不正常。"艾米回答，"这是个人的问题，不单单是机器的问题。"

"人们花在工厂里的时间比家里的多，但却看不出问题。管理层就更甭提了。"

"是呀，我们太注重报告和数据了。"菲尔同意，他最讨厌文书工作。

"观察不是天生就会的，"父亲强调，"这是个态度问题，必须执著地到现场去了解。有任何疑问时，到现场去考察。"

"我承认，我很少能做到。"菲尔肯定地说。

"这也就是凯文的问题。他不到现场观察，不明白真正的问题，只是闭门造车，导致许多错误，以致停产。"艾米若有所思地说。

"正是如此，"父亲表示肯定，"他活在计算机的世界里，对车间里发生的事根本不感兴趣。他认为数字可以告诉他一切，当生产停滞的时候，一切都是别人的错。这个人非常危险。"

"为什么危险？"菲尔问，"他并没有坏心眼，最多让人烦罢了。"

"难道你没明白？他会继续他的做法，影响整个工厂生产的运作。更麻烦的是，周围一批跟他一样想法的人会集合成一个小山头，妨碍工厂的改革。所以现场不仅是实地观察，更深一层是态度的问题。对管理层来说，他们必须要下定决心，要认识到生产线才是全公司最重要的地方，是真正为客户创造价值的地方，其他一切功能都是辅助性的。"

"所以你会开除掉那些态度不对的人？"艾米问，可以看出她并不完全赞同。

"开除人？"父亲摇了摇头回答，"我最不喜欢开除人。自从认识哈利以后，他总是批评我在处理人事问题时不够果断。他是对的。一旦你发现一个员工有态度问题的时候，这个员工迟早得离开。通常都是在太晚的时候，他们已经为公司带来了许多的伤害。"

"这不太现实吧！"我回应道，"难道不能给他们第二次机会吗？"

"现实点吧，米奇！"父亲回复说，"一旦人的态度定了型，你想它又有多少第二次机会呢？大家都知道态度很难改变，除非你痛下决心。凯文在物流经理的位子上，要么你试着去改变他的态度，要么撤换他，想想看哪个更容易。"

"啊，两个都难。"

"等你到我这个年纪的时候，艾米，你就会明白这是生死攸关的。我在其他公司看见过的精益生产都是因为人的因素失败的。你可以学到精益的词汇，学会精益的工具，可以找到精益的专家帮忙，但如果你没有一个正确的现场态度，你不会成功的。"

父亲环视了车间一遍然后继续说："现场态度的意思是，你所做的任何决定都必须以现场观察为依据，以车间活动为核心。所以，如果你没有花时间在车间里的话，你就不清楚其中的细节，也就不可能激发员工们不断改进创新的意识。管理层必须要了解直接管理的重要性。美国三大汽车公司，每条生产线有一个车间经理，管理 50 ~ 80 个工人。但丰田采用的是平均 5 ~ 7 个人构成一组，每组有一个领班，每三个领班向一个组长汇报。所以与传统的车间管理模式相比，丰田在车间里有较多的直接管理，事实证明这样做也更有效率。"

"艾米，自从你接手这份工作以后，你待在办公室里的时间有多长？"

艾米想了一会儿，然后回答说："大约两小时吧。早上一小时；晚上离开工厂前一小时；中午如果没有培训的话也有一小时在办公室。"

"菲尔，"父亲提醒道，"到目前为止，你们厂里所获得的一些进步，都依赖艾米一个人。她的确花了时间在现场。如果她离开的话，所有的一切会消失得比说的还要快。"

"嗯，但她不会离开的，是吧，艾米？"菲尔试图打破突如其来的尴尬气氛，开玩笑地说。

我注意到，艾米灿烂地笑着，看着菲尔，但并没有说什么。

"是米奇吗？很抱歉这么晚打扰你，我能跟你聊一会儿吗？"

"是艾米？当然，怎么了？"

"还能有什么，"她不耐烦地说，"当然是工厂的问题，麦休和菲尔很激烈地争吵了一架，我想是我引起的。对这件事我耿耿于怀！"

"发生了什么事？"

"我正打算在全厂推行物料供应的管理措施，突然……"

"等等，请你再说清楚一点。"

"好吧。你知道的，你爸爸一直强调首先要准时供货，其次要减少库存，最后再考虑生产成本，对吧？"

"你说得没错。"

"目前我们已经做到了准时供货，库存也减少了。"

"挺好。"

"我计划下一步将外购件有系统性地送到生产线上。葛兰和我已绘制好一张供应循环图，每小时会有一辆小拖车在工厂里跑一圈，我们还在生产线上改用了双层货架供货。"

"让我想想。让一个人负责开车送货，从每一站载回空箱子，同时替换上装满货物的匣子，如此循环不断地交换空箱子和装满货物的匣子。这很有道理啊！"

"但凯文抱怨说这样会增加搬运工人的工作量。"

"凯文明白你最终的目的吗？"

"我想没有。我不认为搬运工人的工作量会增加，只要不断地操练改进，他们的工作会比以前轻松。菲尔和我已经把大卫感化了，他正在帮忙做系统方面的工作。但凯文始终不同意我们的做法。他认为将成品从超市搬运到装货区没有任何实质意义，完全是做无用功，还把我训了一顿。工厂的物流又由 MRP 计划来支配，一切以经济批量为指标，看来精益物流计划要泡汤了。"

"是啊，真糟糕！"

"菲尔当时不在场。我试着跟凯文解释，这种小批量搬运的方法有助于减少库存。但在他的眼里，我又知道些什么呢？我只是一个小女生。"

"唔。"

"所以我就开始实施这个物流计划，想将这些工作标准化。现在那些搬运工人每天开着叉车在工厂里转，却没有效率，因为大部分时间都在寻找货物。"

"再解释清楚一点。"

"好吧，我的想法是，设计一条巡回的运输路线，就像邮差送信一样。我们已经清理出了很多空间，所以执行这个运输路线不会有困难。"

"你的意思是为每个物料搬运员定一条路线，每天固定地取货送货？"

"是啊，这样可以为物流定下一个标准工序，不会增加成本，还可能降低成本。"

"我听懂了。但是问题出在哪儿呢？"

"照我的估算，我们目前的搬运员人数是实际需要的两倍。"

"你在开玩笑吧！"

"我可能稍微乐观了一些，但就像当初你爸爸和我们讨论断路器的生产线一样，如果能把运输标准化，那么便可以精简工作内容，并大幅度地减少库存。"

"听起来很不错啊。"

"我也这么想。所以我就写成了备忘录给菲尔，但菲尔正好出差到芝加哥去拜访客户。他看过之后转发给了麦休，但不知何故又跑到了凯文那里。凯文跑去和工程经理嘉理商议。"

"就是那位不愿意和你合作，一切自以为是的家伙？"

"就是他。他们俩去找麦休。后来菲尔回来了，就发生了争吵。我是当事人，到目前为止还没有人跟我谈这件事，真是差劲。"

"这是什么时候发生的事？"

"就是今天傍晚。一定因为我是个女人，他们不屑和我讨论。"

"哦。"我心里暗想，这下可复杂了。

"菲尔对你怎么说？"

"哎，他一向对我很好，但有时也比较懦弱。他说不要担心，这件事过去了就让他们去吧！"

"那你怎么看？"

"我觉得很没劲。但和你聊聊后，感觉好多了，虽然我心里还是蛮生气的。"

"你想这次会雨过天晴吗？"

"谁知道菲尔和麦休会怎么做，他们是老板。"

"听我说，艾米，菲尔是绝对不会说谎的。我们小时候，他说谎来帮我掩盖我的恶作剧，每次都被拆穿，因为他不善于说谎。他跟麦休合伙做搭档很久了，所以他说事情会很快过去就应该没问题，你要相信他。"

"我知道。但这份工作太辛苦了，既要改变整个工厂的运作，还要与这群白痴经理们打交道。"

"的确不容易。"

"但是我想想，就像哈利说的，是我想要做这份工作，所以必须学会和这些人打交道。"

"哈利说过这句话吗？我怎么不记得。"

艾米没有立刻回答。

"想出来找个地方喝一杯吗？"我建议道。

"嗯，很想，但实在太累了。我想最好是回到床上哭一场，然后睡一觉。"

"你没事吧？"

"谢谢你让我发泄出来。我不知道可以打电话给谁，没有人愿意听这些事。每次我跟父母抱怨的时候，他们都劝我赶快回家结婚！"

"那也帮不上忙。"

"当然不可能，谢谢你听我发牢骚。"

"没问题。你需要人聊天的时候可以随时打电话给我。"

"太好了，改天再请我喝酒吧。你是个好的听众。"

我很容易沟通。我放下电话，然后踱步到阳台上去呼吸傍晚芬芳而又潮湿的空气。邻居家正弥漫着和谐的音乐声，一个多么美好的乡间夜晚啊。我情不自禁地又想到了艾米。她不是我喜欢的类型，但我不时会想到她，我也不知道这到底是怎么回事。

⟜

事情最后解决了，但并非我预期的那样。那天我刚写完一段我的书，接到了父亲一个电话。大卫在冲压机换模中遇到了麻烦，要菲尔打电话给父亲请求帮助。父亲同意过去看看，我必须力行当时的协议，开车送父亲到工厂。一进工厂，我失望地发现艾米出去开会了。葛兰和小艾热情地欢迎我们，她们拉着我父亲去看生产指标板，并讨论一些关于怎样组织工人的问题。后来，大卫带父亲走到冲压机区，两个工人正在讨论有关冲压的工序。

"我们遵照你的方法，"大卫解释道，"列出了有关换模的工作，并把它们分开为内部工作和外部工作。"

父亲用心地听着。

"以前，我们总是先停机，然后开始准备换模的工作，所以需要的时间比较长，现在我们考虑准备双轨并进，这样可以减少换模时间。"

"告诉我，外部工作上你们都想到了些什么？"我父亲问。

"要准备好夹具和模具，换模的工具，还有一张长桌子，预备放置换下来的模具。"

"听起来都很好。那内部呢？"

"大部分是由机器本身的工作来定中心，调整模具位置等。"

"很对啊，那你有什么问题呢？"

"老实说，"大卫捻了捻他卷曲的胡子，显得有点困窘，"我们不知道该怎么着手。"

"噢，首先不要一个人单独换模。两个人要先认真地把工作划分清楚，有效率地合作可以节省很多的时间。"

比尔说："这个道理我懂。"他是一个粗犷的老头，长着八字须，留着稀疏的长发，梳着马尾辫。

"然后问自己一些常识性的问题，诸如：

（1）有没有预备好一张所需工具和模具的清单？

（2）手头上有些什么工具？还缺什么？

（3）夹具、模具和工具按秩序排好了吗？"

"类似这些问题就可以。"

"一张清单，"大卫说，"我们很快就可以准备好。"

"然后在工作过程中记录下左右身边的细节，尤其是那些鸡毛蒜皮的小事儿，譬如关于螺母和螺钉、电缆、管子以及任何用于连接的零件情况。同时要让维护人员事先准备好维修工具。另外像电线，加上颜色标签，容易识别。诸如此类。"

"你们原来在这里，"菲尔插嘴说，"实际情况怎么样啦？"

"看起来不错，只要不断操练，问题不大。"

"我很高兴你能来，伯父。我正在劝说大卫把传送带改为一个生产单元。"

大卫没有马上作答。他的态度与上次相比改善了很多，少了许多对我们的不信任感，不再把父亲的批判看成是一种人身攻击。

"你跟他们两位讨论过了吗？"父亲问。

"是的，我们已经翻来覆去讨论过了，"比尔说。"我们也和艾米、小艾一起商量过。"

"所以呢？"

"我们知道你想要做什么。"

"但是？"

"但这回你们好像是玩真的。"

父亲没做任何回应，比尔想向另外一个工人求援，但那个家伙低着头只顾看着自己的鞋子。

"是这样的，比尔，"父亲坚定地说，"基于我们在断路器生产线上的经验，实施精益生产以后，工作效率会大幅度地提高。"

"你的意思是，工人会更加努力地工作吧？！"菲尔插嘴道。

我和艾米讨论过，实施精益生产后工人们的负荷是否会加重。艾米认为工人的工作速度是加快了，但工作量并没有增加，因为流程简化了，安全事故也明显降低。她还告诉我，有些其他生产车间的工人，传说断路器生产线上的工人工作非常辛苦，负荷量大大增加。菲尔对这个问题非常敏感，很关心，他也不知道该怎么处理这件事。

"我可没这么说，"菲尔认真地看着大卫，"但最近我们在喝咖啡和抽烟时，确实很少看到断路器生产线上的工人。"

"那是因为他们不用在厂里到处乱跑，去找需要的零件。"大卫回答说。他显然得到了大多数工人的尊敬，因为他的人缘特别好。菲尔的沉默寡言和大卫的火爆脾气，使他们组成了一个不错的管理班子。

"没错。他们是说过，因为分神的事少了，所以工作比较顺当，我不知道我会不会喜欢那样，但是……"

菲尔正准备说些什么，但父亲轻轻拽了他一下，制止他说话。

"其实工作就是工作，我并不怕工作艰苦，其他的工人也一样。如果艾米小姐所说的不再解雇员工的话属实，我们情愿辛苦点儿。当然我指的是，如果生产改进对公司有帮助的话。"

菲尔深吸了口气，看起来轻松不少。

"你晓得我不能承诺你们什么，因为这完全取决于公司的业绩。但只要能有效生产，我们没有理由让任何人离开公司，除非他自愿要走。虽然新订单还没到手，但很有希望。我们需要每一个人在工作岗位上努力工作。如果业绩好，年底分红就可以拿到更多的奖金。"

"我相信大伙听到这个消息一定会很高兴。只要你能答应我们，不会因为执行精益生产而裁员，我们会尽量配合。大卫告诉我你要求一天换好几次模，虽然我觉得不明智，但我愿意试试看。"

"每天得生产不同的产品，你觉得如何？"

比尔点了点头，看了他的同伴一眼，他也只是耸耸肩。

"既然你这么要求，"他答复说，"试试又有什么不可以呢？"

我正在琢磨这是个什么样的交易，但突然意识到，菲尔肩负着对所有员工的责任。倒不是我不知道，但我从没有真正地去思考，我不喜欢承受那副担子。难怪许多经理人会变得冷漠无情。我从来没想过菲尔也会变成那样，但随着时间的推移，谁知道他将来会变成什么样。

"好了，"父亲说，"如果我们将这条线改成一个生产单元，你认为应该如何放置机器呢？这里的工作内容包括，装载打孔机，启动它，然后装载冲压机，启动它，再卸载打孔机，改变机器的程序，然后再回过头，来卸载冲压机，把工件送到传送带上去焊接。还要把门的工序计划在内。记住，不能有库存。"

"我们都想过了，需要把打孔机和冲压弯曲设备移得靠近焊接区。"比尔建议道。

"没错，把他们移得越近越好。"

"也可以考虑把他们移得面对面。"父亲建议说，用手比划着。

"那也是一种做法，"比尔说，"如果我们把打孔机放在前面，把弯曲设备放在背后的位置也能行。一次加工一件产品，听起来不很顺，但如果你想试试的话，我们可以这样做。"

"好啊，那我们还等什么呢？"

他们看着父亲，不相信他是玩真的。大卫的脸变得通红，但他没有提出异议。

"既然大家都同意，现在就动手移动机器吧。"父亲说。

"但是，我们不能搬。"比尔说。

"为什么不能呢？你已经测量过，也深入地讨论过，清楚机器该摆在哪个位置。我想工厂里一定有足够大的叉车！"

"我们没有，但隔壁的电站有大型的，"大卫提议说，"我们可以借用两三个小时。"

"去问问吧，"菲尔果断地说。当我们还是孩子的时候，我总是很烦他一贯下不了决心。虽然他很难做决定，但一旦做了决定，做事情倒是很坚定、利落。譬如早年和麦休签约合作，或者现在，都是好例子。

"很好，那么，"父亲强有力地说，"我们最好先开始清理焊接区。动手吧。"

一个星期二的下午，我们开始挪动车间里的冲压机。我承认我被吓到了。当冲压机悬在大型叉车上摇摇欲坠的时候，我的心都快跳出来了。一直在想如果掉下来的话，那一定不堪设想。电站的人说他们经常搬动一些大家伙，很习惯。父亲花了不少时间与他们讨论搬运的安全问题。然后，清理了过道，确保没有人在周围，并且让大卫在终点的地板上用带子明示出位置来。

给我留下深刻印象的是，电站的工人非常在行，很明显地把这份差事当成一项娱乐。他们友好，自然，对工作一丝不苟，不明白而且很好奇我们为什么要挪动机器，显然对"流程"概念也很感兴趣。

"好伙伴，"当他们离开时大卫说，"为了表示感谢，我们老板特别送一箱啤酒让你们消暑。"

机器就这样搬成了。

父亲对大卫说："你可能认为这个布置并不完美。"

"但是，你已经走出第一步了。相信我的话，你最好有心理准备，以后还会移动好多次，按持续改善的原则，一直到完善为止。"

菲尔问："什么地方不理想呢？"

"我们把打孔机放在弯曲设备的前面，把那台旧的冲压机放在后面，这样就形成了一个 U 字，但距离隔得太远——工人们从这台机器载货，到那台机器卸货，每次要多走好几步。"

"目前只能这样摆！"菲尔说，"因为要放供应水电及煤气的管子通过。你不是说过我们很幸运吗？以前类似的设备就放在这里，所以这次搬动才这么容易。"

"没错，"父亲紧接着说，"你可曾想过，他们以前为什么将设备放置在这里，后来又移走呢？不管怎么说，我很高兴我们已经采取了行动，以后你们再慢慢研究要不要挪动机器吧。走，去看看焊接区。"

"为了符合 10 分钟节拍时间的要求，我们设立两个并行焊接站，在两个焊接点之间设计了一个可移动夹具，实现了单件流的工序。"

我看不出有什么问题。

"这就是问题所在。这样的话，你又怎么能期望持续改善呢？"

"持续改善?"

"是的。两名焊接工并行地在各自的工位上装配一个外壳箱,下面还怎么去改善呢?"

当父亲正准备切入关于改善的话题时,我们听到有人叫。"你们全在这啊,"麦休走过来打招呼,他带着凯文和工程部的嘉理一起出现。

"你们在干什么? 天啊,你们搬动了冲压机?"他不相信他所看到的。

"是啊,一切都已经就绪了,"菲尔回答。麦休脸上带着职业微笑,看起来有点累。凯文有点幸灾乐祸地看着菲尔,情况看起来不太对。他和嘉理可能编造了一些故事,但是他们误解了菲尔,他的不喜欢冲突并不代表软弱,菲尔不是一个记仇的人,但他有很好的记忆力。对他来说,不存在原谅和忘记一说,换句话说,除非他能够忘记,他不会很容易给予宽恕。

"麻烦又来了,"父亲耐着性子嘀咕道。

"伍德先生,很高兴见到你。谢谢你救了我们的工厂,"麦休说道。

"大卫,你们一天生产 30 个断路器,现在你们用相同的资源可以生产 40 多个。在不增加投资的条件下生产率提高了 30%,真是难能可贵。"麦休夸奖道。

"我想菲尔、艾米和大卫的团队都做出了巨大的贡献。"我的父亲直截了当的回答让麦休愣了一下。

"当然。他们都很出色,公司非常感激。最近我和菲尔在生产问题上有些争执。"

"噢?"父亲不解地问,眉毛都竖起来了。从菲尔阴暗的脸上,我感觉到艾米惹起的这场争论可能比我预计的要大。因为麦休把工厂的日常运行都交给了菲尔,平常他不太管,现在他却当着父亲的面提起这件事,来者不善。

"凯文告诉我说,你建议物料员整天循环不停地送货,按照他的预算,需要增加叉车和人员,这在当前情形下恐怕办不到。"

令每个人吃惊的是，我父亲大声笑了起来。菲尔斜视着我，我只能摊开双手表示我也很困惑和茫然。

"增加投资在叉车上？这是凯文要求的吗？"父亲说。凯文满脸通红，麦休强笑着，试图把这事敷衍过去。嘉理有点不自在，但还看不出他真正的表情。

"各位，我建议大家绕工厂走一圈，数一下空闲的和没有装货、空驶的叉车。我们就从这里开始吧，好吗？"

父亲多年来始终保持着高挑的身材，虽然他有时会驼背，但当他站直的时候，看上去仍然很威严。他转过身，一言不发，向仓库走去，每一个人都尾随着他，不再争论。

"一旦我们实施了循环送货，这里的库存可以减少 80%～90%，这对你们的流动资金应该有所帮助。"父亲说。

麦休有点退缩了，鼓起勇气承认："我清楚这些库存都是钱。"

"我们在找叉车，对吧？我在物流办公室旁边，看到有两台叉车停在那里。"

一圈下来，我们已经发现有四台叉车闲置着，四台工作着的叉车中，仅有两台装货，另两台空载行驶。菲尔和麦休尾随在我们的队伍后面，正在讨论些什么。大卫大步走在我身边，掩饰不住内心的喜悦。我们走到工厂外的装货区，看见一辆卡车正在装运断路器。凯文看起来脸色很不好。

"除非我算错了，"父亲总结性地发言，"我的'巡回送货'只需要四台叉车，就是刚刚看到的在工作的四台，足够了。另外四台可以退回租赁公司。"他拖长了话音，不再继续说下去，死死盯着凯文。沉默再次持续了一段时间，凯文的脸在夕阳温暖的阳光下变得越来越苍白。最后嘉理打破了沉寂。

他声音洪亮地问："那现在怎么操作呢？"

"用叉车搬运重的产品，譬如已经完成的断路器、金属外壳箱等，而用小拖车运输轻的部件。需要一台叉车从超市将成品搬到装货准备区。另一台叉车从生产车间运送外壳箱传送带，我们多准备一台备用，以防万一。至于第四台，用来拖小送货，为生产线和传送带发送配件。"

"很好。对这种新的规划，我们可能理解得不够。"嘉理平和地总结说。

"你说得没错，"麦休眼睛盯着凯文，吩咐道，"月底前，把这四台叉车退回租赁公司，严格遵照伍德先生说的做。"

凯文点了点头，挨了训，一副可怜样子。

"菲尔！"麦休说，"等会我们再坐下来谈谈预算。"他狠狠地看着凯文。

"好啊，"菲尔随口应道，但我能听出来他很高兴。

"伍德先生，"麦休接着说，朝着我父亲夸张地笑。"真是太感谢你了。我们要好好研究一下怎样报答你，我从内心感激你。"

"啊哈。"父亲用他特有的方式，没说一句话，就径直朝着大门的方向走去，我赶忙跟在后面。

我开车送他回山上的时候，发现他苍老了许多。

沉默了很长一段时间，他深深地叹了口气说："今天挺顺利的。"

"我敢保证，我们搞砸了凯文今天的计划。"

"他们还是不肯学，是吧？"

我一边开车，一边在想这句话的含义。

"四台叉车够用吗？"

"我想没问题。艾米已经开始策划程序化地管理仓库的进出。据我的观察，她已经开始布局看板系统，剩下是标准化操作的问题了。如果每台叉车都按时、按计划地运作，那么就不会再看到叉车满厂乱跑了。各种库存减少后，不用叉车去堆高或者取货，所以不会有问题的。"

我回想起艾米那天晚上电话里告诉我的事。

"你看到嘉理随机应变的高招了吗？他是个老手。"父亲说。

我同意地点头。

"厚颜无耻！我不能容忍那些公司里的政治人物，"父亲继续道，"米奇，我告诉过你，我不会再管这档子事儿，你看看，一切又重演了。难道他们看不到眼前所发生的事吗？"

"这就是你所说的现场的态度。一个人有这样的态度才会成功，但那些没有的人，很难学会这种态度。"

"你是对的。麦休至少看到钱，虽然他不理解现场改进，但他会加减，会数钱。"

"菲尔也表现不错。虽然他以前没有学过现场，但他正在努力地学。"

"我认为他还没有开窍，但他终究会学到的。"

"老爸，你真是实力派！"我佩服地说。

"但这并不意味着我喜欢做这档子事，"他粗声粗气地回答，"特别是处理今天的这种情况。多糟蹋人啊，还有时间。"

接下来又是一阵沉默，一路安静地开回到我父母的住处。这一天里，我感觉凯文的自寻其辱最不值。我想艾米还没意识到，她引发的这次争吵居然有了正面的结果。感谢上帝，她当时不在场。另外，搬动机器是今天的高潮，我相信如果艾米在场，她会比我更高兴在现场观摩。我印象最深刻的是立刻动手，许多事一搁下来就很难再启动。一旦碰到了，就别搁下，开始动起来。

送父亲回家以后，我也开车回家。我很渴望去更深一层地了解变革的实质。自从人类离开山洞，我们周围的大部分事，从大教堂到汽车，从绿色革命到陪审团审判，从流行病到微波炉，一切都是人类自己创造的，然而很多人却总认为，很多事就像石头一样是永恒不变的。像凯文一类型的人，认定两个工位之间循环送货意味着需要更多的人力、物力。同时他们对车间里也有一种错觉，认为机器一旦安置好就不能再移动了。

但是，父亲却持与众不同的看法。他确信眼前的一切都可以改变，这种理念给了他信心，促使他去主动地推动改革。有了这次经验，我更能体会，他在执行改革时所遇到的种种挫折，尤其是人际因素，"把问题解决掉！"对父亲来说非常容易，然而对大多数人来说，这却是一个责难他人的最好的借口。

在父亲看来，解决问题是丰田生产系统的核心态度。他常说，许多人在公司里，总以为有问题是件丢脸的事。在丰田，恰恰相反。解决问题是你和你的老板一起学习的最好机会。在我个人的小生活圈里，我也不知不觉地开始应用了精益的概念，在日常生活里，随时留意种种浪费，而且还能看出实际改善的可能性。不过，令我沮丧的是，当我提出任何改善的建议时，因为牵涉到他人，往往会使得那些不愿意改变的人感到不愉快。这种情况父亲在他的职业生涯中，一定经历过无数次，我和他一样都不喜欢这种感觉。

　　不管怎样，现在我对父亲所说的现场态度有了更深的认识。艾米肯定已经进入状态，菲尔还在学习中，至于我，已经开始慢慢懂了。目前大家的通病就是缺少这种现场态度，从而造成各方面的许多问题。这种正面的态度，不仅仅可以应用在制造车间，整个社会与学界肯定都可以做一些关于现场改进的探讨。我边走边想。随它去吧，我无法影响那么多人。所幸的是，我们已经渡过了这次危机，不知道下一次又会碰到什么难题。

均衡生产

又一次的危机很快到来了，但这次艾米卷入得并不深。几天后，我与菲尔一起喝酒，问起艾米经历过上次的政治斗争后，近况如何。"她积极进取，大家都害怕她的威力。"他笑道，"但她的工作非常出色，可以搞定厂里的一切。"

我想问：你曾当面告诉过她这些话吗？但我没说出口。几天后，父亲要我和菲尔在他的住处见面。他没有说为什么，我猜应该是继续谈论精益的发展。但当我到的时候，母亲冲我打了个警告的手势，然后指了指院子，父亲和菲尔正在那儿喝酒。

菲尔坐在长椅上，看起来有点沮丧。父亲坐在他的太师椅上，态度从容。

"我同意过帮助你脱离困境，菲尔，但我不能够代替你管理这个工厂！"

"米奇，我正在告诉菲尔，我不想再到他的工厂去了。"

我非常吃惊！

"为什么？"我倒了杯酒问道，"你在那里领导的精益不是干得很精彩吗？"

"这不是问题所在，"父亲心平气和地说，"我曾经发过誓不再涉足任何一家工厂，这倒不要紧，关键是我不想再卷入制造这一类的事情了。"

"但是这段时间里，你为我们提供了很大的帮助！"菲尔哭丧着脸，"我们现在比以前更需要你。我们已经摘取了挂在树上低处的果实，目前正在努力控制库存，而且……"他的声音在夜空中回响，外面蝉声四起。"不会是报酬的问题吧？我和麦休一直都认为，你不应该免费为我们提供咨询。"

"小子，我不会要你的钱，不要搞坏了我的名声。我过去帮助你，是因为米奇要求我这么做，而且我是看着你长大的。说到钱，我已经够用了。"

"那为什么呢，爸爸？"

父亲旋转着手中的杯子，然后一饮而尽。

"这么说吧，岁月不饶人，我实在不愿意再回到战场中去了。我奋斗了一生，现在可以赋闲在家安度晚年。现在正是我退出的时候，我必须坐下休息了，你明白吗？"

我静静地点头。我们从未谈论过这些，我甚至不知道该如何回答。我还记得父亲在我小的时候对我们严厉管教，但从来没有注意到他也有柔性的一面。无论什么事情，父亲很少让步，这是我们兄弟俩最怕他的地方，我猜这也是他的同僚尊敬他的原因。难道他现在开始学会让步了吗？

"此外，菲尔没有抓住要点。你必须学会独立处理事务，你不能总想着委托别人。我送你一句话，经营管理必须亲力亲为。"

菲尔抬起头，充满无奈地问道："那如果你不再到工厂去，你还愿意继续给我建议吗？就像我们过去的那些谈话。"我觉得菲尔天真可爱，忍不住想笑。

"如果只是谈话，"父亲想了想说，"那当然没问题！"

"太好了。那么，关于那些冲床……"

他们又开始谈那谈不完的精益话题了。

我独自走开了，去到湖边散步。湖水在夜晚的灯光下荡漾着。我边走边想，父亲的所作所为总是让我感到惊奇。我当初以为他非常乐意"重出江湖"，去改造一家工厂，但随后我发现他更喜欢他的船。他在游艇上悠然自得，和他那帮游艇俱乐部的朋友们一起愉快地消磨时间。虽然我从出生就开始受他的熏陶，但却从未真正了解他。他不是一个容易相处的人，这一点毫无疑问。我那梦想成为好莱坞剧作家的兄弟，几乎从来不回家探望他，因为怕他批评。由于菲尔的事，我最近常回家，回来的次数远比过去加起来的要多。这些日子的相处，让我改变了许多想法。这时，银白色的新月从山头升起，我自己也不知道为什么今晚会有这么多的感慨。

"两个并行的焊接工位并不是个好主意,因为这将很难进行改善的工作。一旦节拍时间改变,也很难调整。"菲尔说道。我听了一会儿,发现他们还在谈论焊接工位的问题。

"所以我们要将焊接的工作量平分成两份,分配给两个工人。将来再进一步改善,包括切割和冲压,希望能从目前的 3 个人缩减为 2 个人。"

"那样你就可以满足节拍时间了。如果麦休能接到更多订单的话,节拍会加快,那时需要更多的工人!"

"噢!我不知道还能不能再接更多活儿了。"菲尔回应道,"手边需要处理的事太多了!"

"先喝杯酒,深呼吸,放松一下,这其实没有那么困难。你只需要遵守一些原则,然后把精力集中在'现场'!"

"对你来说很容易,爸爸,"我插嘴道,"你熟悉这些原则,但菲尔他还是新手啊。"

"如果他吸收不了,这可不能怪我,"父亲直截了当地回答,"我可是一直重复地谈这些原则。"

"米奇说得对,伯父。你能不能再重复一遍这些精益原则?"

父亲迟疑了一下,然后大声地清了清嗓子,说道:

"这是我个人领会出来的精益原则,当我遇到丰田的顾问时,他们对于这些抽象的东西总是很谨慎。我的意思是,据我所知,他们可能有一些通用的准则,但从来没告诉过我。我讲的都是我自己领悟出来的……"

"第一,客户满意。当对客户的要求有任何疑问的时候,你必须从客户的角度来思考。"

"你是说按时交货,就像我们一开始就讨论的?"

"那只是一部分,顾客满意还涉及产品质量、性能、服务和价格,等等。"父亲回答道。

"第二,工厂的柔性生产,能否很快地切换生产不同的产品。精益就是建立在这样一个能够满足需求的基础上，在有限的设备条件下生产多样化，而成本必须能和大批量生产的方法竞争。因此，窍门就在于柔性的最大化，同时控制好成本。当然这还需要一些创意性的思考，但却有意想不到的长期效益。看板系统就是这一准则的现场运用。"

"第三，现场的态度。到现场去观察，而不只是坐在会议室里谈论问题。不要把自己迷失在抽象的思考中。大野先生曾经一度拒绝雇用大学训练出来的工程师，因为他觉得这些学生已经被西方的'笛康叔'方法所毒害了。"

"笛康叔？我怎么不知道这个词汇？"

"笛卡尔、康德、叔本华。"

"噢，拜托！"

"我没骗你，他曾经把他的想法写了下来。关键就在于，培养一种现场的态度，不要让一些虚玄的哲理思想绊住了你的脚。"

"像老百姓一样思考，"菲尔开玩笑道，"这可不容易，不过我会试试。"

"不错，我们已经领会了这一点，因为你老是提醒我们，现在已经被训练得跟不上外界的事务了。"我调侃道。

"第四，有人认为这应该是最重要的，也就是在生产产品前，先生产你的员工。员工是你最大的资产，而不是成本负担。公司全靠技术和员工，所以你必须关注员工知道些什么，以及……"

"以及他们的投入情况。这点我了解。"

"最后，不要逃避任何问题，要马上解决。这样才能持续改善，要发展员工不仅仅是要经过培训和实践，还需要参与持续改善。这样他们可以学到关于工作的很多细节。一个刚到丰田的年轻工程师，他被要求的第一件事是完成一个改善项目。我个人并不把改善当成是一个省钱的途径——虽然得到的结果的确节省了费用，但应该把改善看成是帮助员工更正确地理解前三个准则的途径。从而实现目标，取得经济上的绩效。以上是我的答案，但是请你记住，精益不仅仅是哲学，更是一种实践。"

"好吧，非常深刻。我承认你从一开始就在不同的场合，谈论过这些问题，难的是将这些融会贯通。"

菲尔思考了一会儿，然后准备回家。"多谢你告诉我这些，伯父。如果遇到其他的难题，我会打电话给你。"

"我会在这里的。只是不要再让我回工厂去，我会尽量帮助你。记住'现场'！如果你想继续改进，就必须力行这一点。还有，别太依靠艾米，她很有干劲，但这毕竟是你自己的工厂，不是她的。"

"我记住了，晚安！"

父亲送他到门口，我则走到外面去散步。池塘边的灯光已经熄灭，夜也越来越深了。我站在石头上抬头仰望天空，月牙已经被山脉遮挡，忽隐忽现。我在想，自从我请父亲帮助菲尔以来，自己学到了什么。当然我还没有领会到均衡生产的细节，但是我已经开始留意生产节拍。我开始思考，为什么过去学校里只注重期末考试和教学评估，但到那时候不是已经太晚，对学生的学习于事无补了吗？显然这不符合均衡的准则。

此刻，在夜晚灌木丛的花香中，在星空下，我开始思考困扰我的两个问题。第一，虽然我从未认真听过父亲所讲的那些浪费，但通过用现场的观点来看问题，我逐渐认识到任何工作中，都可能有五种浪费，这是我以前从没有想过的。艾米一定会说："这是改善的好机会。"第二，我意识到自己教了这么多年的书，无法确定自己作为学者，是否具有了解决问题的能力。

令我惊讶的是，父亲虽然常批评别人，但他同时也希望这些人都能够拥有解决问题的能力，理解流程、发现浪费、解决问题，还要不断重复这一个过程。相反的，我所接受的教育，大部分是有关人际的问题，在本质上是很难解决的，这真是一个大讽刺。至少到目前为止，人类已经解决了饥荒、废除了奴隶制，今天的世界里，没有两个民主国家之间爆发过战争。在我这个"批判型思想家"眼中，父亲那种坚信一个团队有能力解决问题的简单思想，背后其实有着深刻的智慧——寻找价值、理解流程、发现浪费、解决问题，然后再重复这个过程。令我不解的是，这种发现问题、不断完善的方法，并不需要高深的理论，但却能产生很大的效益。站在冰冷的地面上，我想起了奥斯卡·王尔德（Oscar Wilde）的名言：有一群人被困在黑暗中，有些人哀号，有些人还是会抬起头仰望星空。今夜，我觉得星空离我并不遥远。

〜

“你听说了吗？凯文被解雇了。”艾米边问我，边在我破旧的皮沙发上坐下，同时将沙拉和矿泉水放在桌上。

“菲尔告诉我他辞职了。”

“辞职？哈！”她对此嗤之以鼻，“那个阴险的嘉理。几天前他发现凯文失宠了，随后就把他像旧袜子一样丢弃。嘉理深知如何迎合麦休，我反正不喜欢他的为人。”

“现在你少了一个对手，感觉如何？”

“老实说觉得有点内疚。我或许应该多花点时间，去说服凯文采用精益生产的方法。虽然他骄傲自大，但还是应该给他个机会的。你知道吗，嘉理出于个人的利益，一直鼓动凯文跳出来反对菲尔，后来他发现情势有变，便把凯文丢开了。”

我一上午都在学校里，赶着处理考卷。艾米打电话来说要和我一起吃午饭。餐厅就在学校的正对面，里面挤满了学生。艾米在她的同龄人中，显得年轻活泼。她脱下鞋，盘腿坐在沙发上大口吃着沙拉，我则吃着三明治。没人会认为她漂亮，她不是一个传统意义上的美女。但不可否认，她有一种天然的优雅，毫不矫揉造作。我想，是一种精灵的优雅吧。

“你父亲真的当时就搬走了那两台冲压床？”她问道，带着她特有的微笑。

“他亲自动手。”

“真遗憾我不在场，”她笑道，“我真想看看大卫当时的表情。”

“搬走后效果如何？”

“噢，挺好，到目前为止。他们还有太多的库存需要清理，因此暂时还看不出什么效果。我想最终导致凯文被解雇的原因，是当我们现场查看库存时，发现有好几箱零件因为放置太久早就过时了，但从没有人发现。”

“噢！”

“正如你父亲所说的，现场观察是非常重要的。凯文从来不去储存室，而那些过时的零件压根就没在他最相信的 MRP 上出现，所以他根本就不知道实际的情况。凯文的离职，对大卫影响很大，他现在已经转变成一个精益生产的支持者了。"

"那么，一切开始好转了？"

"我不知道。"她耸耸肩，看着杯中的水，若有所思，"现在情况变好了，好像没从前那么有趣了，真的。"

"什么意思？"

"起先，我只当这是玩乐，但现在大家开始认真起来了。大卫开始变得投入，而菲尔将更多的时间花在车间，我也可以有更多的时间处理以前拖下来的人力资源方面的工作，这些都是好事，但工作的确比以前更紧凑了。"

"此话怎讲？"

"我不知道怎么描述。"她咬了咬嘴唇，看着我说，"过去，公司在破产的边缘，但管理层的每个人都很友好，真的。我是指，大家都一团和气，相处融洽，每个人都管好自己的一份工作。但现在，菲尔变得更精明了。他希望看到答案，希望问题得到解决。这使得很多存在于部门间的潜在冲突开始浮出水面。如果大家没法很好地把握问题，菲尔会说，'让我们去现场！'然后将大家带到车间，在那里花很长的时间，找出真正的问题所在。整个氛围已经变了。"

"那可不像是菲尔的所作所为。"

"哦，他也在变呢。要我说的话，变得难以接近了，他使得每个人都更加努力。"

菲尔？我有点奇怪。上周末，菲尔请我去他家用午餐，他和沙琳都显得比原来更放松了。菲尔已经决定每天无论如何都在6点前回家，花更多的时间陪孩子。"如果我不能早回家，做老板还有什么意义？"总之，他比几个月前更稳定了。另一方面，我赞成菲尔直面他的责任，如果菲尔因此而成功的话，我不会也不必感到奇怪。

"我想他也都是出于好意。"她接着说，好像知道我在想什么，"我的意思是，如果他继续发掘这家公司存在的问题，最终他会开始整顿公司的人事。"

"看起来你不是很确定这一点。"

"噢，我很确定。有些人已经准备好了，他们希望公司进行改革，尤其是对管理过程，而其他人不希望改革。现在我面临的问题是，很多人抱怨我改变了公司的风格，尤其是办公室的职员们。这不好应付，我是个女人，而且比大多数人都年轻。"

"有这种抱怨，不怪你。"我安慰她。

"谢了，不过如果开始裁员，你猜谁会负责执行？人力资源部？我可不想参与。"

"听起来挺郁闷的。"

"不，我不是这个意思。亲身经历这种转变，好过只是听说。工厂的人都很优秀。我从没想过，经过快餐业与高科技的工作，自己还能从砖块和石灰中获得这么多的乐趣。我只是觉得裁员比较麻烦而已，其他都挺好，而且我们才刚接触到精益生产的皮毛而已。"

"等一下。别告诉我你这么大老远跑来，只是为了和我讨论工厂的事。我是个心理学家，记得吗？"

"还有呢？"她有些吃惊地问。

"我不知道。"我把握不准，"不过我想我们可以谈一些其他的事。"

"比如呢？"

"我不知道。对了，你以前读的那本书，《百年孤独》，你觉得怎么样？"

"不怎么样，我没时间读完。我甚至不知道一开始为什么要读这本书。"

"呵呵……"

和艾米吃过午饭，我居然感觉很累，也不想回去接着写那堆东西。于是我开车到山上父亲的住所，想和他谈谈最近的情况。我进门的时候，父亲正在书房打电话。他示意我坐下，然后打开了扬声器。

"菲尔，米奇刚进来，所以我把扬声器打开了。"

"你好，米奇。我现在和艾伦在一起，他是顶替凯文的工作的。现在大家理解及时生产意味着，工厂严格按照客户的需求生产。所以一旦有新的订单，他们就重新计算 MRP，然后将制造指令传递给大卫。"

"我打赌他不喜欢这样。"

"没错。他一直抱怨，说物流部门老是改变主意，使得车间乱成一团。根据我们刚才的讨论，他并不是完全没有道理。"

"我一直告诉你们，MRP 不是重点！我们不需要用 MRP 来使工厂运行，我们只需要根据 BOM 表，提前计划生产，并计算向供应商订货的数量。工厂里其实不需要 MRP，不要浪费太多的时间。"

"我知道，伯父。但即使我们不用 MRP，完全用看板控制生产流程，我们仍然需要知道每天生产什么，以及向供应商订购什么。我现在和物流管理团队在一起，我们该怎么办？"

"说一下你们现在的做法。"

"我们的顾客和我们签订了全面的生产合同，我们为他们生产固定数目的断路器。但没过多久，他们想要更多的产品，于是通过 E-mail 或传真告知我们，我们接着做的就是将新订单的产品类型和数目输入到 MRP 中，然后发布相应的生产指令。"

"你们把信息输入计算机，然后告诉大卫生产什么？"父亲问菲尔。

"并不是那么简单。我们还必须通过现有的购买合同，计算零部件的需求量，以便向上游供货商提出订货，诸如此类的事情。"

"你们难道从来没有意识到，这样发布给大卫的信息会十分不规律吗？如果顾客一天需要 10 个断路器，但他的订货周期是一个月，你准备怎么办？一次性输入下周生产 200 个的断路器的命令，然后走一步算一步吗？"

电话那头在轻声讨论着。

最后，菲尔说："虽然没这么直截了当，但基本上我们是这么做的。"

"噢，好吧，让我们先放下 MRP，从相反的方向问自己一个问题。大卫到底需要知道什么？"

"下周的生产任务。"

"但如果你给他一大堆垃圾信息，他只有自己重新安排生产，对吧？"

电话那头又开始讨论。

"没错，他是这么干的。"

父亲接着说："所以，在理想情况下，我们需要知道哪些信息，以确定下周的生产任务？"

"一项预测？"

"不只是预测，你们需要知道顾客的计划安排。听着，你们没有太多的顾客，因此必须让专人负责，从顾客那里直接获取他们的周生产计划或月生产计划，而不是坐等发货通知上门。"

"但是如果他们不遵守自己的计划怎么办？"

"这没关系。如果知道客户下周打算生产 50 台带 STR 断路器的机床，那你就可以将 50 平分到 5 个工作日，每天生产 10 个 STR 断路器就行了。"

"但他们从不遵守那些计划。"一个陌生的声音插进话来。

"关键在于，他们最后还是会遵守的。他们一定会尽力赶上已制定的生产计划，以避免不能及时发货给他们自己的顾客。所以，如果这周只订购了 40 个 STR 断路器，我们可以断定他们下周肯定会要求订购 60 个！我们不妨这周生产 50 个，发送 40 个后留下 10 个，这 10 个和下周生产的 50 个一起发货，不就是 60 个了吗？"

"但这样会造成库存的。"那个声音说。

"这是无法避免的。如果大卫凭经验知道，某个顾客可能会突然在某一周订购 60 个断路器，那他就会在库存中预留 10 个以防万一。因此，他会保留 10 个库存作为备货，以防止缺货，这种做法完全正确。如果我们将生产任务平均化，就可以显著地减少库存，想想看。"

电话那头又开始轻声讨论。

"我们不是很理解，伯父。你能再解释一下吗？"

"好的。假设顾客计划下个月生产 200 台机床。第一周一切正常，他们订购了 50 个断路器。第二周仍然订购 50 个，但生产中遇到了一些问题，从其他厂家订购的部件缺货了，因此他们只生产了 40 台机床。因此为了减少库存，他们在第三周只订购 40 个断路器，对吧？因为他们已经有上周余下的

10个。但在第四周，他们必须赶上生产进度，生产60台机床，因此他们必须向我们订购60个断路器。"

"懂了，我们同意你的说法。"

"目前你只知道，对方有时订购40个，有时订购60个，你如何确保我们不会缺货？"

"除了生产50个以外，在库存中再预留10个以防万一。"

"正确，这是唯一的方法。但这意味着，在月末你卖出了200个STR，你库存中仍然还有10个。"

"懂了。"菲尔同意道，"那算是额外的一个工作日。"

"那么，"那个声音又问道，"你的意思是，我们遵循顾客的订单生产，反而会增加库存？这怎么可能？"

"这不是生产进度的问题。事实情况是，如果没有出现大的问题，大卫不可能突然改变他自己的生产进度，这是关键。另一方面，如果你认为顾客会遵循生产计划，每周只生产50个，那你只需要在第三周增添10个库存，而不必整月都占用10个库存量，相比之下，周转率又提高了20%。"

"那要是对方突然订购70个断路器怎么办？"那个声音问道。

"他为什么要这么做？"父亲有点不耐烦了，"如果他一周连50个都生产不了，又怎么会突然想要生产70个？除非他之前有一次只生产了30个。如果真是这样，你肯定早有准备，库存中有以前的存货。无论如何，你必须对顾客的平均需求进行变异分析，并据此建立缓冲库存。"

"那要是对方的生产计划增加了呢？"

"那就完全是另外一回事了，要用另外的方法。记住，你所要做的是去找顾客的生产计划，而不是坐等订单到来。"

"那要是我们自己的生产出现问题怎么办？比如某一个断路器无法通过质量检验之类？"菲尔问道。

"这也是另外一回事。"父亲回答，"这个问题需要安全库存来解决。比如说，你生产100个断路器，平均会有1个不合格品，这意味着如果每周仍生产50个，那么每隔一周，就会只有49个可以发货，但是你必须确保能发送

50个。因此你必须每隔一周将生产计划从50改为51，以确保1个量的安全库存。即使生产没有出现问题，那你在月末也只会余下2个的库存量，这比10个少多了。"

"也就是说，我们需要将顾客的需求平摊到四周中，增加一定量的缓冲以免发生缺货，然后用这个来安排我们的生产？"

"注意控制库存，它是由平均需求、需求变异、缓冲库存和安全库存构成的。缓冲库存可以确保满足顾客需求的突然变化，安全库存可以防止生产失常导致的缺货。然后你可以进一步按天细化生产计划，比如一周50个分到每天生产10个，然后将一天细化至生产节拍，即每生产一个断路器用时46分钟，诸如此类。懂了吗？"

"明白了。我不知道我们做不做得到，但我想我理解了。"

"好的。还有问题吗？"

电话那头又是很长时间的紧张讨论。

"在这一点上没有问题了，伯父。但是我有个个人问题。"

"说。"

"等一下，我先散会。"

更多的走动响声。

"好了，他们走了。说句实话，我现在有些不知所措了。整个工厂都开始行动起来，我现在也开始管物流部门的事。艾米现在的工作量很大，我也感觉有些迷惑。"

父亲慢慢地转动他的椅子，但没说什么。我们盯着电话的扬声器，菲尔在组织自己的语句。

"我理解你所说的现场，但我需要一些方法来保持更宽的视野。我需要知道我下面要怎么走。我知道信息流和制造过程一样重要，但现在我脑子很乱。我知道这个问题很泛泛，但是你能帮我吗？"

"也许吧，菲尔。这样吧，我周六要去钓鱼，在那之前你可以在帆船俱乐部和我见面，我们可以探讨一下这个问题。"

"好的，伯父。"菲尔的声音又高兴起来，"谢谢你，伯父。"

"记得叫上艾米,你需要个聪明人陪着。"

"没问题!"

———⌒◯

那天早上我迟到了。帆船俱乐部看起来空空荡荡的,我把车停在父亲的卡车、菲尔的保时捷和艾米的敞篷车旁边。早上天空灰蒙蒙的,他们都不在海滩上,我在幸福号的船舱里找到了他们,他们正和哈利热烈地讨论着。哈利说了什么,惹得艾米开心地大笑,她似乎已经不再讨厌这个家伙了。

当我登上甲板的时候,听见哈利问菲尔:"那么,你最后怎么解决库存问题的?"哈利穿着干净的海军马球衫和卡其布短裤,他的啤酒肚和瘦腿看起来仍是那么的不协调,不过他依然看起来像个优秀的船长,虽然他今天没戴帽子。

哈利见我上船,大声对我说:"米奇,我以前和你提到过我是怎么认识你父亲的吗?我当时在底特律做采购部副部长,刚给所有的供货商发信让他们发货,然后有个我从没见过的疯子冲了进来,明确地告诉我这封信的后果。接着他开始谈论精益生产,教训我这种做法会产生多余的库存,而且没人会为此负责。"

"他说的不全是真的。"父亲笑着说。

"没错,当时的情况更糟。无论如何,当时你父亲非常坚定,使我意识到了库存的害处。"随后哈利转身问菲尔:"那么,你的库存问题怎么样了?"

"到本季度末,我们可以将库存减至一半。"

"那么你渡过资金危机了吗?"

"我们已经渡过难关了,不过当时真是命悬一线。"菲尔说,"现在要判断长期状况还为时过早,但我们的产能提高了,得到了新合同,而且麦休又找到了新的客户。我们的现金收入增加了,而且正如你所建议的,我们正在认真考虑撤下那条旧的生产线。我相信情况正在逐渐好转。"他肯定地说。

"别这么谦虚,"艾米笑道,"上周我们还从银行得到一大笔融资。"

"没错，我们得到更多的贷款，但还是得还钱。"

"也许，但关键在于我们所做的改善确实打动了那些银行家。甚至麦休也被打动了，你有没有注意到他和那些银行家们一样，饶有兴致地听我们的报告？"

菲尔笑了笑，推了一下眼镜说："你说得对，艾米。我们确实得到了喘息的机会。而且随着工厂的发展，麦休也越来越开明了。"他边说边向哈利瞥了一眼。

"工人情况如何？车间人员的感受如何？"哈利问。

"不好说。不过有两点我印象很深刻。"艾米回答道，"首先，我觉得他们开始理解公司为什么处于困境了。他们无法否认我们在产能和库存方面取得的成绩，因此这一点上不成问题。其次，我觉得他们开始慢慢对管理层有了信心，因为他们发现我们的确想把公司搞好，而不再只是说说而已。说到信任，我听到一个谣言，说是管理层的人员将加薪20%，而其他人却没有份。"她问菲尔。

"唔，"菲尔回答，"这是不可能的，可能是有些管理人员希望加薪，所以散布谣言。"

"你是在说笑吧！"我说，而哈利和父亲却在一边咯咯笑着。

"看来你的经理们，有人不是很信任你啊！"父亲说。

"没错，"哈利说，"有些老鼠认为现在是把面团，赶在船沉没之前，搬出船外的时候了。"

"你又开我的玩笑。"菲尔收起了笑容。

"成熟一点吧，孩子！"哈利答道。他黑色的小眼睛在大鼻子上面眨着，使他看起来像一个长得过大的淘气精灵。"这种情况经常发生。看看你周围吧，很多管理层知道公司陷入困境后，将公司整修一番，然后向银行贷款，或是谋求其他资金注入，然后将股票出售，大赚一笔。如果公司最终破产，他们会得意洋洋，因为他们已经捞到钱了。"

"我们可不是那样的！"菲尔否认道。

"当然不是，"哈利毫不掩饰地笑道，"但人是会变的。"

"放松。"哈利笑着说，"听你所说，车间已经进行了不少改进，而且资金情况也有所好转了，对吧？干得不错。你一定知道接下来会发生什么吧？"

"什么？"

"想想看，孩子。你曾说过公司虽然有利润，但存在资金不足的问题吧？"

"是的。我们刚开始盈利，但我还不确定可以维持多久。"菲尔老实地说。

"现在你已经将库存降下来，而且提高了盈利能力，这样你的流动资金更多，资金状况应该好转了，对吧？"

"没错，事实是如此。"

"你有没有想过，这对你的短期盈利不会有什么影响吗？"

"噢，我真没想过。"菲尔摘下眼镜，双手揉着脸，恍然大悟道，"如果我们将库存差异包括在生产成本里面的话，很显然成本只会增加，而不会减少，对吧？"

"是的。让我们计算一下你一个生产周期的成本。包括有：

（1）初期原有的库存；

（2）加上物料成本；

（3）加上直接人工成本；

（4）加上间接生产成本；

（5）减去末期剩余库存。

这些合在一起构成了你的生产成本，对吧？"

"没错。"菲尔点了点头，但我和艾米还是一头雾水。我看了一眼父亲，他正在接一根缆绳，毫不理会我们。

"也就是说，以前虽然你的库存量很大，占用很多的资金，但库存在整个生产周期中保持稳定，末期和初期的库存一样多，因此可以不计入生产成本中。你只需要计算物料成本、直接人工成本和间接生产成本，然后从销售收入中扣除。"

"对，我知道你的意思。但要是我在这个周期中将库存减至一半，情况会怎样？"

"假设你其他所有的成本都保持不变，只有末期库存被减至一半，因此你的生产成本增加的量等于末期库存减少的量。鲍勃，我猜你没有告诉过他这些，你是怎么教这些孩子的？"

"哦，我认为他要处理的事情太多了，所以没有告诉他这些。而且这种情况只会发生在第一个生产周期，以后的库存就稳定了。别担心，我听你说销售增加了，因此你可能要开始盈利了。"

"真不简单啊！"菲尔叹口气道。

"好好干吧，小子！"哈利带着开玩笑的口吻说道。然后他站起来大声问："有人要酒吗？今天很开心，每人都得喝一点。"

"你想和我探讨如何在改进时，有一个全局的观点，对吧？"

"我想这对我有帮助。"菲尔点头道，"我们现在同时处理太多事情，我觉得很难把握全局。"

父亲拿出一张纸，开始在一块旧垫子上画图。菲尔见状将自己的笔记本递给他。

"我教你一个从丰田学来的技巧，材料流和信息流（material and information flow）分析，现在通常被称为价值流图（value stream mapping, VSM）。你说你无法把握全局对吧？一叶蔽目，不见泰山？"

"没错。我不知道该怎样来看问题。"

"俯瞰，必须能够先从全局看，再切换到现场的细节，然后再回到全局。就像直升机的升降一样。"父亲将酒杯倒满，"其中的秘密就是材料流和信息流分析，他们称之为MIFA（a material and information flow analysis），这是让你找到'金矿'的藏宝图，是我们从丰田的工程师那里学来的。"

"听起来还挺重要的。"我睁大了眼睛。

"这些分析能帮你把握全局。"

艾米在甲板上闲逛，这时她进入船舱，挤到我边上，和我们一起围着父亲看他画图。

"有时候，你需要在图上表示出整个价值流，以判断你的资金在哪里发生了拥堵，以及如何疏通。例如，我们可以画出你刚接手时的工厂状态。"

"首先画产品流，然后画出生产过程中堆积如山的库存，最后……"

"你只画 STR 这一种产品吗？"艾米打断他。

"没错。这是 STR 的价值流图。我们要画出'金矿'中金子的流动，一条条画。每次画产品族中的一种产品，所以我现在只画 STR。然后依次可以画 STR-X 和 QST 等其他产品。"

"好吧，这是产品流。"

"然后，再加上信息流。你怎么知道什么时候生产哪些产品？"

"根据 MRP 计算出的生产指令。"菲尔说。

"正确。现在让我们把信息流加上。"

"然后记住在图上加入冲压机和物料架。这样才完整。"

"看，这就是开始时 STR 流的样子（见书后图 B）。接下来，你可以加上各种定量的数据，使图更精确。例如：

（1）人；

（2）生产周期；

（3）库存；

（4）废品率；

（5）换线时间，等等。"

"我懂了。"菲尔同意道。

"很好。现在你可以画出经过改善后的 MIFA 图。"

"你是指加上'超级市场'和看板？"

"正是。"

他们画了一阵，得到一张完全不同的图。

"你在这张新图上看到了什么？"

"嗯，我们改进得不错，但冲压机旁边还有许多堆积的库存，必须清理。"

"这就对了。这就是你保持全局观的方法，画图。如果你经常画这个图，就可以看到工厂正在发生的改变以及取得的进步。"

"这确实太妙了，伯父！你为什么不从一开始就告诉我们这个呢？"菲尔惊呼道。

父亲只是耸了耸肩。

"而且我可以将这幅图延伸，将供货商的情况也包括进去，对吧？"菲尔兴奋地说，"那样我就能画出整条供应链了！"

"当然可以，孩子。但是你最好先从自己的流程开始画，然后再扩展到更大的范围。而且别忘了，这只是一张图而已。"

"图并不等于区域，正如词不等于实物一样，例如一个词'猫'并不会抓东西。"我加注我"精辟"的见解。大家莫名其妙地看着我，然后开始取笑我。"这是基础语义学！"我耐心地解释道。

"关于这幅图，重要的并不只是你的产品流，还必须理解信息流是如何控制材料流的。"

"正如 MRP 是如何产生库存的？"艾米问。

"正是。MRP 所做的就是计算那个万能公式：所需的产量＝顾客订单－库存＋安全库存。"

"这个公式可以进一步用于计算经济订货量，一旦大卫认可，就将结果发给工厂中所有的计算机，告诉工人们生产什么产品。"父亲边解释，边在图上标出从物流到工厂的信息链。

"对。现在我们知道这样的效果并不好。"菲尔说，"我想计算机从来不会知道库存情况，它只知道输入的东西。如果输入的是垃圾的话，输出的也会是垃圾。"

"现场的思想不错，它是问题的一部分。设想计算机认为顾客的订单动用了安全库存，它会立刻发送指令，一口气将库存补充至安全水平。"

"所以我们会突然得到要求生产的指令。我现在知道为什么你要废除 MRP，而使用看板系统了。"

"没这么简单，菲尔。"父亲回答道，"你不必废除 MRP，我也没有这样提议过。我们需要用 MRP 计算生产和零件采购的需求。MRP 得到的生产预测对于人员安排和供货商来说还是很重要的信息。我们只是不想由它来确定生产计划和发布生产指令，因为它的设计不包括均衡化。此外还有另外一方面……"

"对，现场。"菲尔说道。他每次对学到的新东西都念念不忘。"看板让我们更接近现场，借此我们可以了解现场的情况，知道是超前还是落后。如果全由计算机控制，我们就什么都不会知道。"

"你还是很有前途的。"父亲满意地微笑说。

"他问完了没有？"哈利在码头上喊。他从俱乐部回来了，两手各提一个纸箱。

"差不多了。"父亲冲他喊道，"然后，不要忘了在图的底部标上整个生产周期时间，并且指明增加价值的工作的时间。它能告诉你是否有进步。记住，所有的非增值时间最终都是浪费，通过生产周期时间可以看出来。"

"比如我们以前总是把冲压后的零件运到库房，过后再运回来进行成型。"

"是的，小姐。如果你不这么干，你的非增值时间将显著缩短，从而响应速度会提高。你们持有库存的最终原因，是由于反应速度远远慢于客户的购买周期。如果能够立刻响应客户需求进行生产，交货周期几乎为零的话，就根本不需要任何库存。"

"我从没有这么想过，"艾米笑道，"但确实如此。如果我们突然收到大量的订单，以致无法立刻发货，我们就需要建立更大的库存。"

"对。还记得先前我们那次关于你发给供应商的信件的争论吗？"

"我早忘了。"她笑着说。父亲也微微一笑。

"对了，我曾经拜访过一家卡车生产厂家，当时我们正准备向他们销售零件。当我到达时，第一眼看到的就是停车场里成排的卡车，全都没装轮胎。我问生产经理出什么问题了，然后他便开始埋怨供应商没能准时发送轮胎配件。我猜他想让我别管这件事，但我提出见见那个发送订货指令的人。他很奇怪，就和我一起找到负责这件事的一个助理，她的工作就是给轮胎供应商发传真，指定发货量。他们每天的订货量依次是：0, 0, 0, 0, 0, 160, 0, 0, 0, 0, 0, 160, 0, 0, 0……"

"你的意思是，虽然卡车的生产速率是固定的，轮胎的订购却是大批量的，而且不均衡？"艾米问道。

"正是。我们问那个发传真的助理是怎么回事，她说她的工作依据就是每周收到的 MRP。这样一来，供应商避免缺货的唯一方法，就只有保存大量的库存。"

"我肯定我们也是这么干的。"菲尔说道。

"很可能。一切都从客户开始，因此，为了进行材料流和信息流分析，你必须先准备一份电子表格，列出所需的顾客需求的信息，比如产品、顾客、周平均需求、日平均需求、发货次数、每箱货物数量，等等。然后在每一个工序做同样的分析。比如焊接步骤，需要知道产品、顾客、周需求量、日需求量、工作内容、节拍时间、周期时间、换线时间，等等。然后你就可以确认整个过程中所有的库存，及时进行分析。最后，别忘记估算运输情况，比如运输频率、卡车运输时间、一个周期内可用的卡车数以及计算出的所需卡车数。"

"这可真是太棒了，非常具体。"菲尔高兴地说。

"这是个重要的工具。"哈利边开易拉罐边说，"这可以使你了解生产过程中的每一个细节。"

"信息流也需要分析，首先可以从固定信息中区分出临时信息。必须记录收到信息的频率、到达的日期和具体时间以及时间范围。"

"我敢肯定物流部门以前从来不记录这些。"艾米笑着说。

"他们最好给我把这些信息找出来。"菲尔认真地说，他真的改变了。

"别在这方面太难为他们，以前从来没人向他们索要这么细的信息。但这是弄明白信息流动的好机会。大多数公司仅仅知道信息的流动，而不去分析发掘更多的内容。"

"我觉得这有点像看板系统。"菲尔评论道，"丰田的看板准则规定，工厂中每个容器都必须贴有看板，需要知道零件的准确位置，从哪来、到哪去，以及来去的频率。这个不就是信息流吗？"

"没错，它们是一体的。"

"从另一个角度来看，现在的公司都趋向于高度联系。"父亲补充道，"因为信息总是不停地被传递，使得事物之间的关系很奇怪，无论何时都会牵一发而动全身，这样产生的副作用就是所有的决策都十分行政化。但是信息链本身是松散的。信息的传递可以是在咖啡机旁，或是通过电话，等等。我们目前所做的，是收紧信息流，例如传真每周二早上 10 点发送、预测的有效期为 8 周，规定得很详细。其实与此同时，我们也可以开始将工作松散化，让员工自己决定更多的事情，而不是每件事都需要逐层上报由老板决策，可以建立一个更具自发性的系统。"

"但愿如此。"菲尔诚恳地说。

"均衡化并不只是一个技巧，菲尔，"父亲边画另一张图边说："它也是一种思维方式。"

"什么意思？"菲尔问。他对笼统的说法总是要问到底。

"很显然，"艾米插话道，"如果我们想均衡生产流程，我们需要均衡信息流，对吧？"

"对。如果我们总是在最后才从供货商和顾客那里得到消息，是无法操作均衡生产流程的。我们必须尽早从顾客那里找到可靠的信息来源，以用于制定生产计划，建立信息流。"

"那怎么才能做到呢？"

"我们已经在电话上讨论过了，菲尔。顾客有自己的生产计划，而且一般不会保密，你问他们就行了。理想情况下，你需要两种信息，预测信息和确定信息。如果你问顾客，他们会告诉你他们的预测，之后他们的工厂会向你发出确定的发货订单。根据预测，你可以建立今后数月内大致的生产计划。你说你们接到新合同了？那很好。大卫什么时候知道这件事的？"

艾米突然笑了起来，菲尔则推说大卫太忙了。

"你是对的，"菲尔让步道，"我们理应定期开计划会的，不过总是推迟，总之现在还挺混乱的。"

"那么，假如你现在每月生产 1 000 个断路器，而新合同使得每月必须生产 1 200 个。你怎么知道工厂能够应付得过来？你的冲压机和其他设备难道没有生产能力的上限吗？"

"我们刚为真空舱购置了加热炉。"菲尔指出。

"那好，你下个月能多生产这200件产品吗？而且只用现有的这几个熟练的工人，你能做到吗？还有那些主要的供应商，也能跟得上吗？"

"我懂你的意思了。"

"在理想情况下，你需要对今后两个月进行预测，明确每周的生产计划。关于均衡化，有一种矛盾，一方面生产批量越来越小，使得工厂更加柔性化；另一方面，我们想尽可能地避免波动，或者当波动产生时，我们能够将其吸收。"

"怎么来做到？"菲尔问。

"比如，从1000跳到1200是很大的变化，一下增加20%。你必须将生产节拍从9分钟降到7分半钟。你能立刻实现这一转变吗？"

"我不确定。"艾米微微皱眉道，"这可是很大的跨越。"

"但是，我们不必直接从1000增加到1200，可以增加一个月的过渡时间，先增加到1100，把生产节拍先降至大约8分钟，那样变化幅度就不那么大了。"

"但是现在信息都还不确定，而且这样做会产生库存的！"

"我没有建议你照做，我只是让你去思考这个问题。均衡化模式的意义在于避免波动的峰谷。它有两个方面，首先，平衡生产，避免某一部分过于突出；其次，必须努力克服大规模的外部市场的波动，尽力使其符合你的安排，或者至少将其吸收。你明白吗？"

"我想是的。"菲尔在便签簿上记笔记，"不过，如果这样看的话，我发现很多的问题都源于顾客。如果他们能给我们清楚可靠的预测信息，那就……"

"可靠的信息？"哈利嘲讽道，"你只有两条路，要么认定你的麻烦都是供应商和顾客造成的，要么你尽全力迫使他们配合你。"

"就像凯文曾经让我们的供应商做的那样？"艾米问道。

"或者，"父亲回答道，"你以自己为榜样，领导其他企业。选择你的阵营吧。"

"这倒是挺深刻的，真的。"我突然想到了什么。

"什么意思？"菲尔问道。他看起来越来越糊涂了。

"是这样的，作为一个心理学者，我相信人有两种基本的态度。一种人总是责备周围所有人，觉得别人都要为他的遭遇负责，好像生来就是受害者，就是弱者。另一种人相信无论发生什么，他们都可以改变自己，适应新的环境。这是对世界的两种深层态度，因此我同意爸爸所说的……"

"同意！"艾米笑着说。

"将人分成不同的阵营。"

"改变环境或是改变自己，我喜欢这种分法！"父亲说。

"好了！"哈利大声说："我们去钓鱼了，别再讨论哲学了。"

"听到了没有，孩子们？"父亲大喊道，"下船去。"

"嗨，我能和你们一起去吗？"艾米问道。

他们俩看着她，既吃惊又怀疑。我和菲尔则呆看着。

"去钓鱼？"

"去晒日光浴。"

"不讨论车间的事？"

"我发誓，我说真的。多好的早晨啊，我不会妨碍你们的，我会待在船头晒太阳。好吗？"

哈利忍不住笑了。父亲只是耸耸肩，开始发动引擎，我们俩则半信半疑地下了船。

"记住这个教训吧，年轻人。"哈利心满意足开玩笑地说，"女孩总是选择富有阅历的男人，而不是乳臭未干的小子。"

我们站在码头，看着父亲收起缆绳，将幸福号驶离海港。艾米在船头兴奋地向我们挥手告别。

我和菲尔回到俱乐部的酒吧，买了一些三明治。从那里我们可以看见幸福号慢慢驶出海港，进入大海深处。这时阳光灿烂，空气也很清新，于是我们回到码头，坐在码头的木板上，双脚在水面上晃荡，看着起伏的波浪拍打着我们脚边的木桩，在一瞬间，我们仿佛又回到了童年。

"对了，你和她约会了吗？"

"什么？"

"艾米，你和她约会了吗？"

"你怎么会认为……"

"很显然你喜欢她，而且她还没有注意到。加油，现在正是好时机……"

"你还是管好你自己吧。"我打断他。

"别紧张，我只是随便问问。"

"再说，她这样聪明而有志气的女孩，怎么会看上我这样一个书呆子？"

"那倒是，"菲尔同意道，"但你不问怎么会知道呢？"

呵，我必须承认，他这回说得有点道理。

"你呢？"我努力地转换话题，"你最近怎么样了？"

他咬下一大块三明治，边嚼边想。

"总的来说还不错。我们仍然有大量的负债，但最坏的日子似乎已经过去了。我们的库存周转已经从10增加到17，因此大家都比较满意。你父亲在车间引发了一场革命，艾米则带领着每个人为此而努力。现在甚至连大卫都逐渐开始认可了。"

"那家庭方面呢？"

"你也看见了。沙琳比以前更忙，小孩子在换牙，那对双胞胎不管什么电脑游戏都能赢我。"他喝了一大口啤酒，接着说，"现在有一个新情况。我们的一家客户前两天来参观工厂，他们对于我们所做的工作印象很好。他们向麦休开了个价，想买下工厂，价格不低。"

"是吗？麦休怎么想？"

"麦休？你了解他的。他觉得既然对方这么感兴趣，那这家公司一定不止这个价，因此最好留在自己手上，然后寻求上市。"

"你自己怎么看这件事？"

"说实话，我也不知道。这些天以来压力都很大，而且现在仍有很多债务。有时候我希望自己回到过去，干实验室的活儿，至少那时候比较简单。

但是如果现在工厂售出的话，我还真不知道自己想干吗。"他犹豫了一下，看着辽阔的大海说，"而且，你父亲教了我们这么多精益生产的技术，并收到了立竿见影的效果，我真的非常想知道在这条路上到底还能走多远？但现在他愿意管的越来越少了……我不知道。"

"能走多远？"几周前我问过父亲同样的问题。他轻笑了一声，然后回答我说："他们想走多远，就能走多远。别担心，他们在进行完所有的改善之前就会停下来的。迟早他们会厌倦的，或者遇到他们不愿意解决的困难。"我有种预感，一定有事情会发生，我有点担心。

持 续 改 善

"你相信吗？"菲尔怒气冲冲地爬进汽车后说道，"艾米离开公司了！她退出了！"

"我知道，"我平静地回答。

"你怎么……？"他用怀疑的眼光看着我。

"因为是我告诉他的，"爸爸边发动引擎边说，将我带出了窘境，"艾米问我是否能作为推荐人。"

"那你……？"

"你认为呢？"爸爸转身看着菲尔，"我喜欢那个女孩。她被一个想要推广精益生产的咨询公司看中。他们给她双倍的薪水，菲尔。"

"但是，"他若有所失地说道，"她是我们车间精益工作的推手。我曾以为……"

"面对现实吧，这份工作并没有为她赢得多少感激。"我不太客气地指出。

"你这是什么意思？"他反问道。

"你知道她的努力使她受到了多少攻击吗？知道她讨厌的高层经理们用不同的方式排挤她吗？你注意到了她最近看起来很累吗？"

"我们的压力都很大。"他平静地回答。我能感受到他陷入了一阵苦思中。

驶入高速公路后，我们很长一段时间里陷入了沉默。

"没有她我怎么办？"他问道，他那抱怨的语气马上让我想起了不久前的那个雨夜，菲尔醉醺醺地出现在我门前。我知道菲尔是一个杰出的科学家，一个高级技术公司的老板，并且有许多人的生计都指望着他。同时他还是我学生时代的密友，现在他受到了伤害和背叛，因为一个亲密战友离开他去了别的公司。

"嘿，别看不透了！"爸爸劝说道，"你还不明白。成熟一点吧！"

"明白什么？"菲尔问道。

"这就是你的工作。在你的公司里，人会来，也会走。你的责任是保持公司正常地运作。"

"怎样才能做到这一点呢？我只是一个受过物理专业训练的科学工作者，现在我真想大哭一场。"

"但是你身处企业界，要么你成为一个杰出的领导者，要么你成为历史。"我直视着前方，对他们俩人的谈话感到不耐烦。对菲尔，是为他拒绝承认，有一天他终究要承担起责任；对爸爸，是因为他惯有的不肯让步，一点没有说话的技巧。

"我体会到你的意思了，我会开始控制局面的，"菲尔平静地说，"但就像当初实施精益生产一样，我只是不知道如何去做。"

"那么，"父亲回答，"在这方面，我会用'三个方块'的方法。"

"三个方块？"

"首先你要对你所有的员工就下面两个问题进行分析：

（1）下一步安排他们到哪个位置？

（2）安排谁接他们的位置？"

"而'三个方块'就是目前的工作，未来的工作，谁来取代这个位置，对吗？"

"对啊。想一想，艾米完成这个项目后，你会安排她去哪里？在你的高级管理层里，有其他的位置可以提供给一个像她这样年轻并且有业绩的人吗？"

"我想你是有道理的，"菲尔回答，"但她的离职使我陷入了困境。"

"孩子，这是做领导的第二个关键任务。你总是会失去人才，因为他们或者会被猎头挖走，或者厌倦了目前的工作。你工作的一部分就是不断思考留住他们的方法。"

"那首要的挑战是什么？"我好奇地问道。

"要建立一个系统，一套不需要每天担心失去控制的体系，一个能减少管理层随心所欲的制度。"

"就像丰田的生产系统吗？"

"或者像海军系统，一个将不同职能的各类人组成一个战斗单元的体系。对任何一个问题，有标准的解决方法，领导要能帮助这支队伍建立团队精神。"

"你常提到这一点，你指的团队精神、公司文化到底是什么意思呢？"

"我很难准确地定义它，公司文化促使每个员工都愿意贡献一份力量，使公司成功地运作，而不会抵制它，并且为他们所做的贡献感到骄傲。"

"就像葛兰带领装配线的工人从事 5S 改进的工作一样？"菲尔想了一想，答道。

"是的。他们工作努力，自我约束，并以他们所做的为荣。就是这样。"

"但是怎么才能做到这一点呢？"我问道。

"最大的挑战是，"父亲从后反光镜中快速扫了菲尔一眼补充道，"如何维持他们团队精神的长久性。进一步说，公司文化的发展需要一个相当稳定的团队。尽管他们在讨论问题时会争论，甚至发生口角，但是他们会继续留在这个队伍中，因为他们有着共同的语言、共同的挑战、共同的目标。艾米离开公司的主要原因，是因为她最后失望了。"

"你指的是哪方面？"菲尔反驳道，"我一直支持着她！"

"她感到一个人孤立地奋斗很寂寞，而且没有得到团队的认同。一个孤独的明星很难成事。因此，一个公司只有一个领导者是远远不够的，需要一个领导小组来共同制定公司的文化。你需要使他们明白隔家的饭不一定更香，对街的草地不见得更绿，他们很难再找到一个有相同价值的工作环境。"

"可是我怎么才能做到呢？"

"那是第二个挑战，"爸爸笑着说，"第一步是要建立一个系统。第二步是为这个系统找到一些领导者。找到他们，发展他们；一旦失去他们，就再发掘更多的人才，这永远是个令人头痛的问题。就像打仗一样，你培养了一位将军，带领军队冲向战场；不幸他中枪了，因此你必须找到另一位勇敢的军人继承这个工作。当然，他们留在团队的时间越长，对团队也越有益处。但同时你必须做好失去他们的准备。这是一个严峻的考验，但也是一个现实的问题。"

"是的，如果取代这位将军的是一个只有后方勤务经验的领导者，"菲尔赞同道，"那后果不堪设想！"

"是的。伟大的将军就是在炮火中能够幸存的人。要知道，身为将军，你的角色是不断寻找有天分的人，发现他，不断地锻炼，并培养他们的团队精神。"

"听起来这跟电影产业差不多。"我说道，因为我想起了弟弟。

"的确是同样的问题。"

"你认为我过于依赖艾米了？"

"孩子，我是说你应该像一个将军一样思考问题。艾米离开了公司，祝她好运。下面你想栽培谁来代替她呢？"

"还没有想过。"

"那么，现在是考虑这个问题的时候了。"

"那么后方的勤务将军要怎么办？"我忖度着问道。

他没有回答，陷入沉思，通过开着的窗子望着远方。在我们这儿有三种天气：晴天、雨天、雾天。今天天气闷热潮湿，天上飘着几片乌云，雨就要来了。因为爸爸不喜欢开空调，我们开了车窗，车子浸没在潮湿的空气中。突然，爸爸笑了起来，菲尔用奇怪的眼神看了他一眼。

"怎么了？"我问。

"当丰田开始向美国市场进军时，我曾和一位人力资源部的经理有过一段非常有趣的讨论。他告诉我，丰田的工人基本上都非常满意他们的待遇，因为公司的信条是，'你为公司100%地付出，我们就给你最好的福利。'其实比较心怀不满的是中间的管理层，往往一到下班时间就走人。高层经理们总是抱怨人力资源部门太宠爱工人了，常常在争执中站在他们那边。许多人只是利用丰田的工作经历来抬高他的简历，他们因此失去了许多经理。这也正是艾米的情形。她找到了工作，正因为别人看好你公司实施精益的成绩。"

爸爸就那样咧嘴笑着，看着菲尔郁郁不乐地越陷越深。

"谈谈我们将要去机场见的那个老先生的情况吧？"我打破僵局。

爸爸用妈妈的轿车换了他的卡车，好好地修饰了一番，穿着干净的夹克，平整的丝光黄斜纹裤，浆过的粗斜纹棉布衬衫，还有，哦，还有非常酷的丝织黑领带。

"田中先生是一位老朋友，长途飞机下来他肯定很累，而且腿脚不灵活了，你们对他要尊敬。这周晚些时候，他要在一个会议上做报告。因为我的面子，他同意接受邀请，到你的工厂看看。菲尔，这是个很大的荣耀。"

荣耀？面子？我们在说什么啊！

田中先生是一个头发稀疏、个子矮小的人，一头乱蓬蓬的白发。他穿着一套灰暗的、皱巴巴的灰色西服，用老年人的慢步向我们走来。他一看见我父亲等候在安全护栏外，满是皱纹的脸立刻展开灿烂的笑容。他们的确很高兴彼此再见面，紧握双手，相互鞠躬。当父亲介绍菲尔，他们交换名片时，我感觉自己像个傻瓜，因为我忘了带名片，满满的一盒名片还锁在我办公室的抽屉里。田中先生看起来并不在意，当听到父亲介绍我时，他听起来很高兴。他继续说了一会儿日语，我偷偷问父亲他说了些什么。

"他说很高兴见到你。"一个简要的回答。

"我不知道你日语说得那么好！"我说道。

"不好，"他不好意思地回答，"我经常一个词也听不懂。田中先生总是坚持我们在一起时说日语，他说这对我有好处。"

田中笑着，高兴地和我父亲用日语说着，直到转向我们时，才转用流畅的英语。他流利地说着，向菲尔和我解释说，任何尝试学日语的人都勇气可嘉，这引得父亲开怀地笑起来。我和菲尔坐进汽车后座，再次感觉像小孩一样，田中和父亲闲聊着，开着善意的玩笑，大多是交换些小道消息，例如在美国那些精益生产的朋友们的近况，等等。先前父亲对田中的介绍让我觉得他很严厉，但见面后，觉得他相当风趣，悠闲的态度化解了我的忧虑。

当我们到达工厂后，田中的表情因为注意力的集中变得严肃起来，笑容收起来了，仿佛戴上了面具。他没有理睬菲尔的公司介绍，径直向厂房走去。工厂里才改造过，缩减了1/3以上的厂房面积，清洗一新后，正准备建新的生产线。在传送带的起点，他们建了一个新的库存超市，同时又将传送带右边的橱柜移到生产线的另一边。每台机器都清理得一尘不染，每个车间前有一个记载当天每小时任务的白板，一个看板，还有一个记载追踪指标的告示牌。那些乱糟糟的空零件箱不见了，尽管储藏间里还放着一两个装零件的货箱，但墙边的架子上都差不多空了。

生产线似乎没有什么能引起田中的注意。他从组装线上的一个工位走到另一个工位，捡起零件，观察工人工作。慢慢走过机械组装线时，他认真仔细地观察库存超市的运作，这个超市的大小比我们先前看到的已经减小了一半。他又仔细地观看传送带的作业。他在那里静静地看着，一步步走下去。经过包装车间时他走得快了许多，经过一台很旧的冲压机时他突然眼睛一亮，对爸爸不知道嘟囔了些什么。

"他对老机器很感兴趣，"父亲对我耳语道，"他说它们让他感到年轻。"

一个小时的沉默参观后，田中先生向一直忐忑不安的菲尔走过来。

"你不关心质量吗？"他直接问道。

"没听懂。"菲尔结巴道，很迷茫的样子。

"你的经理，"他缓慢而清晰地说，"他们不关心质量。"

"什么？"菲尔更迷惑了。

"你的工人，他们也不关心质量。或者他们关心了，但没有人费心去征求他们的意见。"

"对不起，先生，我不明白。我们当然注意质量。我们对产品做100%的检验。"

"你不能靠检验对质量把关，"田中打断他，"你必须将质量作为产品生产与设计的一部分。"他指着一条组装线强调。

菲尔无助地看了我父亲一眼，父亲静静地听着。

"这条生产线曾经停产过吗？"田中先生继续说。

"没有，最近不再停产了。我们为标准化做了许多工作，现在这条生产线运行得不错。"

"那停得还不够。你的存货太多了！"

菲尔吃惊地看了我一眼。在这个厂房里，我几乎看不到库存，或者墙边货盘上的存货。

"你应该问问鲍勃先生湖水和岩石的典故！"

田中向父亲点点头，示意他到边上去。他们低声地交谈着，指着这里或者那里，父亲赞同地点着头。最后，他们回到了菲尔仍然呆站着的地方。

"非常感谢你的接待，菲尔先生，"他边微笑边鞠躬，"这间工厂你已经做得很好了，我认为它将会成为美国的一个模范工厂。"

"别呆着，谢谢田中先生。"父亲对着菲尔的耳朵轻轻地说。在菲尔微笑着鞠躬时，父亲将我拉到一边说："傍晚你们两个过来喝一杯吧！"

他们俩没再多说一句话就离开了。菲尔十分困惑地站在那，心不在焉地用他的衬衫边缘擦着眼镜，不戴眼镜的眼睛失神空洞。他困惑的样子很滑稽，我忍不住笑出来。艾米看到这些会想什么，我想着，觉得很好玩。这一定会让她大笑的。

"这是一个成功的访问！"父亲一进门看见菲尔就脱口而出。

"嗯，田中先生无疑随着年龄增长变得和蔼多了。"

"和蔼？"

父亲拿着他的马提尼，朝楼梯方向指指。我从陪母亲看电影中解脱出来，菲尔从冰箱里拿了两罐啤酒。我们上楼到父亲的书房，让母亲安静地看她的电影。

"田中先生是我的第一位精益老师，"父亲解释着，"那时我在一家为丰田供货的工厂工作，该厂是丰田想要发展的供应商之一。他代表丰田在第一次参观时，就告诉我要换掉大型的金属装货箱，改用小塑料箱；将换模时间减半，以便做更多次的换模；还有，尽管丰田的卡车一周只来取两次货，他还是要我派个物料管理员，每两小时送货到发货准备区。我听完后把他赶出了工厂。"父亲暗自笑道。

"我可以猜得到你为什么这么做，"菲尔深有感触地说，不断往后推他的眼镜。

"但是田中对此非常耐心。我仔细考虑了一阵，又把他请了回来。他还是重复相同的事情。从那以后我们就合作得非常好。"

"他看起来对我不是特别和蔼，"我轻声笑着。

"你还没见过他工作。他退休后一段时间，到美国在一些会议或别的什么上做报告。他不喜欢公共演说，他的表达总是由'之前'和'之后'的词语组成。这些给一个大集团的 CEO 留下了极深的印象，当田中走下讲台后，那位 CEO 邀请田中到他的公司做顾问。田中说他已经退休了，拒绝了他的邀请。但是那位 CEO 并不罢休，最后邀请田中一同吃晚饭。在镇上最好的餐厅里，他们点好菜，那位 CEO 就拿出他精益生产车间改革的计划给田中看。田中简单扫了一眼就说了一些诸如'错了，错了，错了'的话。这个 CEO 就恳求他到工厂去一次。"

"最后，田中拗不过，说如果让他安静享用那顿饭的话，就同意去车间看看。但是有一个条件，不论他要求什么，他们都要照做，不可以争辩。"

原来父亲的这种习惯就是从田中那里学来的，我暗自笑道。

"他们在午夜才结束了工厂参观。田中先生到处看了看，问 CEO 是否有夜间维护人员。'别争辩，'他提醒 CEO，否则他立刻打道回旅馆。最后，值夜班的工人花了一晚上时间移动机器，创建流水线，他们将产品交付期奇迹般地缩短了 80%。"

"当这个 CEO 需要一个人负责该厂的精益生产改革时，田中先生推荐了我，这就是我为何加入这家公司担任制造副总的缘由。"

"他说我的经理不关心质量，是什么意思？"菲尔又想起他受的侮辱，有点不自在。

"就是那样。你的经理关心质量吗？"

"他们当然关心。"他口吃了，"你知道的，我们尽力去测试每件产品。"

"那是另一个有关生产现场的题目吗？"我冒昧地说。

"猜得好，正是。"

"我不赞成。"菲尔接着说。

"好吧，孩子，你还记得在甲板上预测问题的船长吗？与之相对的是另一个待在下面总是与报告为伍的船长，他的船触礁了。但是你知道那究竟是为什么吗？"

"有点模糊，我记不太清楚……"

"当一个船长遇到紧急情况时，他有多少时间来处理问题？"

"不会太长。"

"当出现一个质量问题时，一个经理有多少时间解决它？"

"哦，我明白了。"

"多长时间？"

"我不知道。几个小时？"

"更明确一些，多长时间？"

"直到下一个生产周期开始吗？"质量的概念开始对我产生影响了。

"正确。在工人再次开始下一个周期生产前。"

"一个工作周期？"菲尔目瞪口呆地重复着。

"当然，想想吧。那是唯一可用的时间，不然你又会开始生产下一批垃圾。"

"但是没有人反应那么快。"他不同意。

"如果他们坐在办公室里，当然不能。"

"但是我们不能一天到晚都待在车间里。"

"在我负责一个精益生产车间时，每天我在工厂里会花大约10小时，而其中只有两三个小时在办公室里。剩下的时间我都在车间！"

"干些什么呢？"菲尔问。

"大多数是在车间提出改进，找出质量问题，追踪异常情况，对第一线的经理提出问题，讨论他们提出的应对措施。这些够忙人的，相信吗？"

"那其他事情呢？你知道，需要处理的文书工作。"

"许多问题到我办公室前已经在线上解决了。有些我根本不去理会，比如总公司要求的额外报告。一天两小时足够了。"

"那么会议呢？"

"不要开会，大多数会议都是浪费时间。"

"今天田中先生主要提了四点。"父亲说，"第一点是发现问题，管理层往往没办法发现问题，而只能等着汇报——通常那时已经太迟了。第二点，你在物流工作上非常努力，但在质量方面做得少了一点——这大部分是我的错，因为除了红箱子之外我和你谈得不多。虽然在价值流中你使金子流动得快了，但还是丢失了很多。第三点，工人没有自动纠正错误的程序，也没有提供建议的机制，那就是为什么他提到'工人不关心质量'。第四点，你的物流太平稳了，所以你没有再遇到问题。如果你再减少一些库存，问题就会出现，这将使生产线停产，但是没关系，因为这样才会更有进步。"

"哦，就这些？他为什么不明说呢？"菲尔疲倦地笑笑，抱怨着。

"这就是他做事的方式，菲尔。"父亲回答。

"关于丰田生产系统，我还有完全未曾接触过的部分，"爸爸深深地长叹一口气，"他们的系统有两大支柱。一个是及时生产，这方面，你们已经做了一些实质的工作。另一个称为自动纠错。核心思想是，像你知道的那样，下游工序来自上游工序，因此上游工序必须保证绝不传递瑕疵品。"

"零缺陷。"

"是的。"菲尔同时说道，"我们在说红箱子时讨论过，你说过只接受零缺陷。"

"非常接近。如果我负责一道工序，我的责任是传递符合规格的零件给下游工位。有两种方法来做到这一点。当然第一个办法是……"

"检验。"

"对。我会一直检查那些应该在上游已经检验过的产品。"

"这怎么可能做到?"我好奇地问,我难以想象如何保证工人检验他们加工的每一件产品。

"大多数时候用核对表,"父亲回答,"每个操作都有检验的要点,可能是两条也可能是七八条。训练工人们遵循一个循环,确保他们检验所有的要点。

"这不又是标准化操作吗?"

"从某种程度上说是的,但也不需要把所有的工具都放在同一个概念下。原则是,你必须将质量融入产品的设计与生产中,而非靠事后检验来提高。丰田之父佐藤,在20世纪初从自动织布机中顿悟到这一点,因而这成为丰田古老的家族传统。他的理论是,质量的关键是每次发现问题就停止生产。因此,每次织布断线时,就自动停止织布机,然后要求工程师去找出坏的原因。"

"那正是我的工程师们没有做的事,因为他们不知道生产线哪里坏了。直到最近,他们才开始意识到他们也有责任。"菲尔承认道,"如果工人一遇到组装困难,我们就停止生产线,并且让工程师们去现场了解,他们可能会上心一点。"

"哈,我真想看你对嘉理那个家伙说到现场看看时的样子。"我打趣道。

"不要以为我不会抓住下一个机会。"他面无表情地回答。

"精益生产的原则就是简单化。"父亲继续说,"依据我的经验,如果问题出现时马上把资源投入,解决问题,你的总费用,包括人工,远比以后收拾来得低。"

"那需要花一些工夫说服管理层。"菲尔说,父亲只是耸了耸肩。

"和及时生产一样,自动纠错是一个多方面的概念。它通过预防质量问题的发生,将质量注入生产,也就是内建质量的一种措施。它同时也促进许多系统的发展。最常见的是安灯系统,灯上的数字对应着工位的作业。当生产线上的工人遇到问题时,如果相应工位的灯亮起来了,领班和负责的工程师立即到该工位去确定问题,并协助解决问题。"

"他们有多少时间?"

"嗯，那取决于生产周期，生产一辆汽车的时间大约是一分钟。因此时间并不长。"

"你认为我们的工厂做得到吗？"

父亲大笑说："对你这样一个小工厂来说，那是杀鸡用牛刀。此外，你的生产周期长得多，你有 10 分钟的时间来反应。你需要制定一套系统，使工人能够在出现问题时告诉大家。你可以用一面红色旗子，或者一些大的牌子，写上'请来帮忙'。"

红色旗子，菲尔在他的笔记本上记下。

"找出问题只是解决问题的第一步。记住，你必须定一条纪律，如果一个周期里问题无法解决，必须停止生产线。"

"直到问题解决？"我问。

"当然不是。只是让你有机会找到一个应对措施，确保不再生产不合格品。然后你必须找出导致问题的种种因素，这可能是一个复杂的分析，并且需要相当长的时间，但是在你决定之前应该停止生产线。"

"这会产生压力。"菲尔若有所悟地说，这个方法给他留下了深刻的印象。

"当然，我经历过许多严重的生产线停产，将有关人员都集中在一起参与，去解决问题。这样做几年，你的问题会愈来愈少。"

"那机器呢？"

"一样的道理，没什么不同。他们将此称作自动控制。事实上，他们做了许多工作来确保机器能在发现错误时亮起一个红灯，有关人员会赶来处理。这样的优点是，将守在机器旁控制质量的工人们解放出来。一个人可以操控数台机床，只有在出错、开机、安装或卸载时，才需要介入。这就是丰田的基本思想。"

"像一个基因。"我把想法说了出来。

"什么？"

"基因。基因是一个核心，在人的身体中一代传一代。在传递的过程中，也可能有突变的发生。某种程度上，自动停止织布机的演变与这种传递、突变的过程相类似，随着生产技术的革新，一个世纪后可能会发展出更多更好的方法。这两件事是同样的概念，不同的应用。"

"丰田生产方式就是这样。"父亲出乎我意料地赞同道。以前当我从自己的领域悟出一些心得时，常常受到许多取笑。父亲也许年纪大了，容忍度变大了，他说这话的口气在从前是我想都不敢想的。

"让我想想看。"菲尔打断道，"我需要在产品中注入质量，要做到这样，我首先需要确定生产线中没有错误被传递。那么第一，在任何时候，工人和机器都要有检查错误的能力。第二，当出现错误时，要提出来要求帮助。第三，如果在一个生产班的时间里不能找到解决办法，就停止生产线。大卫一定会很赞成这个制度的。"

"但这不是你们公司现有的文化。另一方面，一个从没有停过生产线的领班往往会隐藏质量问题，或者根本看不到问题。同时记住，一旦工人摁下按钮，如果领班在这个生产班结束前还找不出解决办法的话，生产线就要停工。"

"这对工人来说是个很大的责任，对吧？"

"这是一种积极的参与。"他回答。

"实际上工人日常工作的要求也很多。试想一遍又一遍反复地做同样的工作，我相信要在操作中发现质量问题，并不是件容易的事。"

"我同意菲尔的说法，父亲。例如，我每次离开房间时总不记得关灯。"

"确实如此，这也就是为什么工人们需要帮助的原因。"

"帮助些什么？"

"当然是避免犯错误。"父亲耐着性子说，"很明显你是对的。既要求工人们按节拍生产，又要求他们自己检查错误，负担很大。一个办法是在他们的工位实施一些可以帮助他们避免犯错误的措施。丰田称之为 poka-yoke。它通常被翻译为错误预防，或者避免错误。"

"像哪些例子呢？"

"就像你们生产的断路器。它是用来干吗的？"

"我明白你的意思了。如果出现电流过载，在设备起火前，它会切断电路。或者像防止小孩拿药的瓶盖那种东西吗？"

"正是。另一个例子，像加油站的加油喷嘴有不同的大小，以防止将柴油注入了燃烧汽油的汽车里。或者你可以用颜色来规范，以确保工人犯错的机会更小，再不然用一些简单的装置，在工人拿到错误零件，或者组装不正确，或者设备工作不正常时给他们一些警示，指出他们的错误，以便能很快更正。"

"你有具体的例子吗？"

"我们这样空讲说不清楚，一定要到现场去。总的来说，一个可靠的错误预防措施可以阻止不正确的操作。如果做不到这一点，可以用不同的传感器来确保打孔的大小及位置的正确等。"

"我们在哪些地方可以用到呢？"

"我说不准，菲尔。你必须自己去找出来。但是就拿机器组装线来说吧。它们需要将许多小零件装到机器上。你怎么能保证没有一个被漏掉？和工人们谈谈，你会得到一些好的建议。或者在焊接工位上，你可以用一个计数器来检测焊接点，产品周期结束时如果有遗漏的，传感器会发出信号。你们慢慢去领会吧。"

"当我需要艾米时她跑到哪里去了？"菲尔在父亲办公室昏暗的灯光下又抱怨起那件事，"我们进行到今天，从改善中清理出了新的厂房面积，正计划开始一条新的生产线。"

"这正是为什么称之为持续改善的原因。"父亲提醒道，"这是田中先生提到的最后一点。目前你的生产线运行得相当平稳，如果减少一些在制品库存，其他的问题就会浮现出来，你可以接着一个个解决。错误预防也是同样的道理。让你知道问题所在，持续地进行改正。"

"所以湖中水位降低了，岩石就浮现出来了，是吗？"我评论着。

"是的。久而久之，你可能会讨厌这个比喻，因为它没完没了。菲尔，你需要继续努力。"

"我还有些地方不明白，爸爸。从社会学的观点来看，你如何维持这个动力呢？你怎么让人们一直关注这些问题，并且对它们保持兴趣呢？"

"这是领导层的责任。譬如我从前负责一个车间时，我每天都要追踪工人所提的不同的建议。"

"你曾提到了一些接纳工人建议的计划。"

"是的。田中先生说你的工人对质量不感兴趣。事实上,他就是说你没有动员工人们对质量提出任何改进的建议。"

"我当然希望他们这样做。"菲尔回答说,听起来有点难过。

"如果真是这样,你有没有征询过工人们的意见?有没有一个正式的程序?"

"我听说过建议计划,"我不同意地说,"它们不起作用,至少在大学里是这样。"

"为什么不起作用呢?"

"我不知道。我想是因为大家并没有认真地采纳这些建议。"

"他们为什么不采纳呢?"

"我们在玩'五个为什么'的游戏吗?"

"我只是顺着你的问题。"

"因为建议计划不见成效。大家觉得只是一个形式。你可能有全世界最好的建议,但是看不到它被执行,何必费心。"

"的确。只有有纪律地对建议做出回应,和工人讨论,建议计划才会有成效。但是一定要快。"

"多快?"

"大概一周内。超过了,他们的热情就冷却了。"

"算了吧。我们的质量部门和维修部门从来没有在一周内做出任何回应。"

"菲尔,我曾强调过,这是个态度问题。记住你必须要求负责质量的工程师在一个生产周期内解决问题,这是他们的节拍时间。"

菲尔长长地叹了口气。

"实际上没有那么严重,没有人需要在那么短的时间解决问题,他们真正需要的是你去和他们沟通。就这样。以你的地位来说,你每天看到每个人没什么稀奇。但是对他们来说,你是老板,所以你和他们谈话是件大事。想想小艾和葛兰多么热切地希望把她们的成果向你报告。你必须把自己大部分的时间奉献给现场和员工，否则，员工不会把他们奉献给公司。"

"好的，我会去做。但是你知道一天的时间很有限。"

"在工厂里，管理层的人出现在生产线上还不够，所以你每天还应该和管理层讨论当天的建议。你会发现，一旦他们行动起来，成果会让你惊讶的。"

"好的，我明白了。生产产品前先要生产员工。"

"还有现场及持续改善。"我补充说，"你是对的，这是态度问题。我明白检验、分析及解决问题等工作都非常重要，但是你谈的基本上都是态度上的转变。有关人的态度、持续改善的态度，还有到现场解决问题的态度，不是吗？从一个职业心理学研究者的角度来看，改变人的态度是件很难做到的事。"

"那就是不得不关心和你一起工作的同事的原因。事实上，我觉得理性分析可能占了50%，但还有50%是感情，你必须从内心里想把事情做得更好。不然的话，回家去，那就不用再为此烦恼了。你对田中先生今天参观你们工厂有什么想法？"

"诚实地说，"菲尔皱着眉回答说，"当时我感觉受到了羞辱，心里很不服气。也觉得他把我当成了一个傻瓜。"

"那现在呢？"爸爸会心一笑。

"在你书房里，喝点酒，记着笔记，我开始意识到田中为我上了很好的一课。但当时在车间，我并没有领悟到这些，只觉得自己被他看轻了。"

"是呀，他过去总是一开始就取笑我犯的错误，"父亲笑着承认，"直到我认识到自己态度上的问题。最后，我开始相信这是持续改善的首要障碍。在文化上，我们理解他人的质疑和批评有相当大的差异。很多人认为改进生产线的工作已经够烦人的了，现在成绩做得不错，还要什么持续改善，真要命。"

"我明白你的意思，这听起来就像那些讨厌乔希的工程师，因为乔希总是把质量问题反馈给他们。"菲尔赞同地说，"设计断路器不是件容易的事，这些工程师们必须要有勇气去面对问题。"

"或者说他们很天真。"我插嘴说。

"是的，我让他们去解决乔希发现的问题时，他们会很天真地告诉我。"

"没有人愿意被挑剔。特别是在西方这种强调自我的文化中，负面的反馈是很大的禁忌。在我们那个年代里还勉强可以接受，现在更难了，这确实是一个问题。长期以来，我一直认为能接受批评是丰田保持成功的一个主要传统，只有当员工愿意质疑自己的工作并改正错误时，持续改善才可能实现。"

"那固然好。但是怎么能做到这一点呢？"

"关于这点，并没有固定的步骤可循。只是在每做完一件事后，应当停下来问问自己这件事做得怎么样，事后检讨并找出问题，然后解决问题以期下次不再重犯。"

"这个概念很模糊。"我坦白说出心里的想法。

"如果你实现标准化操作后就不会这样，那时一切都按规定行事。"

"这对车间的操作是有利的，但对其他的，诸如与工程师的沟通等，又如何呢？"

"标准化操作会形成一张核对表。"

"怎么形成呢？"

"你们这些小子反应怎么这么迟钝？"父亲有点不耐烦，"难道说了半天你们还不了解持续改善是怎么回事吗？"

我们茫然地看着他。我希望他不要总说我们笨，不知这是否是日本人的教育方法。

"标准化操作贯穿了持续改善的所有作业过程。你可以用世界上最好的方法去解决问题，但是如果你不从标准化操作开始，结果会让你失望的。标准化操作就是一张特别制定的核对表。这是个很难理解的概念！"他有点嘲讽地补充说，"如果你希望改善生产，就从制作一张核对表开始。"

"像什么样子呢？"

"譬如说不论任何事，你总是需要记住哪些是最要紧的关键点。就拿你学校教课来说吧，要想成功地教一堂课，你需要做什么？"

祈祷学生上课的时候有好心情，这是我脑子里冒出的第一个想法。

"我们来试试吧。我需要一张表清楚地列出在课堂上要讲的重点，需要有能够支持这些观点的材料，需要带着改好的试卷，因为分数是学生们最关心的。上课开始时，我要问他们上节课的内容还记得些什么。我需要寻求学生们的反应，尝试着让每个人将我讲的内容与他们的经历联系起来，不然我的话，他们就会从一个耳朵进，另一个耳朵出。并且我需要告诉他们下一步要做些什么。就是这些。然后我开始讲课，并希望得到最好的结果。哦，我还忘了，我要帮学校行政部门发布一些当天的信息。"

"你应该列一个核对表。"

"喏，这里就是你的核对表：

（1）主要观点；

（2）证明材料；

（3）评分试卷；

（4）管理；

（5）讨论他们记得上节课的什么内容；

（6）让他们提问；

（7）让他们将要点与个人经历相联系；

（8）布置家庭作业。"

"现在，每节课后，你可以问问自己是不是都做到了。"

"哈，那太痛苦了。如果真要做，这会是件很麻烦的事情。"

"那么，你要成功呢，还是失败。你前面提到的都是你上课成功的要点。"

"好吧，即使我每节课结束后都自我检讨，那又如何呢？"

"你会发现哪些是低效率的，或者是你觉得你能够做得更好的。如果有的话，将它们加入核对表中，作为未来的参考。在工业生产中，主要是要知道顾客需要的价值是什么，并且找出浪费。基本上，任何没有增加价值的都是浪费，然后去寻找消除浪费的方法，并将这些方法也写进核对表中。"

"这样讲起来，如何经营好一个企业和怎样教好一门课在理念上是一致的。"我慎重地说道，"如果学生的价值定义为增长知识，今天课堂上的许多老师做的事情，却与知识的接受与否没什么大关联。大多数的时候，他们只是单向地传授知识，其实，这是学习中效率最低的一种办法。更坏的是，我们常常让学生觉得上课很无聊，因此他们一进教室就把大脑的门关起来了。"

"你确定他们会问问题？"

"哦，相信我，他们很快想也不用想就学会了。我的观点是如果在教学中应用了持续改善的概念，我们一定可以找出一两个改善的机会。就像我的同事说的，教育是点燃火种，不是填鸭。"

"好的，那么持续改善的循环是：

（1）核对表或者标准化操作；

（2）确定浪费；

（3）找到如何去除浪费的办法；

（4）如果此方法有效的话，更新核对表或者标准化操作程序。"

"真的就那么简单？"

"就是这么简单。"爸爸肯定地说，"但绝不容易。如果几年里你能不断地持续改善，那么你肯定能收到一个非常好的效果。困难在于如何坚持持续改善。"

"态度和技术一样重要。"我强调说。

"对。如果你想去做，就去尝试；你一开始尝试，就已经上路了。"

"永远持续改善。"菲尔总结着。

"永远持续改善。"

当我开车下山时风雨都停了，温暖而潮湿的空气中弥漫着花香和泥土的气息。我慢慢开着车，绕着公路，在黑夜中行驶。没想到，田中旋风似的访问对我也产生了这么大的影响。这无疑是给正期待赞赏的菲尔泼了一盆冷水。但是他重整公司的成就非常值得赞赏，公司不但从财政危机中被解救出来，还进入了一个新的发展里程，他个人也从根本上改变了经营的理念。

菲尔在这些日子里成熟了许多，获得了前所未有的自信，恢复了坚强的意志，用他擅长的一套办法去解决公司的难题。并且他也学会授权于其他管理层。我没想到精益的理念，会对他个人以及公司有这么大的影响。

几个月来车间里的经历让我对自身的工作也有了更多的体会。我正在写的那本书的基本观点就是：思维并不一定完全是从理智演化而来的，它是行动与经验的积累。如果我相信灌木丛中有一只猛兽，我会立刻爬上树去，如果错了，顶多被人笑话。相反的，如果我猜灌木丛后面没有猛兽，一旦猜错了，就可能会被吃掉。因此，与其说思维是演化与理智的结合，不如说是演化与信念的结合。总之，人的态度是第一位的，然后是实践，最后才是持续的研究改善。

我写的是一本关于人类不遵循理性的行为的书。为什么会不遵循理性？大多数时候是因为我们不肯在工作程序上下功夫，比如确定问题、探索解决方案、测定结果、反复验证等。而且越来越明显的是，组织行为学实际上是许多个体学习加在一起的系统。在过去这段追寻精益的过程中，我虽然学到了看板和均衡化生产等，但留给我更深印象的是，菲尔和艾米能在如此短的时间里学到这么多的新概念与执行的技巧。他们学得更理性了，更有系统性地认识问题，通过具体的观察选择方案来解决问题。最后，他们把系统中的浪费一步步消除。因此我相信，理智并不一定藏在艰深的理论中，而是可以在日常生活的身体力行中学习的。

"可怜的菲尔，"艾米听完了说，"特别是他已经做了这么多，而且成绩很好。这肯定是一支强有力的镇定剂。真遗憾那时我不在那儿。"

"后悔吗？"当我知道艾米离开了菲尔的时候，我曾觉得很不舒服。我知道那对她的前途是个好的选择，但是基于对菲尔的忠诚，让我对此感到不满，特别是亲眼看到她的离职严重地动摇了菲尔对企业改革的信心。她朝我转过她柔和的脸，闪过一个愉快的微笑。

"你在开玩笑吗？这个咨询公司付我很多钱，同时他们同意负担我的MBA的学费。能够在不同的公司做事也是一个很好的经历。对菲尔，我感到很抱歉，无论如何，我的离职确实使他陷入了困境。"

"但是你可以要求他加工资啊，他是一个慷慨的人，我从没见过他吝啬。"

"在我反对增加公司管理层的工资之后吗？绝不。在任何情况下，都不仅仅是钱的问题。我一直努力去激励每个人，这已经够我受的了，尤其是有人责怪我在摇晃他们这艘快要沉下去的小船时。当然，船漏的原因很多，因此这不是工人的问题。你知道，这使我厌烦。"

"是哈利推荐你做这份咨询工作吗？"

"不完全是。"她解释道。"他对猎头提到这个公司在精益生产方面做了很好的尝试。后来他们来找到了我。"

"还是那句话，世界真小。"

"是呀，谁能料到呢！记得你父亲第一次大发脾气吗！他那时吓着我了。"

"他至今还常常吓着我。"我回答说。

她笑着，"算了吧，其实他是个蛮讨人喜欢的长者。"

"无论如何，你成功地让菲尔的工厂起了翻天覆地的变化，感觉如何？"

"感觉很好。能够将一部分厂房空出来为新的生产线做准备，真让人兴奋，这确实是团队合作的成果。我曾经看过工程师设计的庞大的新的生产线，因此我很想看看将来出来的是个什么怪物。"她想了一会儿，然后笑了，一副期待的神情。

她又叹了口气。"老实说，我对这份没有做完的工作有点无奈。从你描述的田中先生访问工厂的情况，听起来我只学了一半。自动纠错是怎么回事？"

"你真的想谈论工厂吗？"

"我想知道。请你告诉我！"

"嗯，父亲用田中先生有关内建质量的谈话，再度强调了它的重要性。"

"这和检验相对立吗？"

"我想是的。然后，他谈了谈车间中发生质量问题马上发出信号的系统，这样来确保管理层对价值流中断做出及时反应。这不是通常拖拉的书面文件。"

"现场！"

"确实是现场，"我说，"接着关于如何使用工位中的智能错误预防装置，来帮助工人避免错误，他们讨论了许多不同的方法。但是如果你想知道更多，你得去问问我父亲。"

"你认为你父亲会告诉我吗？"

"我觉得他会的。最后，我们讨论持续改善。我很感兴趣，因为我们把它应用到了教学中。我突然意识到，对于学生的学习过程我知道得太少了。"

"连教学都运用得上？"

"经过仔细研究后，我发现这个概念应该可以用在教学上。只是我们还没有定义价值以及教学标准。某些学校曾对学生的学习课程及标准化教学提出讨论，但都没有整体系统化的开发出一个核对表。"

"在车间里，我们很快就发现了如果不从标准化操作开始，便无法做到持续改善，最多只能做到一些零散的改变。"

"嗯，是的，父亲提到你在执行精益生产的过程中，成功地把人力资源的要求融入了标准化操作。"

"他指的是什么？"

"主要是建议程序。"

"现场，持续改善，人。我想在精益生产中我还有很多要学的。"

"你随时可以回来。"

她又笑了，但是她深色的眼睛看来仍然像若有所思。

"你的意思是说，不要加薪，忘记新工作开始前两周的假期？这太难了。"

我想也是。但是我仍然觉得她很快会想念在菲尔的公司里，和与她有共同目标的同事一起工作的日子。咨询公司一般说起来说得多，做得少。

"那你决定了空闲时间干什么了吗？"

"还没呢。有什么建议吗？"

尾　声

当你开始思考时，能力就可以无限提升。

大野耐一

　　我曾经听过丘吉尔的一则轶事，也许是杜撰的，但对我很有教育意义。在他的晚年，这位伟人曾答应在一所学校做一次演讲，对一些小学生谈谈成功的要素。这些小学生被告知，要对演讲内容多加留意，因为主讲人是世界上最伟大的演讲家，诺贝尔文学奖得主。丘吉尔来了，看着小听众们说："永不放弃，永不放弃，永不放弃！"然后坐下，演讲结束。

　　我觉得这个故事非常好，尽管它听起来近乎不合情理，但它抓住了菲尔进行改革的过程中最重要的精神。作为父亲实践精益的一位旁观者，我带着极大的敬意，从不同的角度来观察他。最令我惊奇的是爸爸说的一句话，永不放弃是丰田文化的一个特征。父亲常说，如果每次听到有人说丰田正在"放弃及时生产，因为它不够灵活"或者"一定要让系统自动化，才能跟上行业潮流"，或者其他行业专家提出的精益已经过时的论调，他就可以赚一美元的话，他早就发财了。在他看来，丰田员工最了不起的，就是他们永不放弃的精神。他们坚持信念，并在环境变化时不断调整，从不放弃精益生产、拉动系统、持续改善和消除浪费等核心工作。你看，我也正学着运用丰田的语言。

　　菲尔也开始迷上了帆船，每隔一个周末都会去父亲的幸福号上擦拭甲板，或者刷点油漆。他告诉我有时他们还驾船出海，他正考虑加入帆船俱乐部，更让我惊讶的是，沙琳也很喜欢帆船和俱乐部的活动。她已经开始计划一个家庭式的西印度洋扬帆之旅。你知道吗？菲尔和麦休邀请爸爸参加他们公司的董事会，在不需要做任何工作的条件下，父亲接受了这个邀请，我知道他心里很开心。我在风和日丽的日子，偶尔会在周末陪菲尔和爸爸出游。当然，他们继续谈论车间的精益生产。对一个外人来说，真是很难理解，他们到底有多少细节和问题可以讨论。从我上次听到的对话了解到，菲尔好像又在为下一批的人事问题费神了。

"我明白都是人的问题，"他说，"但是我如何才能选择合适的人呢？"

爸爸回答说："很难！最主要的是经验，但即使有经验，也不一定会成功。在我最后服务的一家公司里，我们曾用过一个方法，就是四个领导层的人单独面试候选者，然后将意见汇总。规则是如果有一人否决了这个应试者，便不能雇用他。身为副总，我也没有任何否决权。公司不需要明星，要的是那些有工作潜力，愿意与其他人合作的人才。我们曾失去一些很聪明的人，也犯过错误，但总体来说，这方法非常有效。"

他沉默了一会儿，将注意力集中，把稳帆船的方向，应付涌来的第一个波浪。我天真地希望今天的波浪就到此为止，但是不久又开始面对第二个、第三个波浪。

"我认为员工只有两个基本的职能，是否擅长于他个人的工作，以及是否能帮其他同事把系统运作得更好。"

"你是说开发出更多的核对表？"我问道，"对吗？"

他们俩都看着我。

"有点像。"爸爸承认，"有专长技术和能带领系统运作的员工，当然会被推向更高的管理职位，他们需要的是有机会去展示勇气和信心。对两件事都做不好的人，应该设法让他们赶快走路。"

"一个擅长于工作，但是不喜欢遵从系统的人呢？"

"这种人像个牛仔。他们擅长于抄捷径，能很快干出成绩，但是通常知其然，而不知其所以然。相反，有很多很好的员工，严格按照程序执行，但是成绩并不一定理想。"

我可以在我的学生中，看到这两种不同的类型。

"最初，我倾向于接受那些牛仔，这样做了好几次。不久我就认识到，要完成一项任务，还有更多相关的事情要做。如果想建立一个有自己文化的公司，必须保护这些深埋于系统中的价值。"

"比如帮助同事完成任务，而不是扯后腿？"菲尔问。

"是的。我们要强调一次到位，不接受缺陷，然后不断改善。用正确的方式做事，不要偷懒，抄近路。因此我改变了想法，解雇了那批牛仔们，并给了那些能够对系统起作用，但稍欠冲劲儿的员工第二次机会。开始时，我认为他们欠缺一些基本的勇气，有些人确实是这样。事实上，他们只是需要一些实践的经验。经过锻炼，他们日后都可能被塑造为成功的领导者，或者成为一位专家，不一定需要从事管理方面的工作。

菲尔在实施精益生产上已经走过了一段相当长的路，现在是建立威信的时候了。在凯文事件和艾米的离职后，他开始提拔热情而有天分的年轻人。公司运行得很好，现在麦休正努力争取另一桩更大的生意。公司情况的好转，使过去曾支持菲尔公司的一家风险投资公司愿意付给菲尔和麦休大笔的管理费用和红利，请菲尔和麦休去管理他们公司投资的那些境况不佳、处于破产边缘的企业公司。我想菲尔他们自己的公司已经有了滚滚流动的金子了，不一定会考虑接受那份优裕的工作——更多的金钱，更多的责任，一定也有更多的头痛。但是，麦休说得也没错，在生意场中，你不成长，就死亡。

我的休假就要结束了，又将遇到一批等着教育和启蒙的学生。我的书离完工遥遥无期，但是手中的实际案例却不断增加。我把这些精益生产转型的例子都记了下来，谁知道呢，也许将来会对很多人有用。过去一年里，许多事提醒了我，生活总是充满惊喜，这点点滴滴将我们的日子编织得更加多姿多彩。我甚至发现这些日子里，我也开始爱上了在蓝天白云、明媚的阳光下扬帆远航。就像父亲说的，看起来我还有点希望。爸爸和菲尔开着幸福号，参加一个周末沿着海岸线的通宵比赛。令人难以置信的是，我居然答应和他们一起去。这时，艾米正在为下周在密歇根召开的"精益生产"大会准备一份报告。她近来压力很大，所以过几天我还得去帮着这位精益生产的朋友干点活儿。

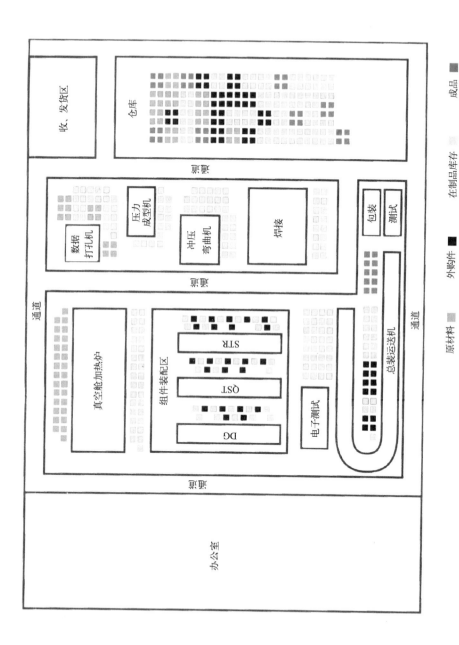

图 A　原始车间布局图

原材料　　外购件　　在制品库存　　成品

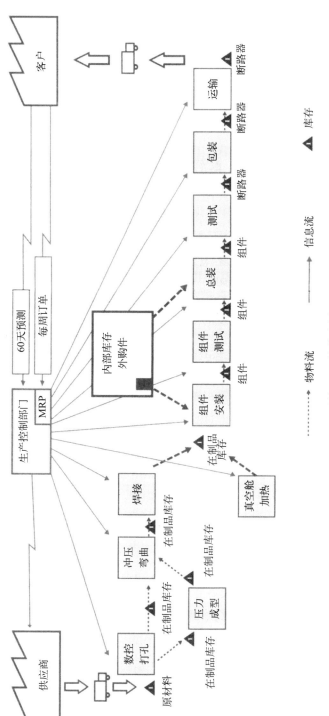

图 B　原始 STR 价值流图

精益思想丛书

ISBN	书名	作者
978-7-111-49467-6	改变世界的机器：精益生产之道	詹姆斯 P. 沃麦克 等
978-7-111-51071-0	精益思想（白金版）	詹姆斯 P. 沃麦克 等
978-7-111-54695-5	精益服务解决方案：公司与顾客共创价值与财富（白金版）	詹姆斯 P. 沃麦克 等
7-111-20316-X	精益之道	约翰·德鲁 等
978-7-111-55756-2	六西格玛管理法：世界顶级企业追求卓越之道（原书第2版）	彼得 S. 潘迪 等
978-7-111-51070-3	金矿：精益管理 挖掘利润（珍藏版）	迈克尔·伯乐 等
978-7-111-51073-4	金矿Ⅱ:精益管理者的成长（珍藏版）	迈克尔·伯乐 等
978-7-111-50340-8	金矿Ⅲ：精益领导者的软实力	迈克尔·伯乐 等
978-7-111-51269-1	丰田生产的会计思维	田中正知
978-7-111-52372-7	丰田模式：精益制造的14项管理原则（珍藏版）	杰弗瑞·莱克
978-7-111-54563-7	学习型管理：培养领导团队的A3管理方法（珍藏版）	约翰·舒克 等
978-7-111-55404-2	学习观察：通过价值流图创造价值、消除浪费（珍藏版）	迈克·鲁斯 等
978-7-111-54395-4	现场改善：低成本管理方法的常识（原书第2版）（珍藏版）	今井正明
978-7-111-55938-2	改善（珍藏版）	今井正明
978-7-111-54933-8	大野耐一的现场管理（白金版）	大野耐一
978-7-111-53100-5	丰田模式（实践手册篇）：实施丰田4P的实践指南	杰弗瑞·莱克 等
978-7-111-53034-3	丰田人才精益模式	杰弗瑞·莱克 等
978-7-111-52808-1	丰田文化：复制丰田DNA的核心关键（珍藏版)	杰弗瑞·莱克 等
978-7-111-53172-2	精益工具箱（原书第4版）	约翰·比切诺等
978-7-111-32490-4	丰田套路：转变我们对领导力与管理的认知	迈克·鲁斯
978-7-111-58573-2	精益医院：世界最佳医院管理实践（原书第3版）	马克·格雷班
978-7-111-46607-9	精益医疗实践：用价值流创建患者期待的服务体验	朱迪·沃思 等

金矿：精益管理 挖掘利润（珍藏版）

作者：[法] 弗雷迪·伯乐 迈克·伯乐 ISBN：978-7-111-51070-3

本书最值得称道之处是采用了小说的形式，让人读来非常轻松有趣，
以至书中提及的操作方法，使人读后忍不住想动手一试

《金矿》描述一家濒临破产的企业如何转亏为盈。这家企业既拥有技术优势，又拥有市场优势，但它却陷入了财务困境。危难之际，经验丰富的精益专家帮助企业建立起一套有竞争力的生产运作系统，通过不断地改善，消除浪费，大幅度提高了生产效率和质量，库存很快转变为流动资金。

金矿 II：精益管理者的成长（珍藏版）

作者：[法] 迈克·伯乐 弗雷迪·伯乐 ISBN：978-7-111-51073-4

在这本《金矿》续集中，作者用一个生动的故事阐述精益实践中
最具挑战的一项工作：如何让管理层和团队一起学习，不断进步

本书以小说形式讲述主人公由"追求短期效益、注重精益工具应用"到逐渐明白"精益是学习改善，不断进步"的故事。与前一本书相比，本书更侧重于人的问题，体会公司总裁、工厂经理、班组长、操作员工以及公司里各个不同层级与部门的人们，在公司通过实施精益变革进行自救的过程中，在传统与精益的两种不同管理方式下，经受的煎熬与成长。这个过程教育读者，精益远不止是一些方法、工具的应用，更是观念和管理方式的彻底转变。

金矿 III：精益领导者的软实力

作者：[法] 迈克·伯乐 弗雷迪·伯乐 ISBN：978-7-111-50340-8

本书揭示了如何持续精益的秘密：那就是培养员工执行精益工具和方法，
并在这个过程中打造企业的可持续竞争优势——持续改善的企业文化

今天，越来越多的企业已经开始认识并努力地实施精益，这几乎成为一种趋势。不过大多数实践者只看到它严格关注流程以及制造高质量产品和服务的硬实力，少有人理解到精益的软实力。本书如同一场及时雨，为我们带来了精辟的解说。

管理人不可不读的经典
"华章经典·管理"丛书

书 名	作 者	作者身份
科学管理原理	弗雷德里克·泰勒 Frederick Winslow Taylor	科学管理之父
马斯洛论管理	亚伯拉罕·马斯洛 Abraham H.Maslow	人本主义心理学之父
决策是如何产生的	詹姆斯 G.马奇 James G. March	组织决策研究领域最有贡献的学者
战略管理	H.伊戈尔·安索夫 H. Igor Ansoff	战略管理奠基人
组织与管理	切斯特·巴纳德 Chester Lbarnard	系统组织理论创始人
戴明的新经济观 (原书第2版)	W. 爱德华·戴明 W. Edwards Deming	质量管理之父
彼得原理	劳伦斯·彼得 Laurence J.Peter	现代层级组织学的奠基人
工业管理与一般管理	亨利·法约尔 Henri Fayol	现代经营管理之父
Z理论	威廉 大内 William G. Ouchi	Z理论创始人
转危为安	W.爱德华·戴明 William Edwards Deming	质量管理之父
管理行为	赫伯特 A. 西蒙 Herbert A.Simon	诺贝尔经济学奖得主
经理人员的职能	切斯特 I.巴纳德 Chester I.Barnard	系统组织理论创始人
组织	詹姆斯·马奇 James G. March	组织决策研究领域最有贡献的学者
论领导力	詹姆斯·马奇 James G. March	组织决策研究领域最有贡献的学者
福列特论管理	玛丽·帕克·福列特 Mary Parker Follett	管理理论之母